GANSUSHENG DANG'ANGUAN CANG
MINGRENSHOUJI

甘肃省档案馆藏
名人手迹

甘肃省档案馆 编

甘肃文化出版社

甘肃 · 兰州

图书在版编目（CIP）数据

甘肃省档案馆藏名人手迹 / 甘肃省档案馆编. 兰州 : 甘肃文化出版社, 2024. 10. -- ISBN 978-7-5490-2892-4

Ⅰ. K820.5

中国国家版本馆CIP数据核字第2024HW3091号

甘肃省档案馆藏名人手迹

GANSUSHENG DANG'ANGUAN CANG MINGREN SHOUJI

甘肃省档案馆 | 编

责任编辑 | 何荣昌　丁庆康

封面设计 | 马吉庆

出版发行 | 甘肃文化出版社

网　　址 | http://www.gswenhua.cn

投稿邮箱 | gswenhuapress@163.com

地　　址 | 兰州市城关区曹家巷 1 号 | 730030（邮编）

营销中心 | 贾　莉　　王　俊

电　　话 | 0931-2131306

印　　刷 | 深圳市国际彩印有限公司

开　　本 | 880 毫米 ×1230 毫米　1/16

字　　数 | 350 千

印　　张 | 28

版　　次 | 2024 年 10 月第 1 版

印　　次 | 2024 年 10 月第 1 次

书　　号 | ISBN 978-7-5490-2892-4

定　　价 | 160.00 元

编 委 会

序

甘肃省档案馆秉承古为今用的利用原则，选取馆藏明、清、民国时期莅甘和甘籍的七十余位名人的奏稿、书信等手迹，影印编辑，拟正式出版，以飨读者。春节前夕，馆领导请我审阅稿本，并问序于我。初翻阅这一厚厚的稿本，即为其丰富的内容与精美的书法所吸引。春节期间，除会晤应酬亲友外，即伏案依次展阅每份手迹，先睹为快之感觉屡屡油然而生。掩卷覃思，感慨良多，概括为一句话，即选编影印出版这部《甘肃省档案馆藏名人手迹》意义重大！

本书中收录的明清奏稿手迹出自两位名人之手：一位是明代嘉靖年间因弹劾权臣严嵩被杀的著名谏臣杨继盛（号椒山），他曾被贬至狄道（今临洮）任典史；另一位是晚清以尸谏震动朝野的皋兰（今兰州）进士吴可读（字柳堂）。杨、吴二人都是著名的忠义之士，都以居官清正廉明、坚守信念、疾恶如仇、不畏权势，“铁肩担道义，辣手著文章”而闻名天下。杨继盛在狄道创办超然书院，吴可读在伏羌（今甘谷）、兰州主讲朱圉书院、兰山书院，都为甘肃地方的教育事业作出过重要的贡献。本书中收入杨继盛的《罢开马市疏》《劾严嵩十罪五奸疏》手稿及宋荦的《题记》，吴可读的《请预定大统之归疏》《绝笔》《遗嘱》及李鸿章的《题柳堂先生遗像》、周銮诒的《柳堂先生像赞》，虽为据拓本影印，但皆为手迹，弥足珍贵。

本书中主要收录了民国时期一些莅甘与甘籍名人的手迹。民国肇造，政体变更，但甘肃的社会经济发展、文化教育建设都落后于内地。冯玉祥国民军入甘后，从甘肃划出宁夏、青海两省。1937 年抗日战争全面爆发之后，甘肃进入历史上的一个重要发展时期。东北、华北、华东地区相继沦陷之后，西南、西北地区成为抗战的大后方。国际军事援华物资运抵新疆后，再经由甘肃境内的数千里通道运送前线，兰州作为西北抗战后方的重镇，政治军事地位大为突显。兰州是第八战区司令部驻地，蒋介石曾亲兼该战区司令长官。抗战时期，甘肃的各方面建设空前发展。当时，国共合作，抗日统一战线建立，兰州设立八路军驻兰办事处。创办于 1902 年的国立北平师范大学西迁，先至西安、汉中，再定址于兰州，改名国立西北师范学院；晚清兰州设立的甘肃法政学堂，民国年间先后发展为甘肃公立法政专门学校、兰州中山大学、甘肃学院，抗战胜利后扩建为国立兰州大学。两校主长校务者多为著名教育家，随校西迁和逃离沦陷区的一大批著名教授在国立西北师范学院和甘肃学院（国立兰州大学）任教，抗战胜利后不少著名教授留居兰州，继续服务于甘肃，他们为民国时期甘肃高等教育的发展作出了重大贡献。甘肃自然环境气候地理呈多样性：河西一带的戈壁绿洲农业，依赖祁连山冰川融化雪水形成的内陆河流灌溉，亟待水利工程的修建；甘南一带属于青藏高原边缘，丰富的畜牧业与林业资源有待开发；甘肃中部和陇东一带则是干旱少雨的黄土高原地带，水土保持与绿化事业急需建设。民国时期，不少我国派往欧美各国著名大学学习水利、农林、畜牧、矿业等专业的一些留学生，在完成学业归国后来到西北服务于甘肃，他们在十分艰苦的条件下兢兢业业，埋头苦干，为甘肃的水利建设、畜牧业与农业的发展以及水土保持、矿业开发作出了重要贡献。

本书中收录手迹的民国甘肃政界首脑及工作人员有：甘肃省主席（省长）林锡光、杨思、王桢、邵力子、薛笃弼、于学忠、贺耀组，甘肃省临时维持委员会委员长孙蔚如，省议会议长张维，甘宁青监察使高一涵，甘宁青监察委员行署主任委员王新令，甘肃行署主任邓宝珊，西北军军长俞方皋，甘肃省政府秘书长杜斌丞，西北行营主任兼新疆省主席张治中，财政厅厅长朱镜宙，民政厅厅长王应榆，教育厅厅长赵元贞、水梓、郑通和，建设厅厅长陈体诚、张心一，中国农业银行总稽核、甘肃水利林牧公司总经理兼董事长沈君怡，甘肃水利林木公司洮河林场场长叶维熙，甘肃省建设厅秘书主任张思温，甘肃水利局局长黄万里，兰州水利站站长朱允明，西北防疫处处长杨永年，农林部天水水土保持试验区主任傅焕光，民勤县县长牛载坤，华亭县法院法官蔡景文等。收录手迹的教育文化科学技术界人士有：国立西北师范学院院长李蒸、黎锦熙，教务长袁敦礼，教育学教授李鹤鼎；甘肃法政专门学校校长施国桢、杨集瀛，甘肃学院院长邓春膏、朱铭心、王自治，国立兰州大学校长辛树帜、教务长郭维屏、文理学院院长董爽秋、医学院院长乔树民、法律系教授盛成、数学系教授段子美；省立兰州女子中学校长沈滋兰，省立第一中学校长张作谋；著名楹联大家黄文中，国画家赵西岩，文史学家韩定山，历史学家慕寿祺、向达，《大河报》主编汪剑平；甘肃国医馆馆长柯与参，科学教育馆馆长袁翰青；中央研究院院士、著名地质学家翁文灏，中央研究院院士、著名气象学家竺可桢，中央研究院院士、著名历史学家顾颉刚，中央研究院院士、著名物理学家萨本栋，中央研究院院士、著名微生物学家邓叔群；金融专家宁恩承，农林植物专家任承统、傅焕光、叶培忠、邹秉文，水利专家沈百先、原素欣、郑肇经，兽医畜牧专家黄异生。民族宗教界人士有郭福金（字南浦）、喜饶嘉措等。他们都以曾服务于甘肃、为民国时期甘肃社会的进步与发展作出过贡献而留名于甘肃近代史册之中，为甘肃近代史增添了光彩。

本书中收录的民国时期名人手迹包括莅甘与甘籍名人们亲笔书写的委任状、聘任状、呈文、推荐信、通知、履历表、人事登记片、训令、指令、派令、请假信、便函、咨文、登记簿、签到簿等各类文书，其内容涵盖了甘肃社会的政治、军事、教育、文化、水利、畜牧、林业、科技、人事等诸多方面，是认识了解民国时期甘肃社会诸多方面情况的重要依据。

例如，民国初年北洋政府先以都督、民政长为一省之长官，后改称督军、省长，国民政府时期，则以省主席、省议长为一省之领导。大凡省府各科科长、科员、顾问、咨议、参议的委任、聘任大多需要省府长官亲书委任状、聘任状。在署理省长林锡光、省署秘书长杜斌丞、省临时维持委员会委员长孙蔚如、省主席邵力子、甘肃行署主任邓宝珊、代省主席王桢、省主席于学忠、省主席贺耀组等亲笔书写或签发的这些委任、聘任状中，甘肃地方绅士、社会贤达屡屡出现，可知民国政府在治理地方过程中对地方人士的重视程度。此外，地方人士也凭借自己的社会地位屡屡给省府长官写呈书信，举荐青年才俊与可用人士。从这些聘任状、举荐信可以看出民国时期人才选任使用的某些轨迹。

再如，民国时期，国立西北师范学院、国立兰州大学（甘肃学院）立足兰州，为甘肃教育发展和人才培养作出了重要贡献。培养一流人才，需要一流的教师，国立西北师范学院院长李蒸、黎锦熙，甘肃学院院长邓春膏、朱铭心（字镜堂）、王自治，国立兰州大学校长辛树帜等亲笔书写的聘任状、延聘状、聘任信、委任状，以及浙江大学校长竺可桢、原甘肃学院院长邓春膏等人给辛树帜荐举教师的推荐信，都反映出他们恪尽职守、求贤若渴、关心甘肃教育发展的工作态度与工作精神，也可从中了解民国时期邓春膏、顾颉刚、李恭、赵元贞、郭维屏、杨永年、董爽秋、李鹤鼎、杨向奎、向达、盛成、段子美等专家教授们的教育活动轨迹。值得一提的是，这些肩负重任的院长、校长多能严于律己，克己奉公，多具有很好的职场操守和个人品德修养。如1947年国立西北师范学院院长黎锦熙因参加《中国大辞典》编纂工作，不能兼顾院务，呈请辞去院长职务，其辞呈云："查教育工作关系重大，为人师表者，务须专心一志，身无旁骛，如一身数役，势必顾此失彼，坐致竭蹶，匪徒有愧职守，抑且有违国家设教育才之本旨。"今天我们阅读这一辞呈，仍令人肃然起敬，感慨不已。

又如，北伐战争胜利后，国民政府即有西北开发之动议，西北科学考察、西北学术考察及西北实业考察相继开始。不少从海外学成归来的矿业、水利、农林、畜牧、医学等学科的专家们服务于甘肃。甘籍专家如正宁人赵元贞留学美国匹兹堡等大学获冶金学博士，任省教育、实业等厅厅长；永靖人张心一毕业于美国依阿华农学院畜牧系，获美国康奈尔大学农业经济学硕士学位，任省建设厅厅长；兰州人叶维熙自学成才，任甘肃水利林牧公司洮河林场场长。外省籍莅甘服务或涉甘建设的专家更多，如福建福州人邓叔群留学于美国康奈尔大学获植物病理学博士，任甘肃水利林木公司森林部经理；浙江湖州人沈百先，留学美国依阿华州大学工程研究院获水利工程学硕士，任水利部次长；四川资中人留美畜牧兽医专家黄异生，任职甘肃水利林木公司；留学英国牛津大学的财政金融学专家宁恩承，任职中国农业银行；山西忻县人任承统毕业于金陵大学林科，任黄河水利委员会陇南水土保持试验区、农林部天水水土保持试验区主任；江苏泰兴人郑肇经德国萨克森工业大学毕业，任中央水利实验处处长；江苏吴县人邹秉文留学美国康奈尔大学农学，任中华农学会理事长；江苏太仓人傅焕光留学菲律宾大学，任农林部天水水土保持试验区主任；浙江鄞县人翁文灏毕业于比利时鲁汶大学获地质学博士，任经济部资源委员会秘书长；浙江嘉兴人沈君怡留学德国德累斯顿大学获工学博士，任甘肃水利林木公司总经理兼董事长；江苏江阴人叶培忠金陵大学林科毕业，留学英国皇家植物园学习植物园设计、植物栽培，任农林部天水水土保持试验区主任；辽宁宽甸人原素欣留学美国威斯康星大学获工科硕士，任甘肃水利林牧公司酒泉工作站和鸳鸯池水库工程处主任兼总工程师；安徽贵池人董爽秋为德国柏林大学植物学博士，任国立兰州大学文理学院院长教授；辽宁凤城人杨永年留学于日本庆应大学获医学博士学位，任西北防疫处处长；江苏盐城人乔树民留学美国哥伦比亚大学获公共卫生学硕士，任国立兰州大学医学院院长教授。这些民国名人们的各类信件，是了解民国时期甘肃矿业、水利、农林、畜牧、医学等方面建设发展的重要依据。

我国有着悠久的文化传统，具有漫长历史的毛笔书法是中华传统文化的重要组成部分之一。明、清、民国时期，毛笔书法仍然是社会交往文化传承的主要形式。初学者必从临帖习字入手，因此，大凡政要、学者及各类专家，大都有着童子功的书法基础。本书中收录的各类手迹，上乘者甚多。如明清杨继盛、宋荦、吴可读、周銮诒、李鸿章的拓本手迹，这些进士出身的明清名人，都有一笔好书法。民国时期主政者之手迹或大气磅礴，或中规中矩，前者如林锡光、杜斌丞、孙蔚如、王桢、张治中之委任状、聘任状手迹，后者如贺耀组、张维、薛笃弼、高一涵、牛载坤的聘任状、书信、履历表之手迹。教授专家手迹或奔放遒劲，或潇洒自如，如顾颉刚、朱铭心、王自治、苏振甲、邓叔群、张心一、沈滋兰、黄异生、任承统、郑肇经、水梓、邹秉文、向达、慕寿祺、张作谋、叶培忠、叶维熙、竺可桢、黄万里、汪剑平、杨永年等人的书信手迹。这些手迹中不乏令人赏心悦目、击节赞叹的好笔墨，具有鲜明的艺术特点与审美价值。特别是这些书写者并非刻意追求布局、轻重等书法效果，而是在不经意间表现出自然、率真、质朴的书风，平淡中流露真情，朴素中显示灵性，这自然与书法家们专门创作的书法作品具有不同的风格。

相信本书的出版，对于读者认识明、清、民国时期甘肃社会的诸多方面，认识当时的书法风格特点有所裨益。

王希隆

2024 年 4 月

目　录

明朝

杨继盛（1516—1555年），字仲芳，号椒山，河北容城人。嘉靖进士。任兵部员外郎，因劾大将军仇鸾误国，被贬狄道（今临洮县）典史，创书院，开煤矿，修水渠。不久起用，任兵部武选员外郎，再劾奸相严嵩十大罪，意在廓清国政。下狱受酷刑，被杀。本书收录杨继盛谏《罢开马市疏》及《劾严嵩十罪五奸疏》稿本手迹的拓片，后附有康熙朝巡抚宋荦跋语手迹拓片。原件藏哈佛燕京图书馆。

疏真蹟
四知堂珍藏

兵部車駕清吏司署員外郎事主事臣楊繼盛一本為乞

賜聖斷處勇早罷開馬市一意剿虜早杜奸臣以絕

邊患以保社稷事臣由進士任南京吏部驗封司主

事考滿赴京蒙陛下陞今職荷蒙

皇上有前後之恩雖粉骨碎身何以克報況臣職署司兵

不敢而又辜了自朝廷委重之為陛下擢任之

遭當此事司兵多議之時臣敢緘無言竊惟去年胡虜不道

犯我城闕殺我人民虜我妻子驚我

陵寢其辱甚哉

朝廷極矣臣係吳南都僭何以此報思冲冠髮

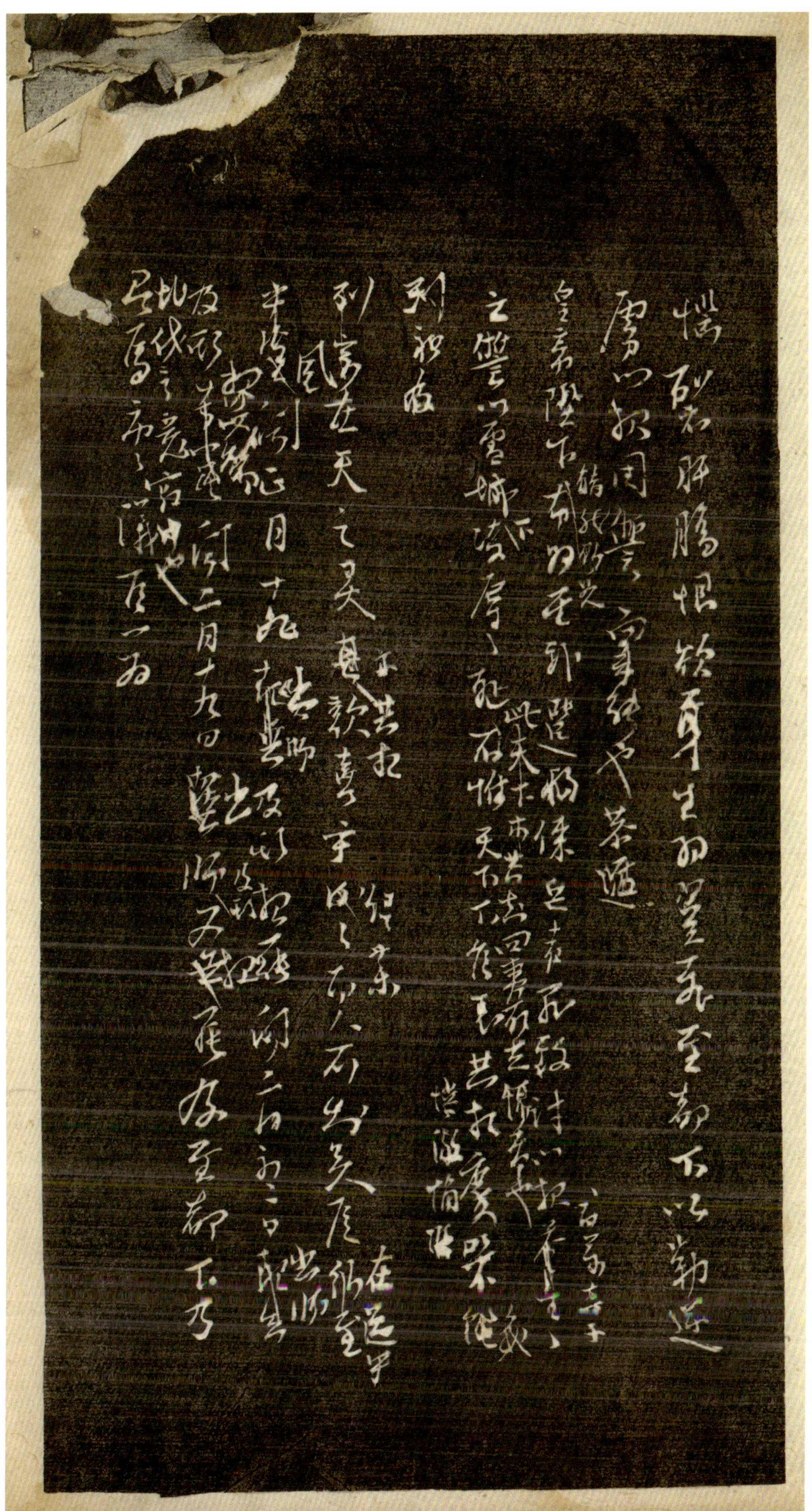

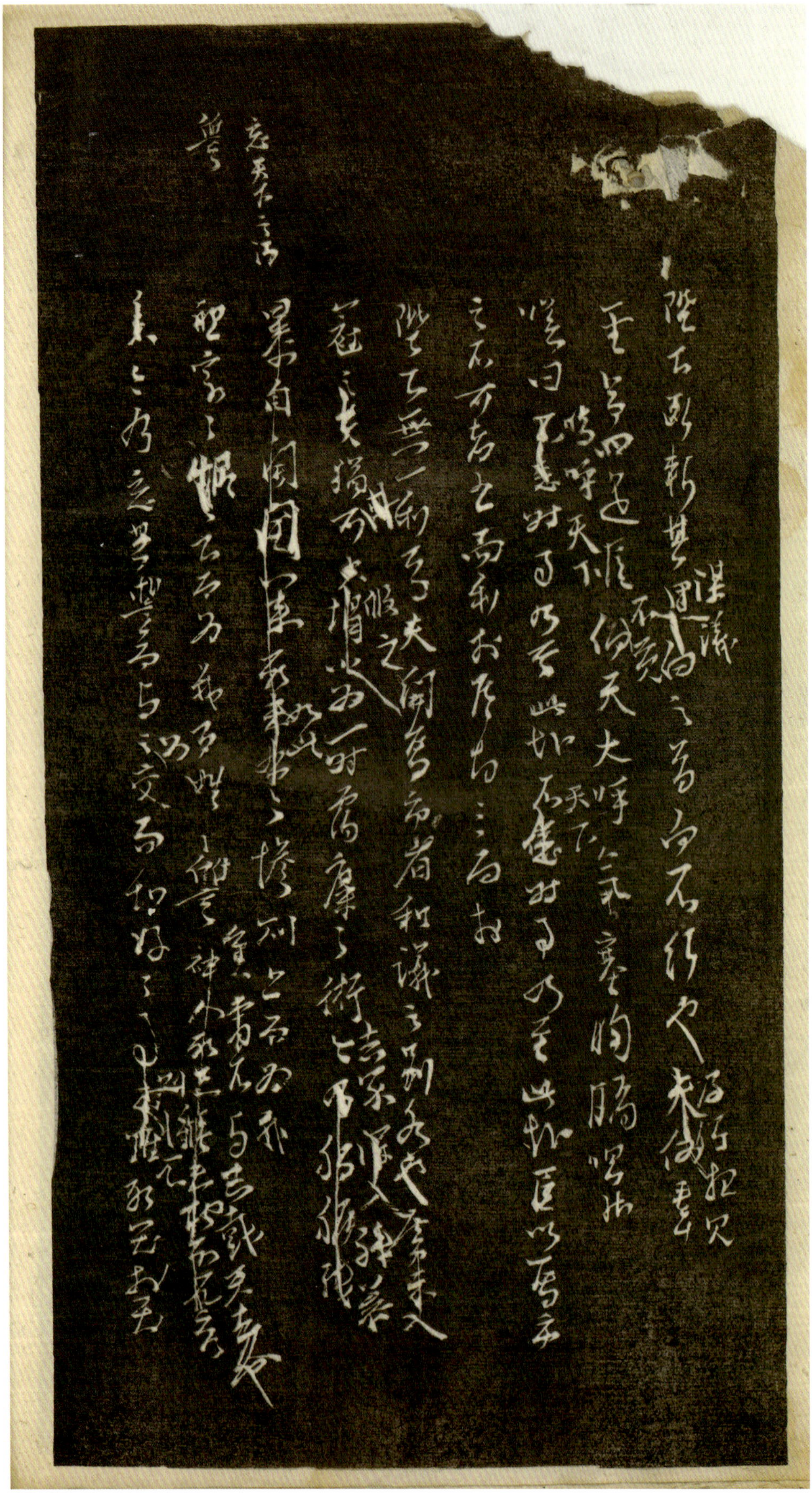

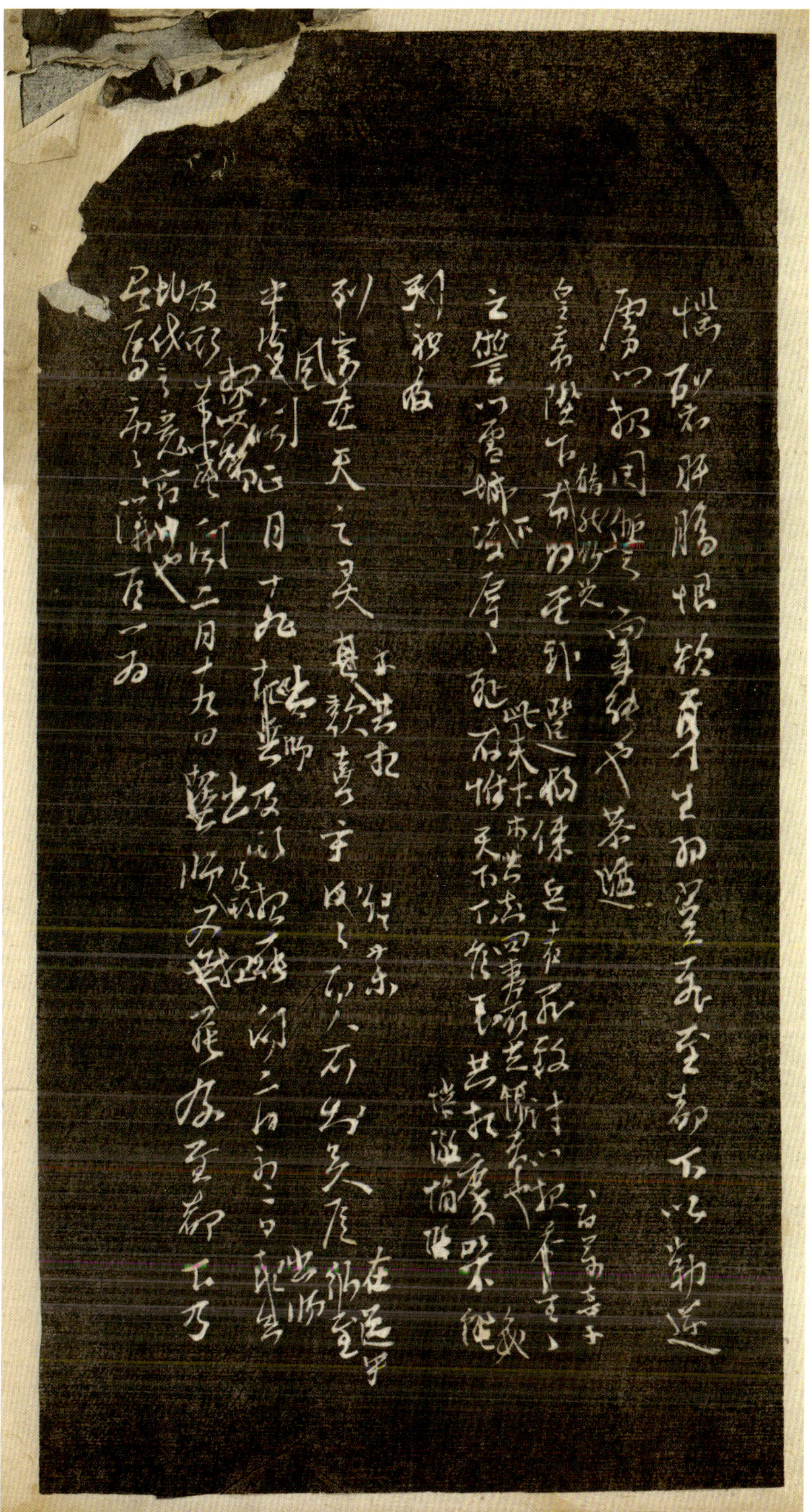

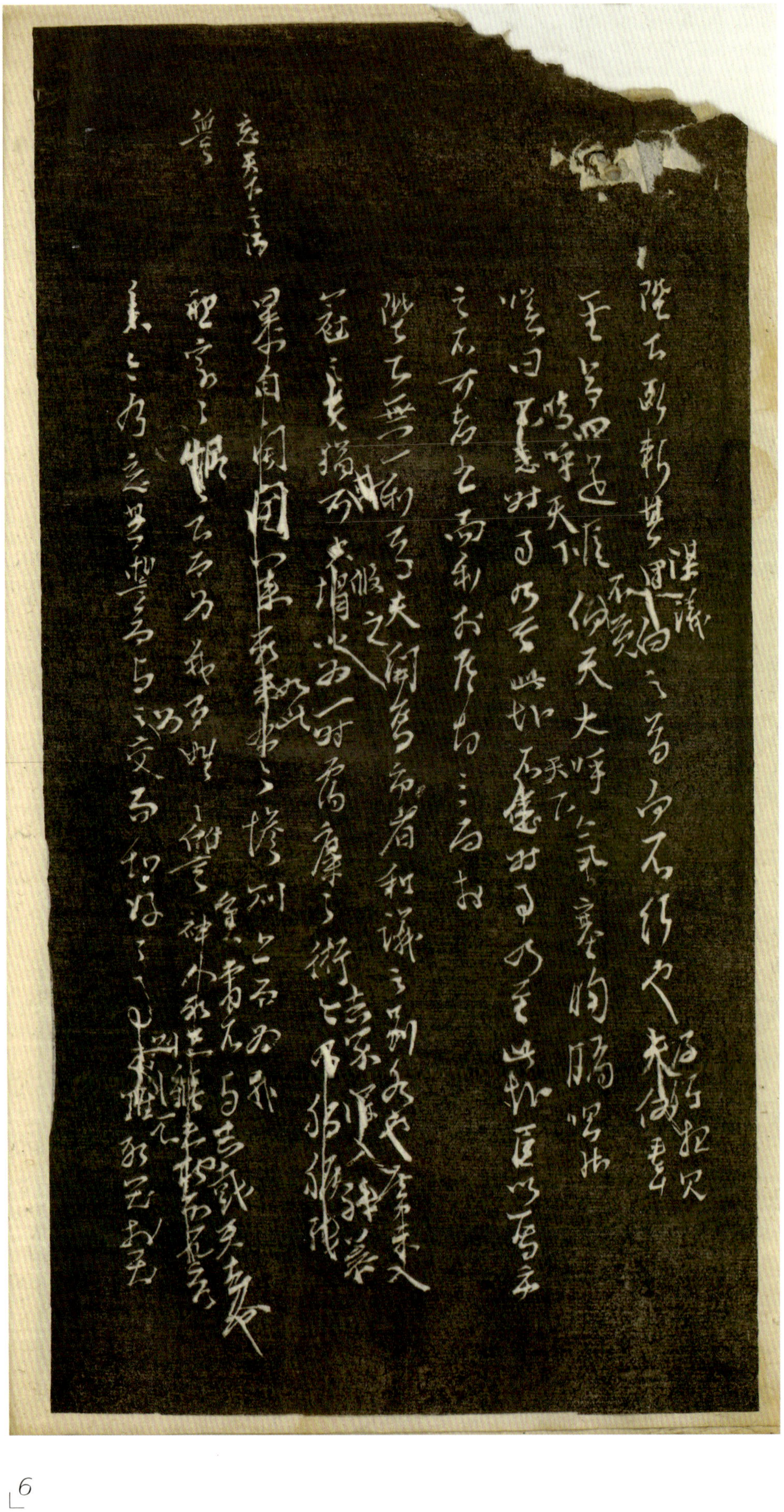

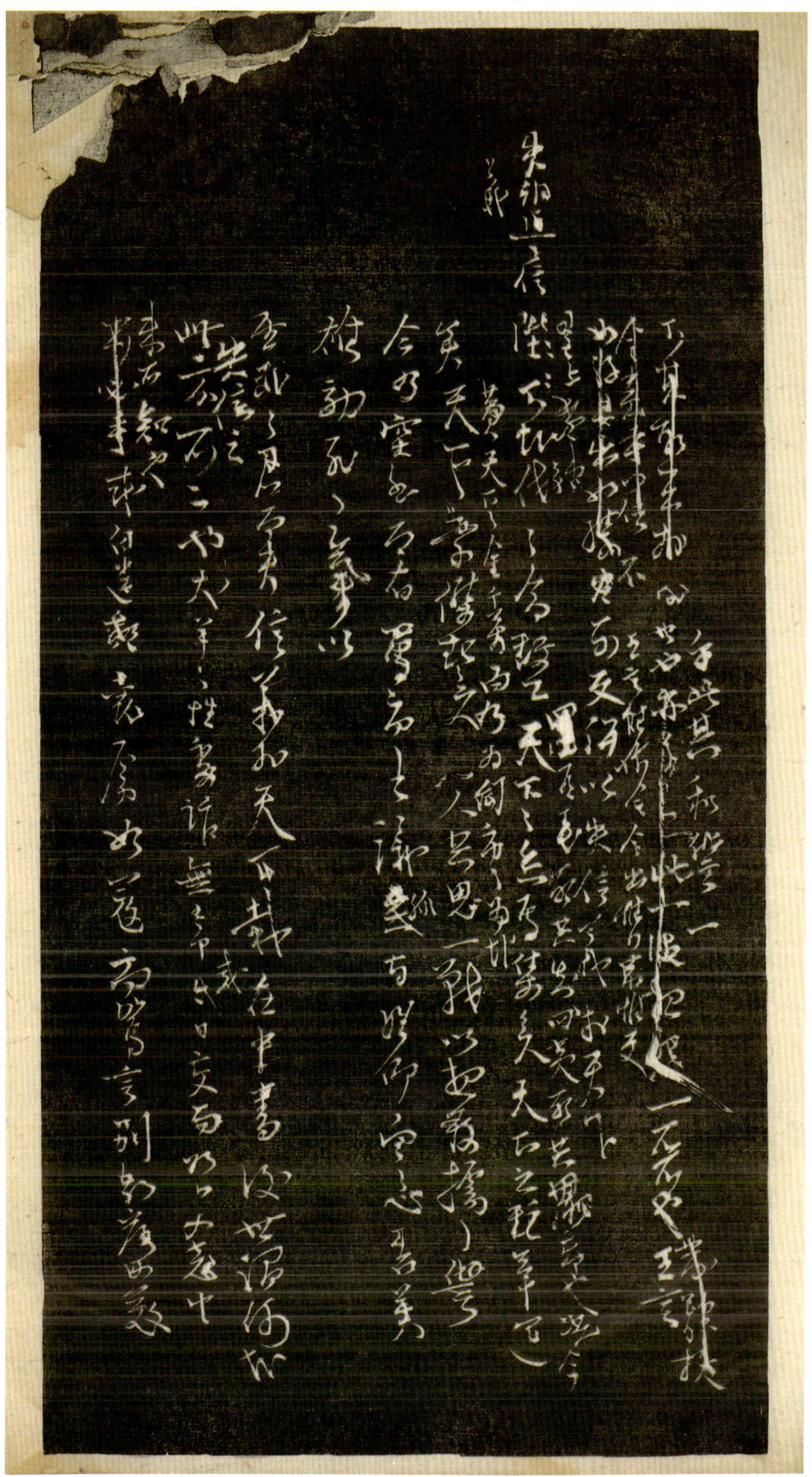

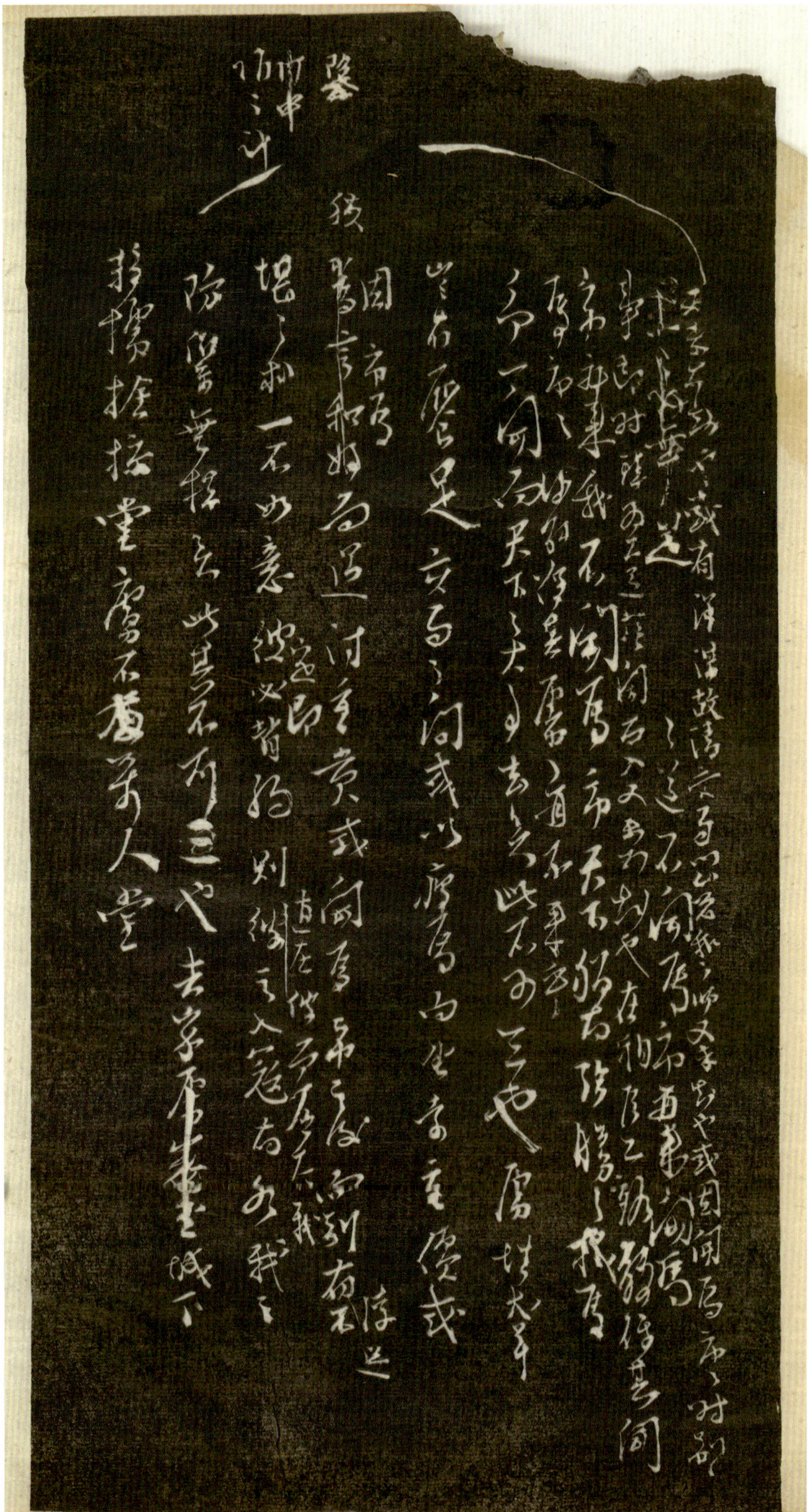

天朝再無一人敢以為一戰者有識者[illegible]拔之者有慶者
於例異於東[illegible]歷[illegible]大[illegible][illegible]東者[illegible]陽一千里
大將擁虜之威[illegible]帝今廿七國[illegible]數十年[illegible]虜[illegible]近[illegible][illegible]知敢
百姓及[illegible]之[illegible]虜之敵以殺百姓者[illegible]則[illegible]虜[illegible]來[illegible]遠[illegible]
之[illegible][illegible][illegible]日[illegible][illegible]之病矣以敢[illegible]笑[illegible]是 以為非
中國每與之一戰一年不閒 去年深入猶自悔
其恨大不勝其[illegible]恨虜之[illegible]子在[illegible]日[illegible][illegible][illegible]
[illegible][illegible]不自[illegible][illegible]大[illegible]放[illegible][illegible][illegible]心[illegible][illegible][illegible][illegible]
中國今年來僅仗其[illegible]無事也[illegible][illegible]其向中國

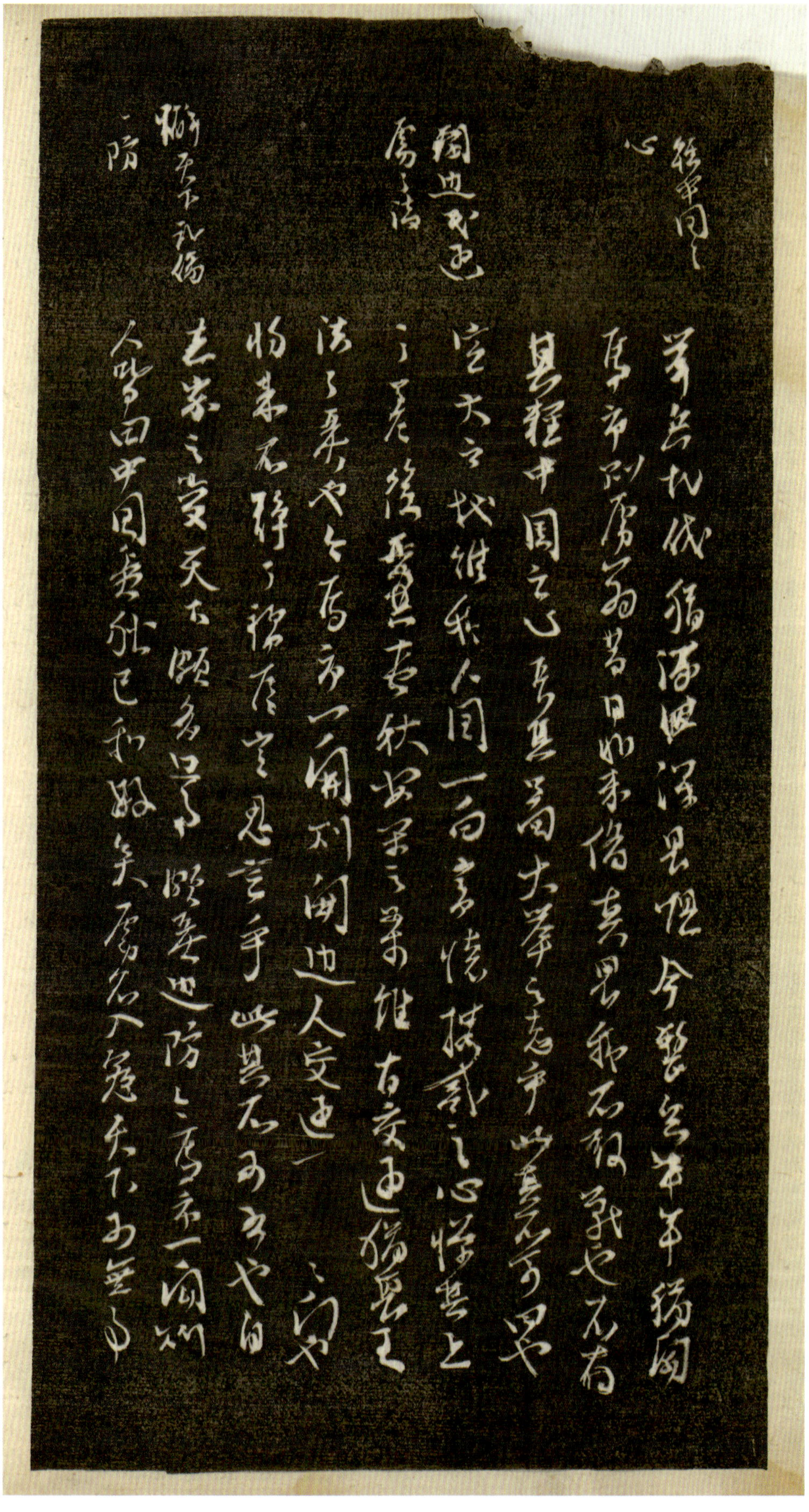

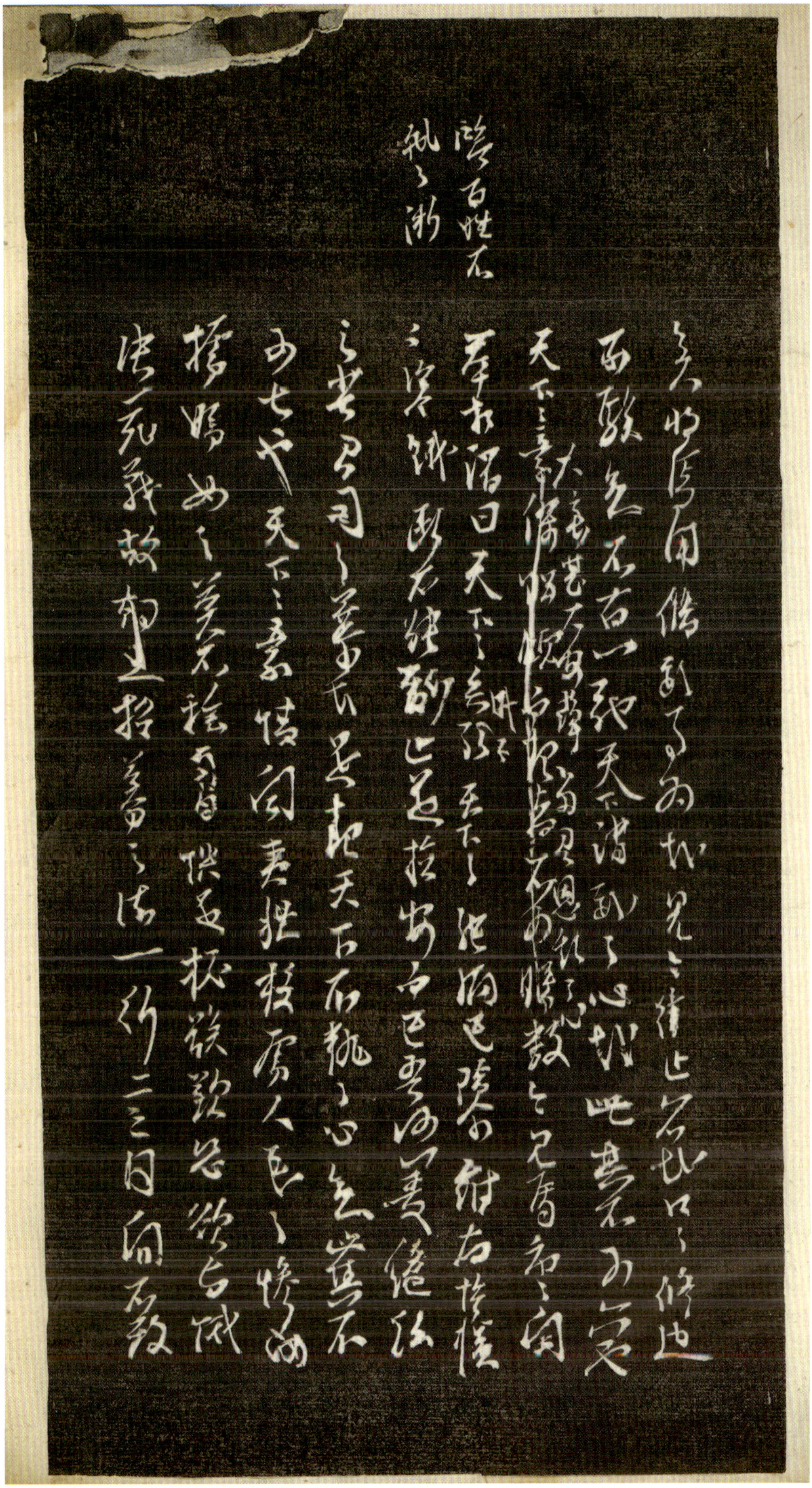

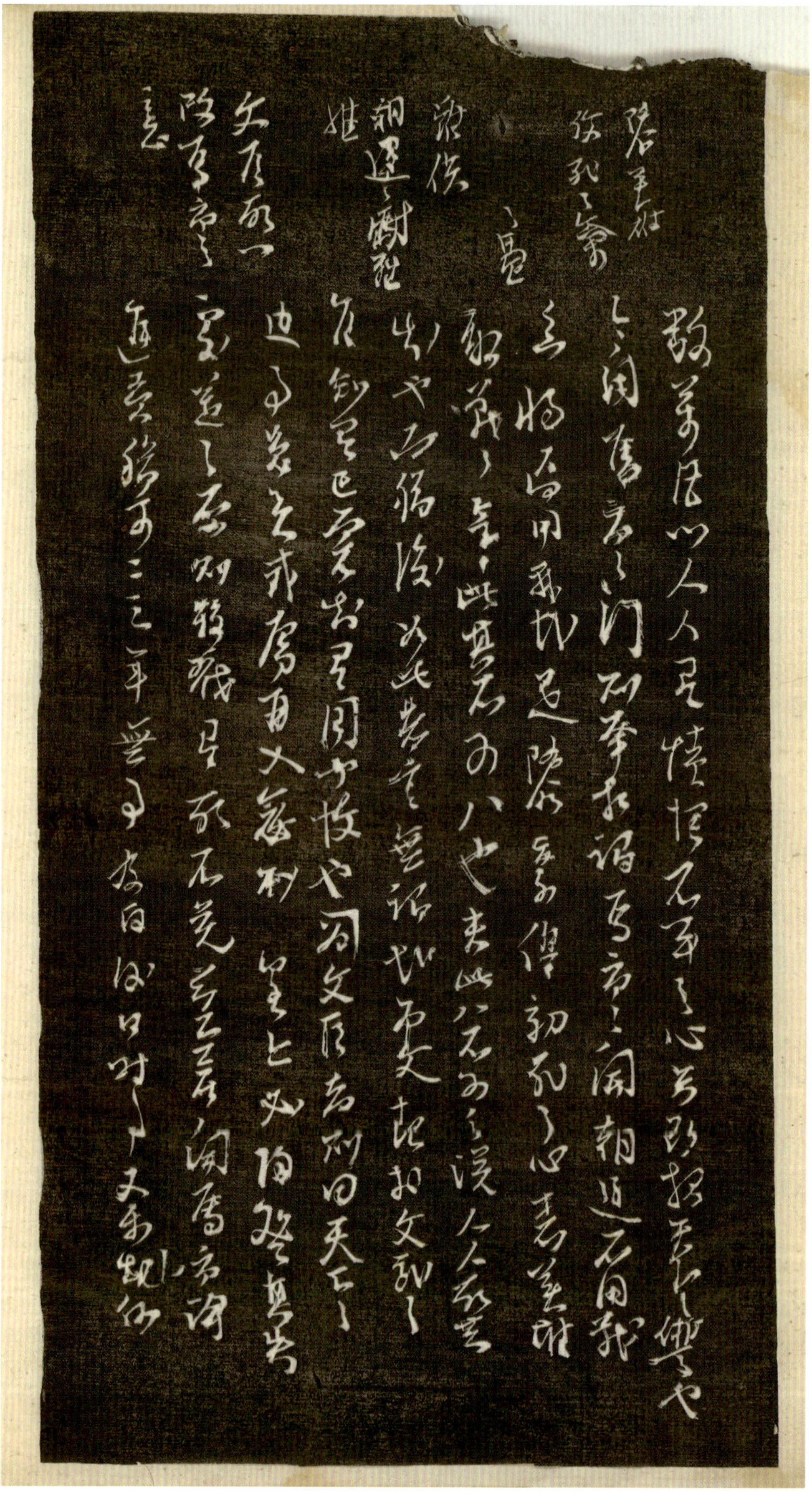

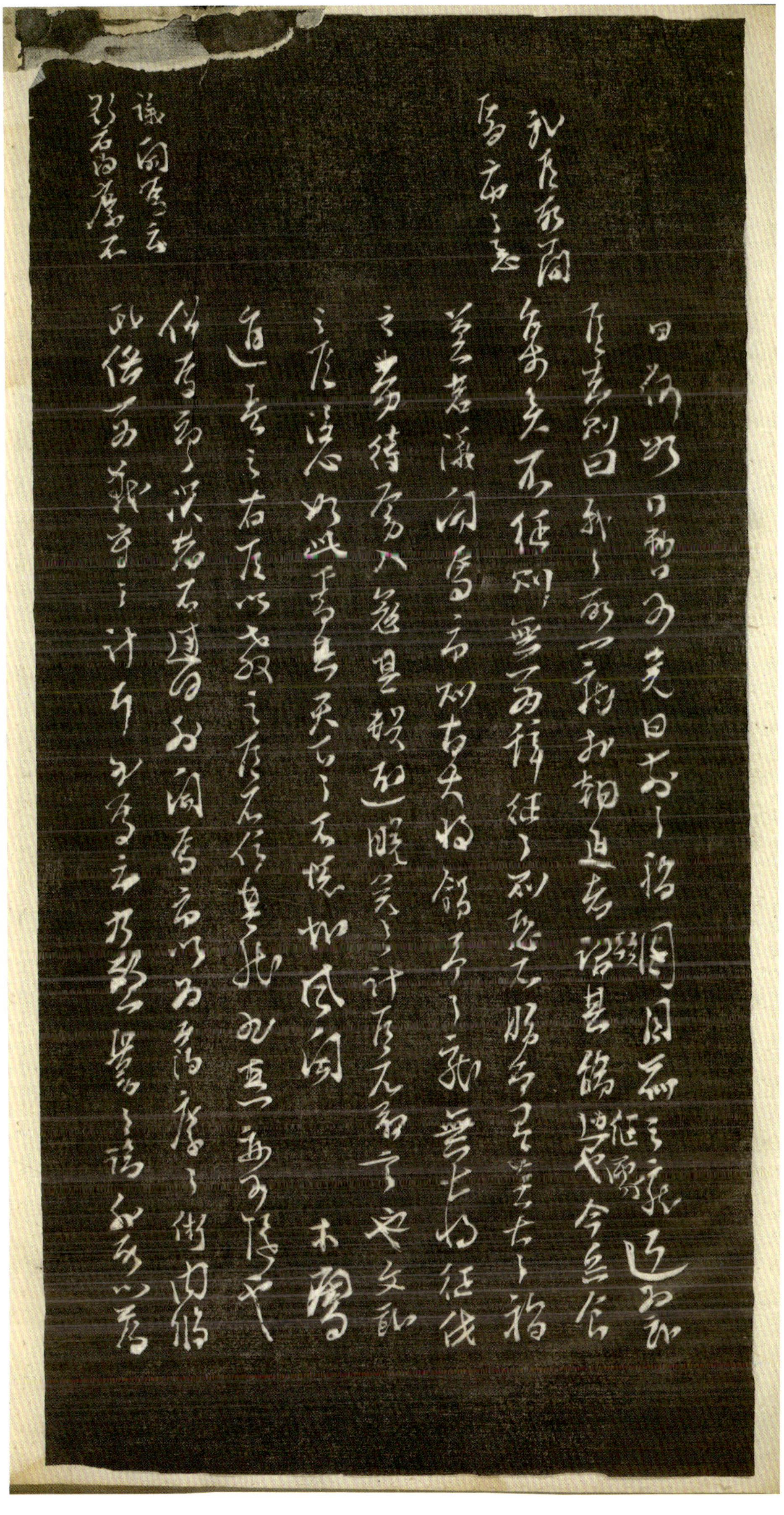

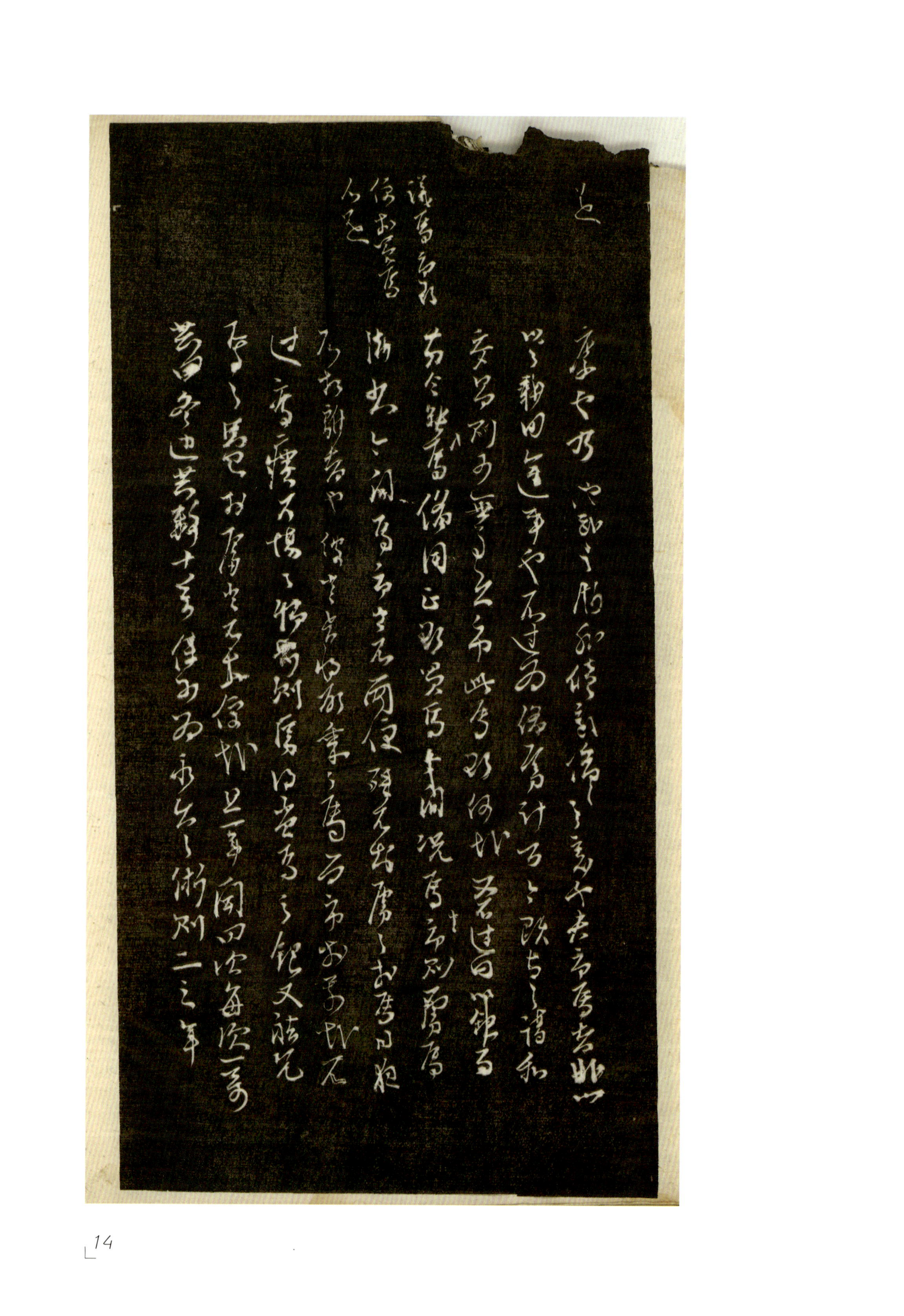

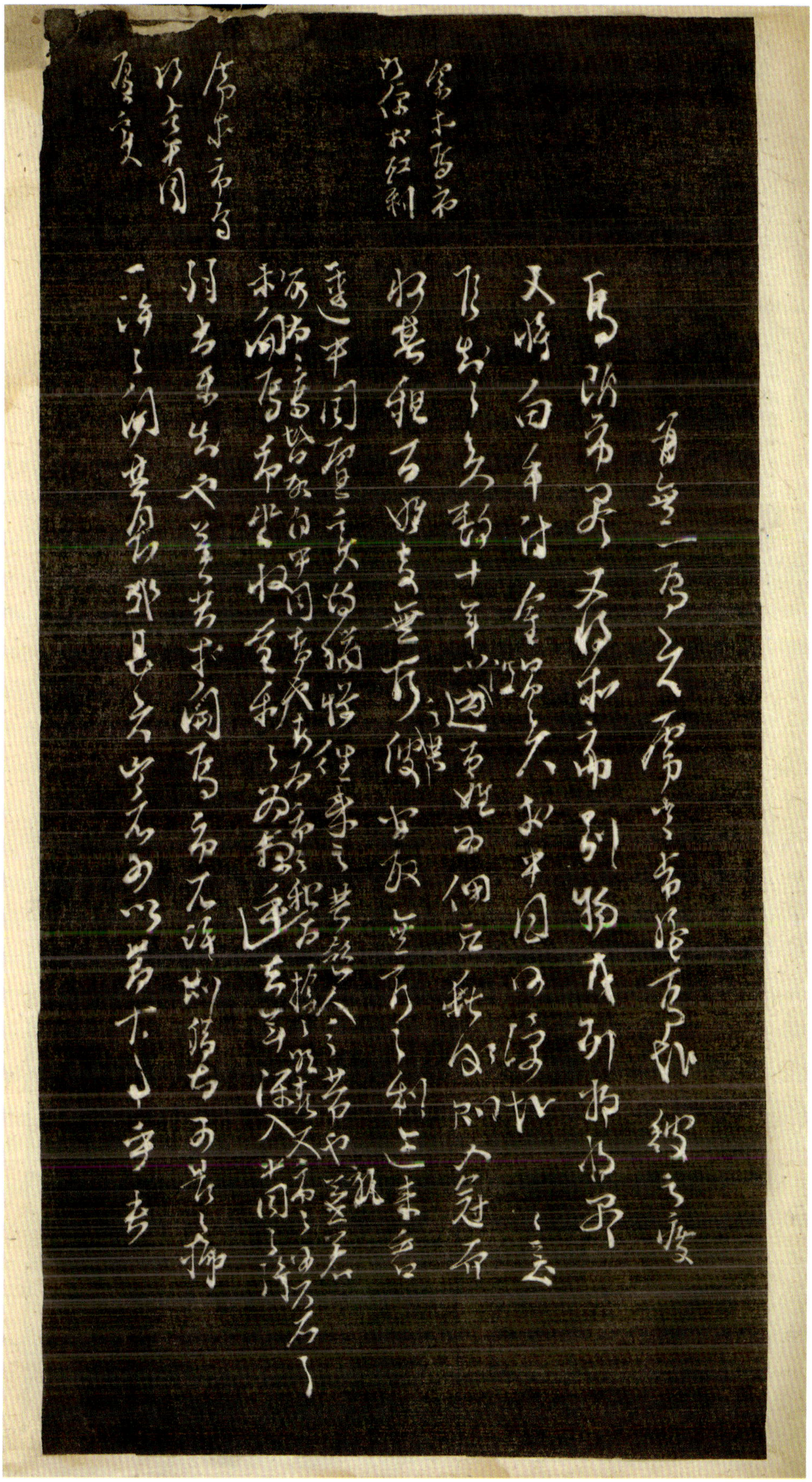

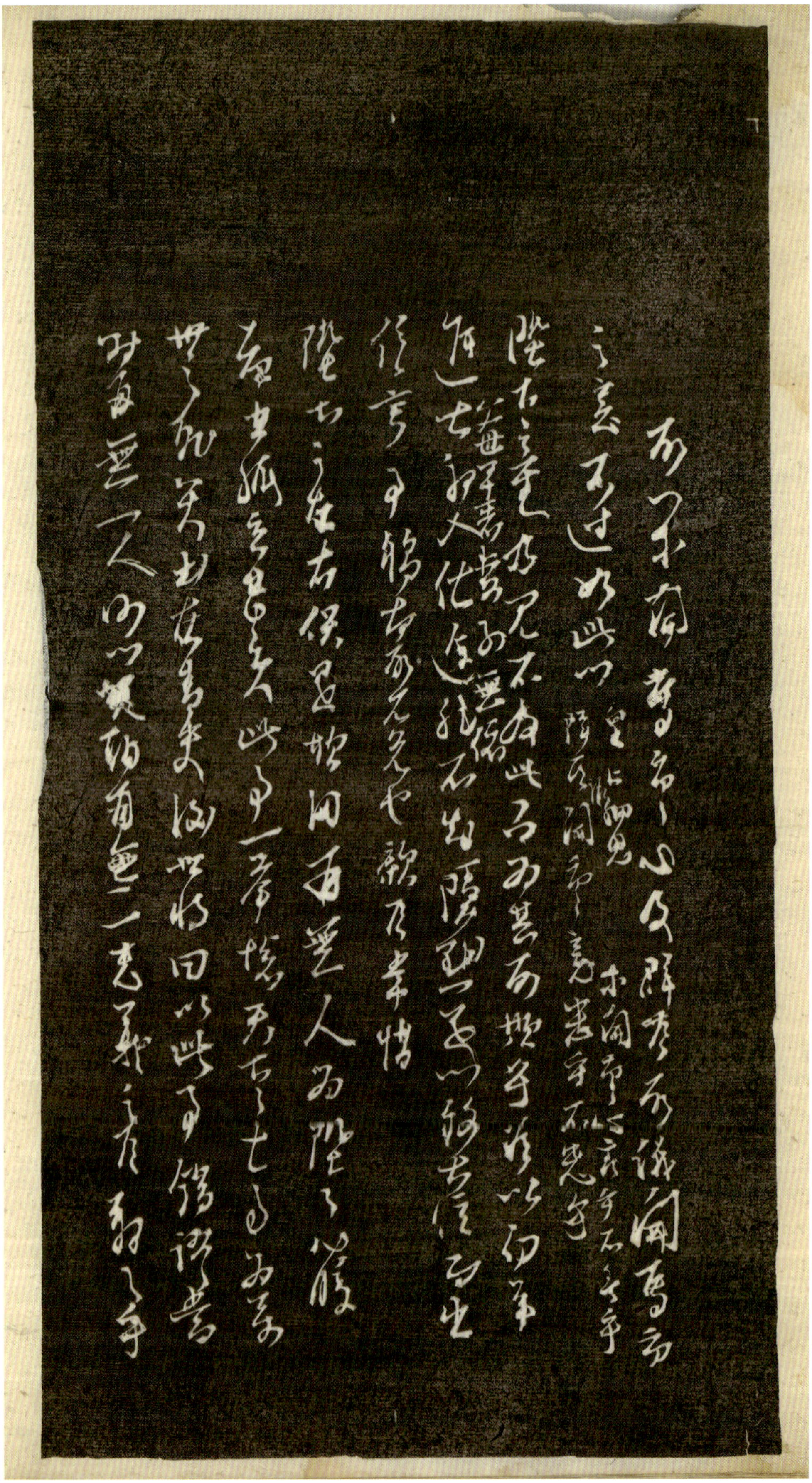

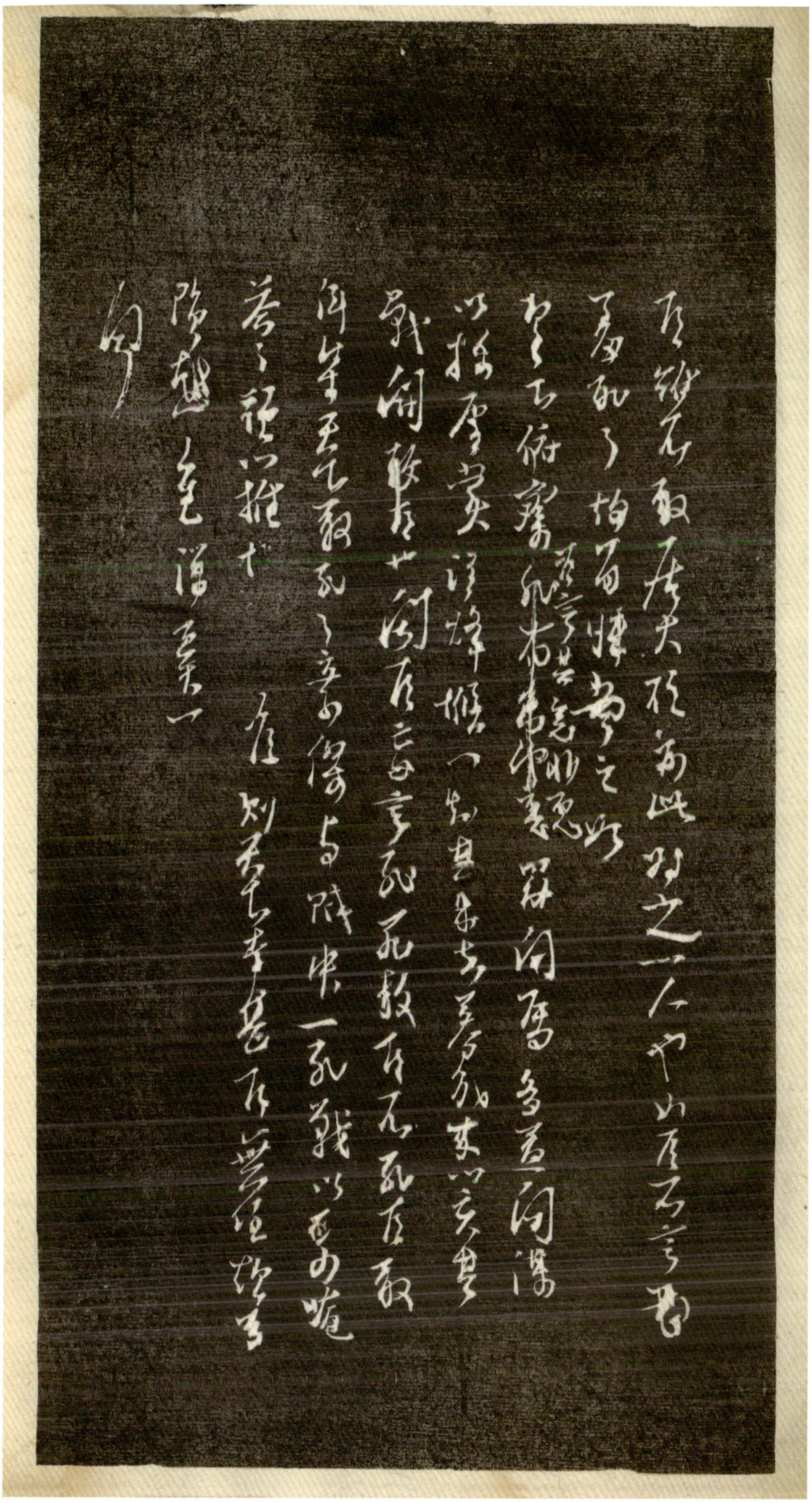

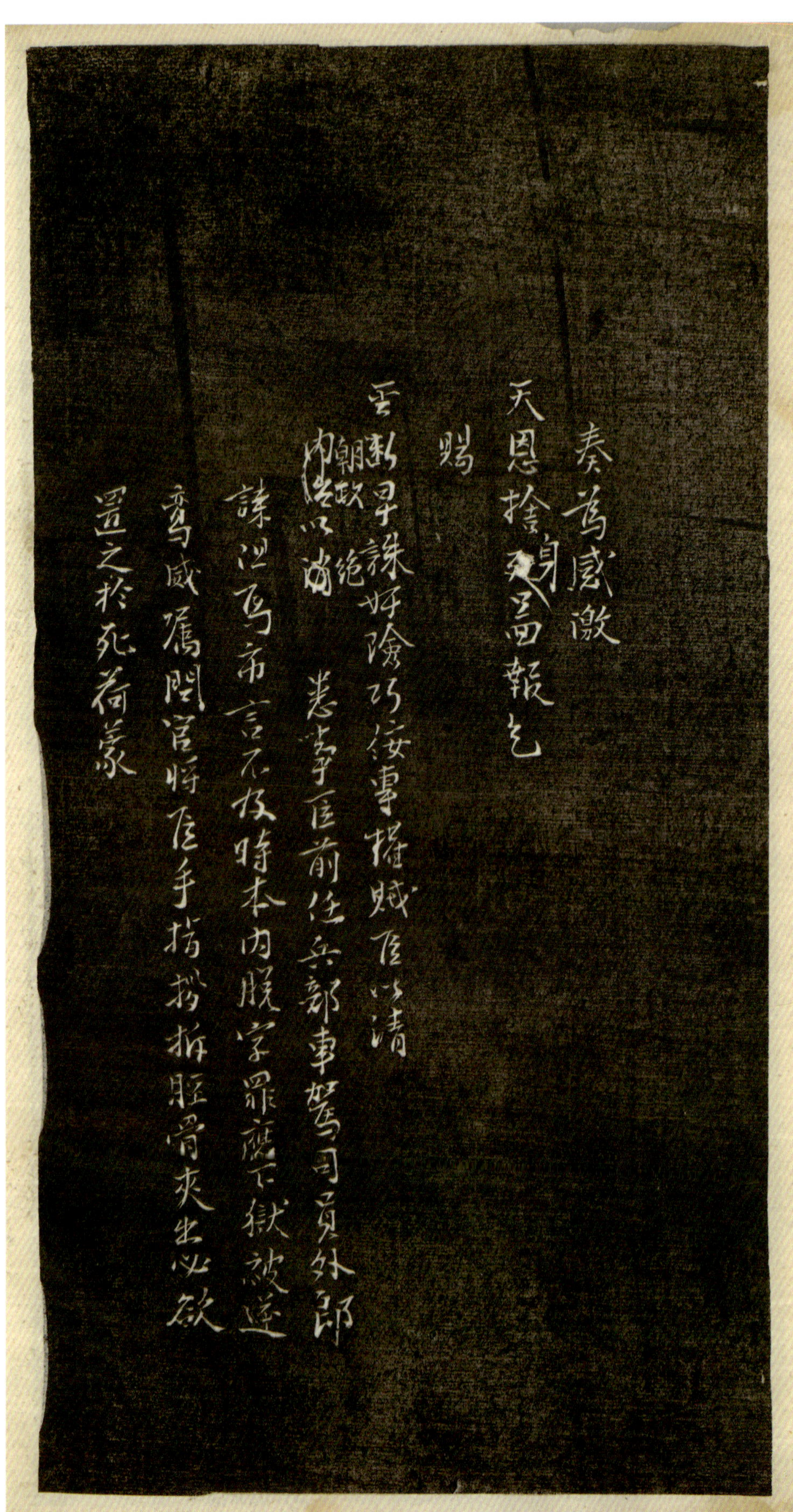

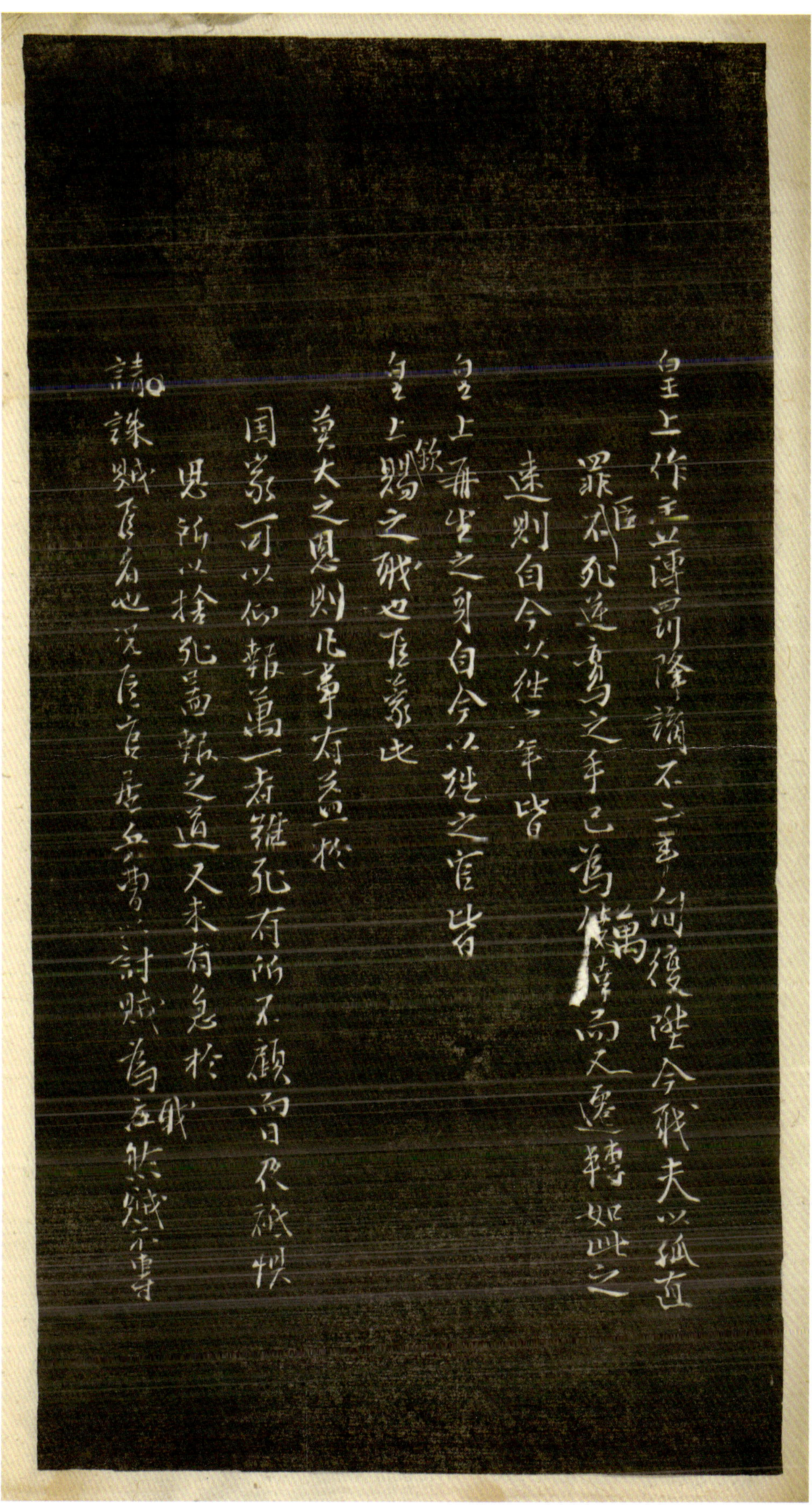

皇上作主並傳罰降謫不一番復陞今職夫以孤直

罪臣死逆竄之手已為萬幸而又遷轉如此之

速則自今以往之年皆

皇上再生之身自今以往之官皆

皇上欽賜之職也臣蒙此

莫大之恩則凡事有益於

國家可以仰報萬一者雖死有所不顧而日夜祇懼

思所以捨死圖報之道又未有急於

請誅賊臣者也況臣官是兵曹兵曹討賊為臣職然賊不專

於　臣有害於
国家
社稷人民者均謂之賊臣現大学士嚴嵩盜權竊柄誤
国殃民其天下之第一大賊乎方今在外之賊惟　爲
邊患在内之賊爲惟嚴嵩爲最　有大革之
邊瘡疥之疾也賊嵩乃門庭之寇心腹之害也賊
有内外攻宜有先後未有内賊不去而可以除外賊者
故臣
請誅賊嵩當在剿絶　之先且嵩之罪惡貫盈

神人共憤徐學詩沈鍊王宗茂等嘗劾之矣然
止皆言嵩貪污之小而未嘗發嵩僭竊之罪嵩
之奸佞又善爲擬飾之巧而足以反誣言者之非
皇上之仁慈又冀嵩感容留之
恩而圖爲改邪歸正之道故嵩猶得竊位至今嵩於
此時日夜感
恩改過可也豈意恨言者之多而益密其彌縫之計因
皇上之留而愈恣其無忌憚之爲[illegible]衆惡俱備四端已絕
雖離經畔道取天下後世之唾罵亦有所不敢爭幸賴

皇上敬天之誠格於
皇天故
上天恐姧臣害
皇上之治而屢示以災亦又致警者去年春雷久不聲占
云大臣專政然臣莫大於嵩而專政亦未有過於嵩
者去年冬日下有赤色占云下有叛臣夫曰叛者非必謀
反之謂也凡心不在
君而背之者皆謂之叛然則背
君之臣又孰有過於嵩乎他如各處地震與夫

日月交食之變其災皆當歷於賊臣高之身者乃日侍其

側而不覺

上天仁愛之心亦孔急矣不意

皇上□聰明剛斷乃耳受山高數人之言既不見信龍

上天示警亦不悟以至於此也臣敢以高之事枚數

居之十大罪告

皇上陳之我

太祖

高祖親見宰相專權之禍遂罷

詔天下罷中書丞相而以五府九卿分理庶政

殿閣之臣惟備顧問視
制草不得平章
國事故載諸
祖訓有曰以後子孫作
皇帝時臣下有建言設立丞相者罪人凌遲全家處
死法甚嚴
至子
神孫計至深遠也及嵩爲輔臣傲然以丞相自居挾
皇上之權侵百司之事凡府部每事之

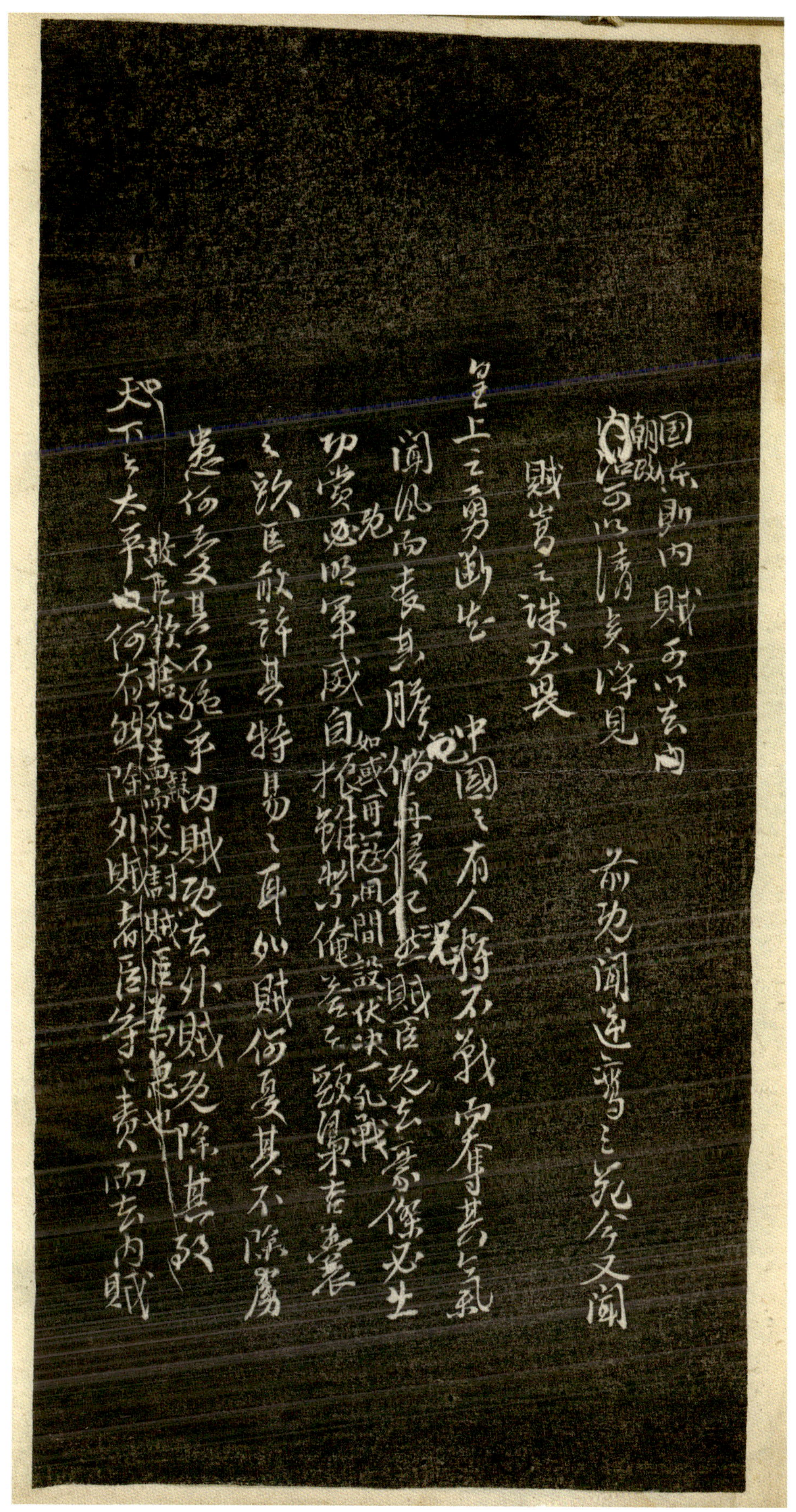

十二

者則

皇上之子而臣感

皇上生還之恩厚不思負荷

皇上再生之恩不敢忘感激無地故不避羞恥為此

具本親齎謹奏以

聞

右容城楊忠愍公諫罷開馬市疏及劾嚴嵩十罪五姦疏屬草初本也當明世宗朝嵩攬柄誤國自姦黨

而外旁觀者皆側目公非有
言責而忠愛至性發於不得
已浩然剛大之氣一一流露
楮墨間令讀者肅然敬凜然

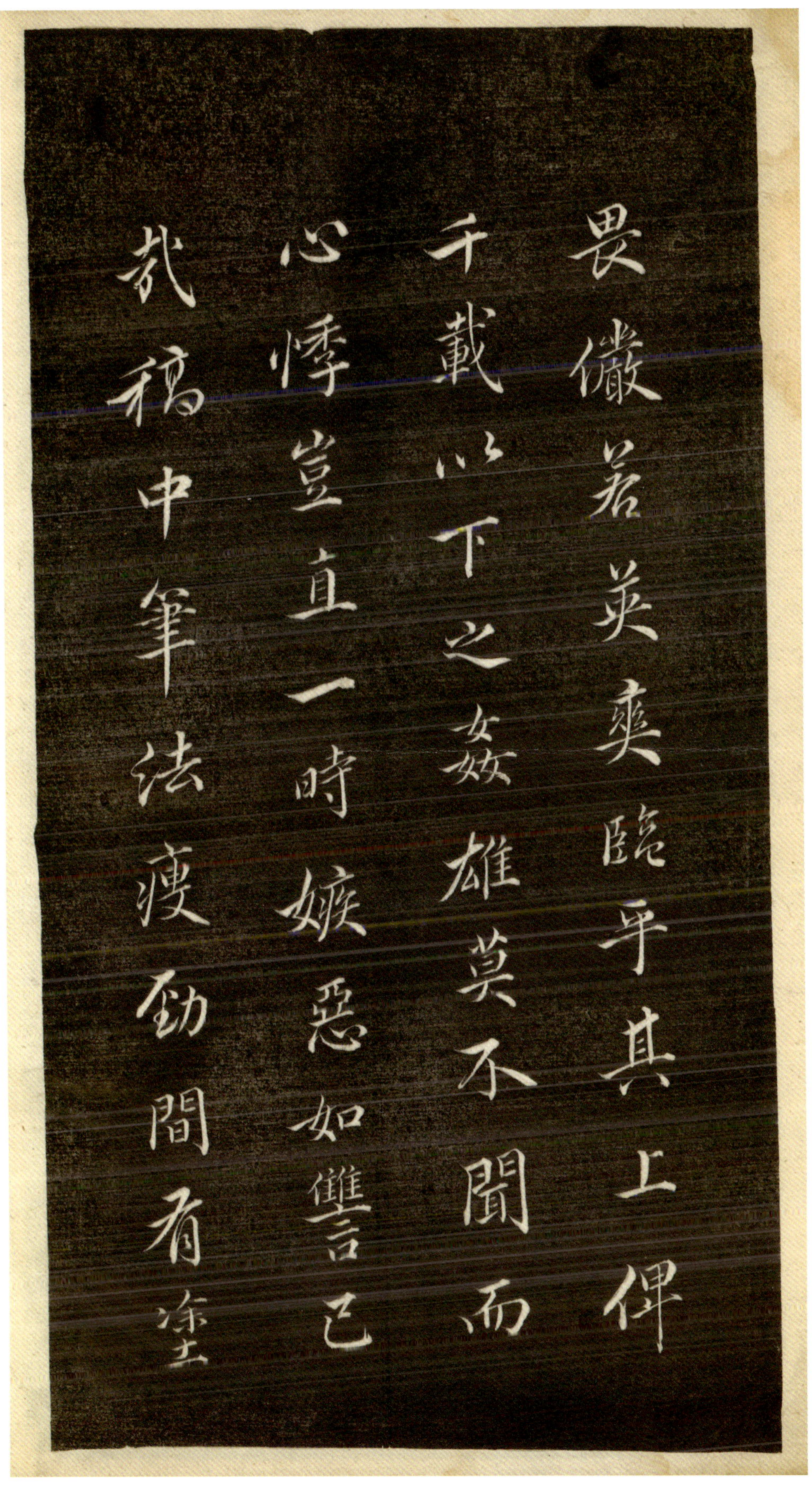
畏儼若英爽臨乎其上俾千載以下之姦雄莫不聞而心悸豈直一時嫉惡如讐已哉積中筆法瘦勁間有塗

乙覽改要在感格君心廓清

國政而後止嗚呼公一生大

節所繫在二疏必有神物

呵護焉若子孫其藏之家

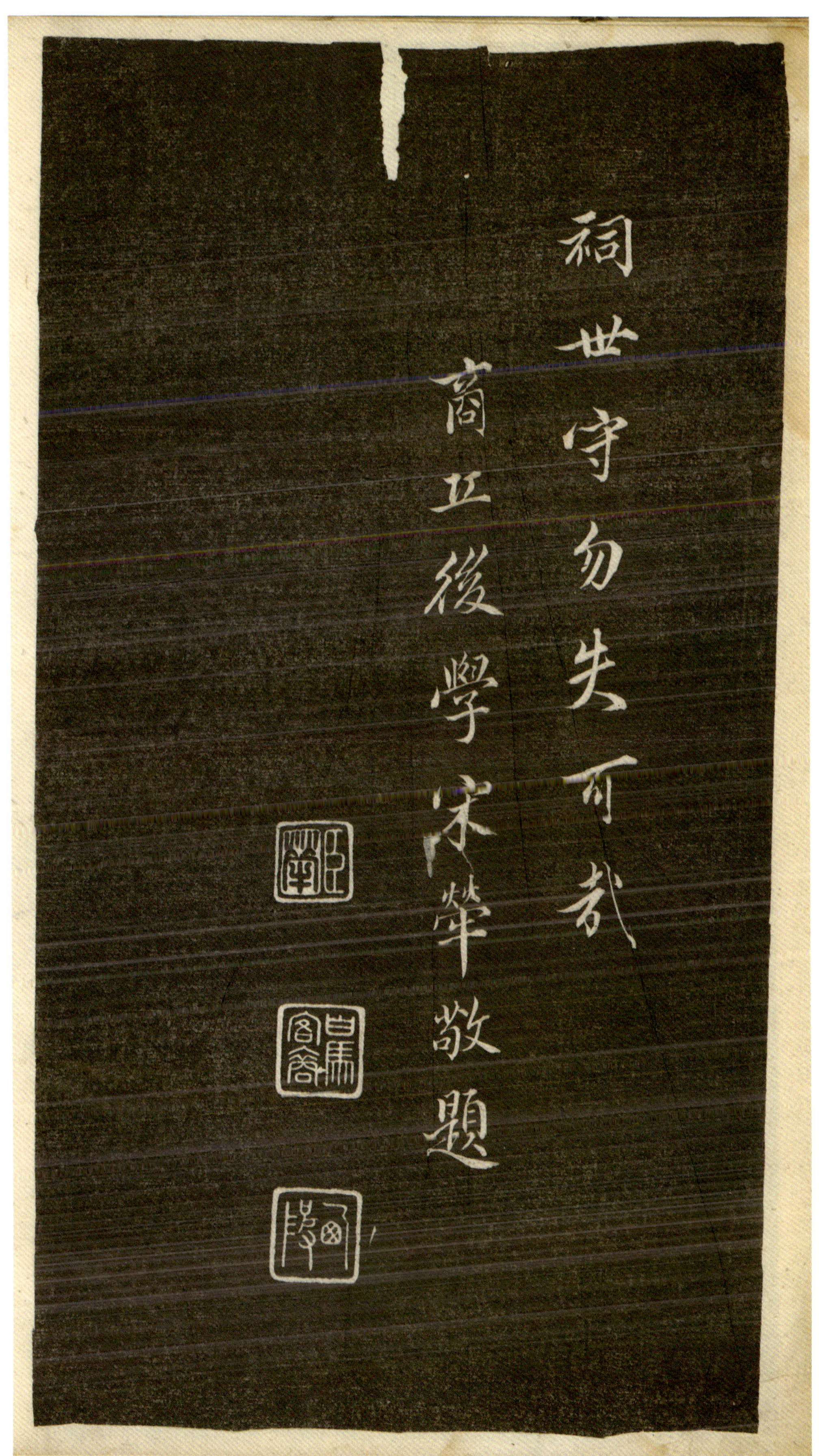
祠世守勿失可哉
商丘後學宋犖敬題

清朝

吴可读（1812—1879 年），字柳堂，甘肃皋兰南府街（今兰州市城关区金塔巷）人。道光进士。任都察院河南道监察御史，因劾乌鲁木齐提督成禄滥杀无辜，罢官归里，主讲兰山书院，创办全省首家牛痘局。光绪二年（1876 年）起复为吏部主事。五年（1879 年）尸谏为同治帝立嗣，开清流议政之先河。著有《携雪堂全集》。本书收录藜照堂《吴柳堂御史奏折遗嘱并像赞》，前为吴可读《奏为泣请懿旨将来大统仍归承继大行皇帝嗣子事》稿本，致其子吴之桓的遗嘱；后附翰林院编修周銮诒作吴可读像赞，直隶总督兼北洋通商大臣李鸿章的跋语。皆为手迹拓片。

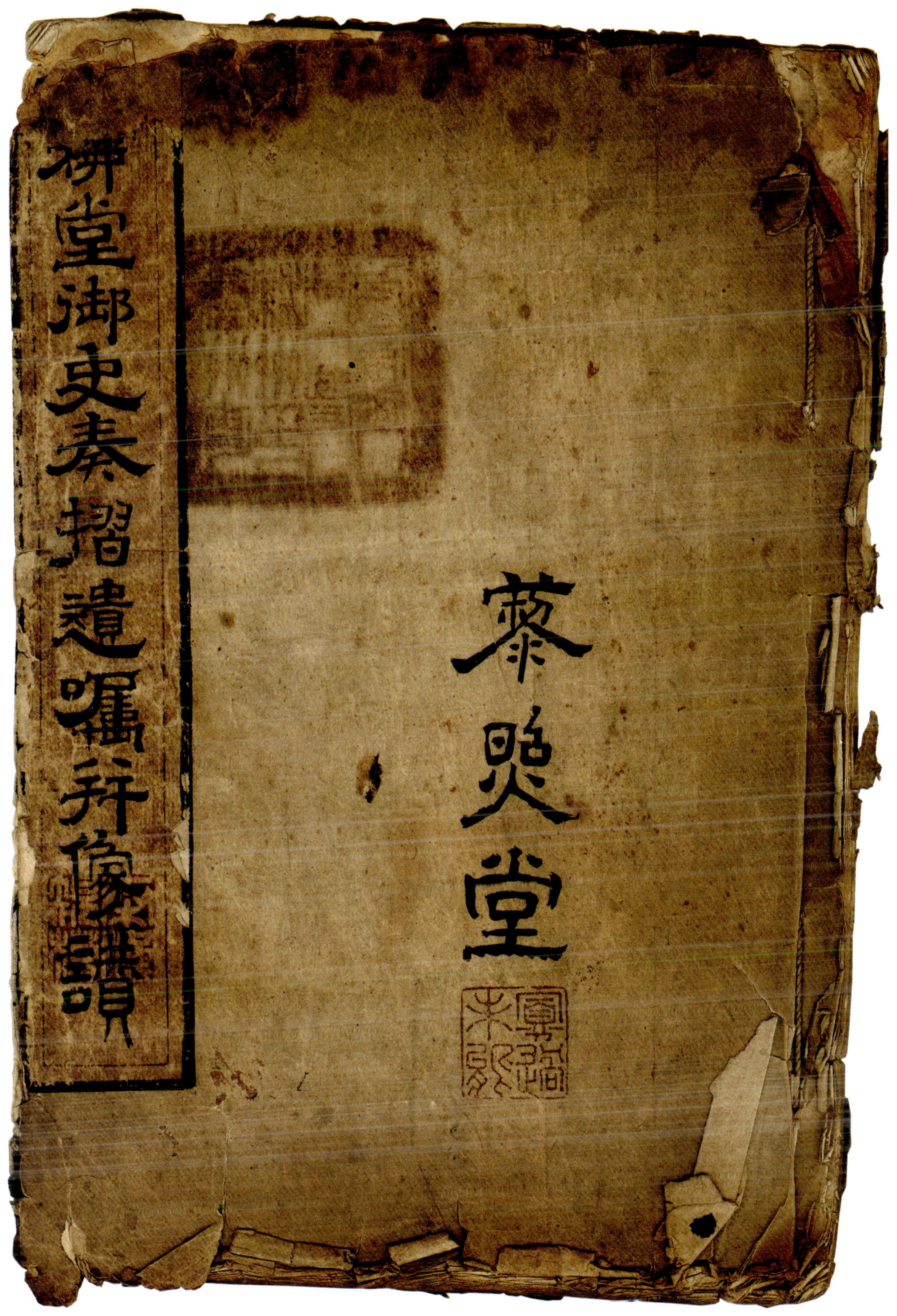

耕堂御史奏摺遺囑并像讃
蓁熙堂

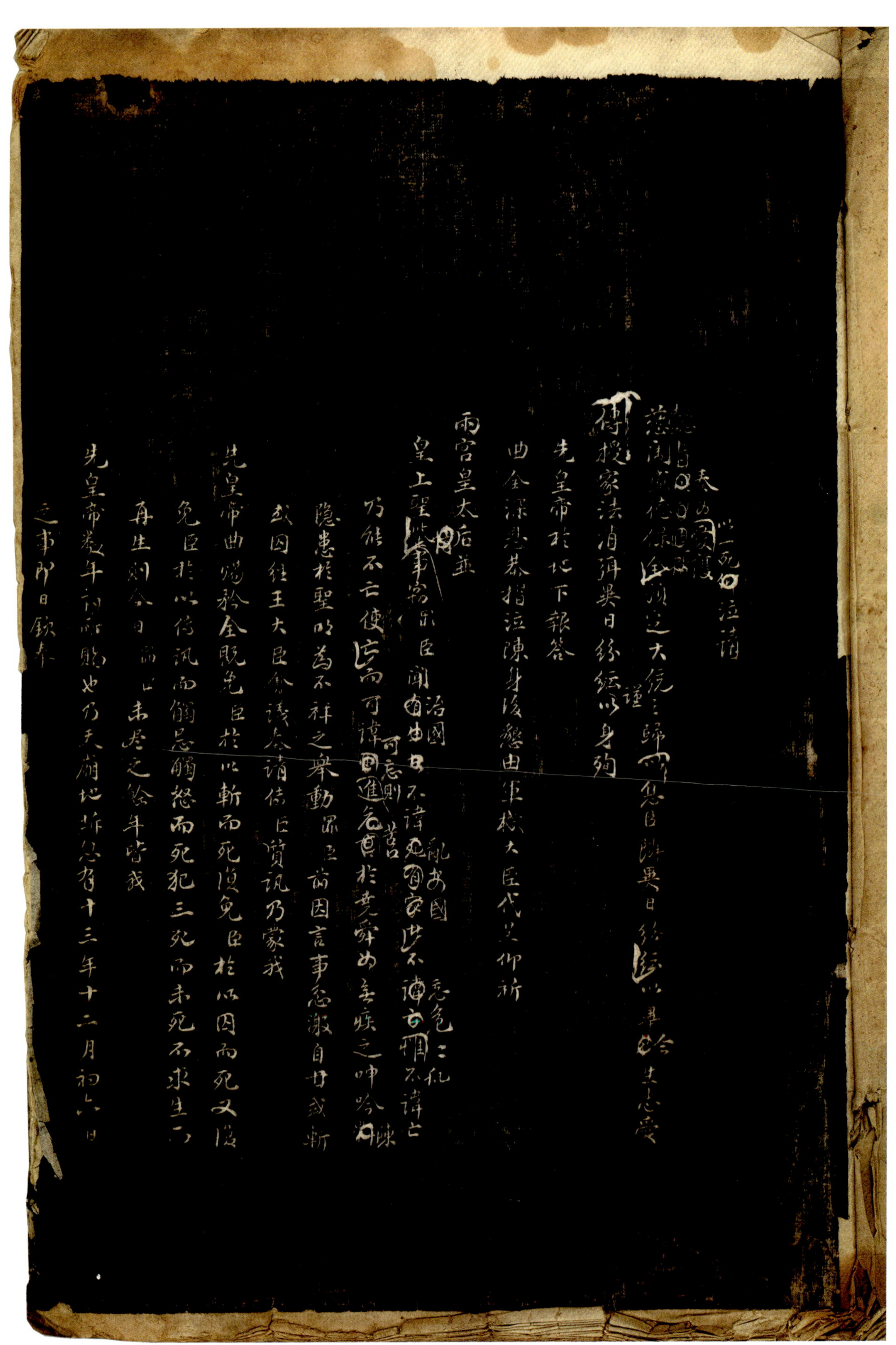

以一死□泣請
奏為□□□□□
懿旨□□□□□預定大統之歸□臣□異日纘□以畀給□之心愛
傳授家法消弭異日紛紜以身殉（謹）
先皇帝於地下報答
曲全深恩恭指泣陳身後懇由軍機大臣代呈仰祈
兩宮皇太后並
皇上聖鑒事竊罪臣聞有由□不諱死有□世不諱亡（治國　亂安國　忌危亡亂）
乃能不亡使亡而可諱□進危□於堯舜也至於□疾之呻吟□（可忘則　吉）
隱患於聖明為不祥之舉動罪臣前因言事忿激自甘斬
絞因經王大臣會議奏請傳臣質訊乃蒙我
先皇帝曲賜矜全既免臣於以斬而死復免臣於以囚而死又復
免臣於以傳訊而觸忌觸怒而死犯三死而未死不求生而
再生則今日罪臣未盡之餘年皆我
先皇帝數年前所賜也乃天崩地坼忽有十三年十二月初六日
之事即日欽奉

兩宮皇太后懿旨大行皇帝龍馭上賓未有儲貳不得已以醇親王
之子[illegible][illegible]承繼文宗顯皇帝為子入承大統為嗣皇帝俟嗣皇帝
生有皇子即承繼大行皇帝為嗣特諭罪臣涕泣謹迴環[illegible]誦反復思維
竊以為我
兩宮皇太后一誤再誤為
文宗顯皇帝立子不為我
大行皇帝立嗣既不為我
大行皇帝立嗣則今日
嗣皇帝所承大統乃奉我
兩宮皇太后之命受之於
文宗顯皇帝非受之於我
大行皇帝也而將來大統之傳亦未奏有明文必歸之承繼之子
即謂
懿旨內既有承繼為嗣一語則大統之仍歸繼子自不待言而臣竊以
為未然自古擁立推戴之際為臣子所難言
閱二百餘年

祖宗家法子以傳子

骨肉之間萬世無間然況醇親王公忠體國中外翕然稱爲賢王

觀王 而當時一奏令人忠義奮發之氣勃然而生言爲心聲豈

嗣皇帝仁孝承歡孜孜至於欲哭不能已已偶王淵中自有此

正奏未必不然而自之衰惜罪臣之愚戇之不知以而臣此言

爲間離間之端而哉

嗣皇帝仁孝性成承歡

兩宮皇太后授以寶位將來千秋萬歲甘均借以我

兩宮皇太后今日之心爲心而在廷不皆端士左右不盡正人以宋

初年相類者賢猶有首背杜太后之事以前明大學士王

直之爲舊人猶以黃竑請立景帝太子一疏出於金表而不

出於我輩爲愧賢者如此進間不肖舊人如此因奚責我進名位

已定者如此況在未定不得已於一誤再誤中而求一歸於

不誤之策惟有仰乞我

兩宮皇太后再行明降白諭旨將來大統仍歸繼大子行皇帝所繼之子

嗣皇帝雖百斯男中外臣工亦不得以異言進戴正名定分預絕紛紜之金簡藏之金縢

甘爲毋忽如此則猶是

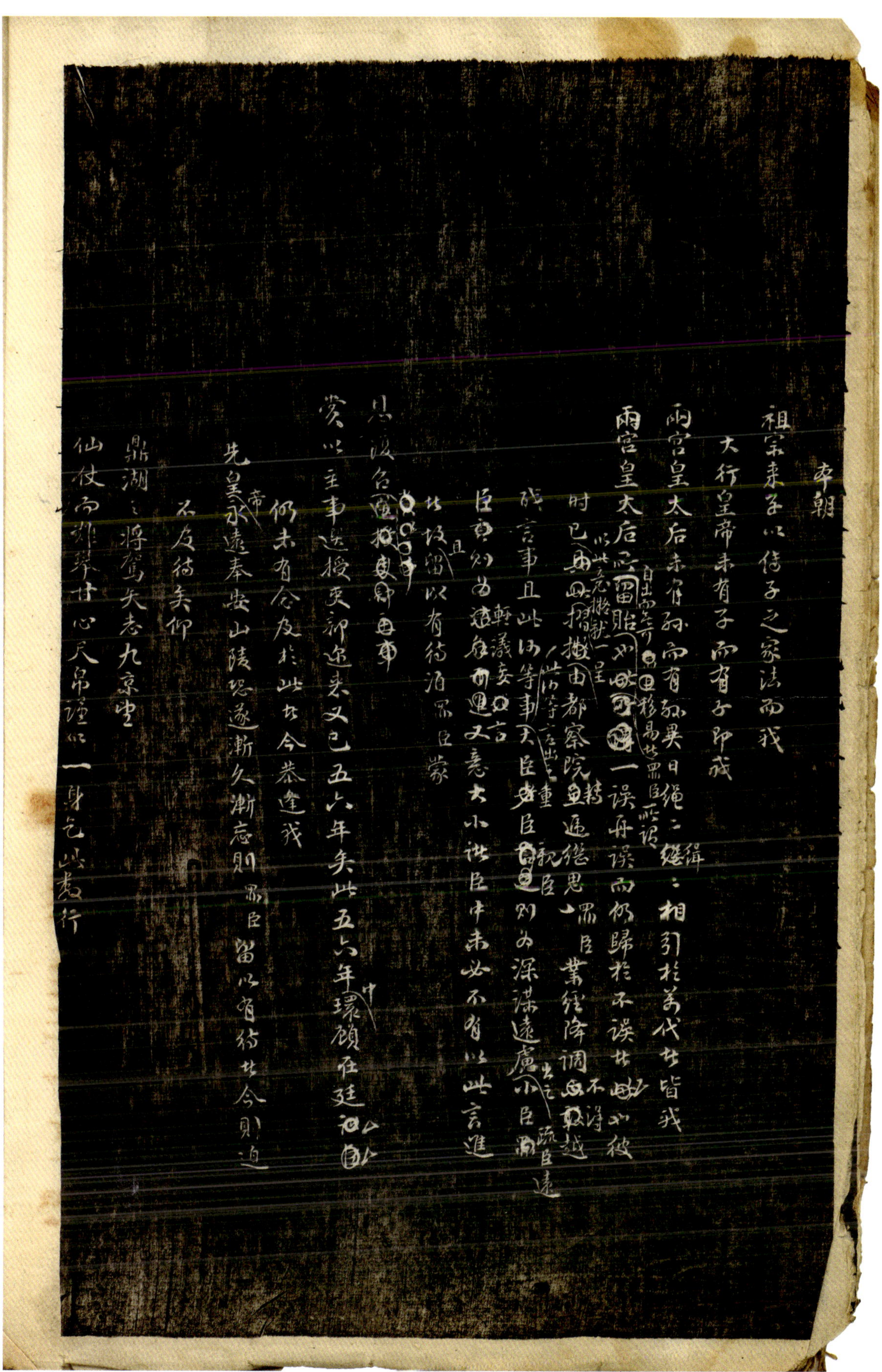

本朝

祖宗未有以傳子之家法而我

大行皇帝未有子而有子即我

兩宮皇太后未有孫而有孫異日繩繩繼繼相引於萬代者皆我

兩宮皇太后之留貽[illegible]一誤再誤而仍歸於不誤者亦彼

時已[illegible]摺由都察院呈遞總思眾臣業經降調不得越

職言事且此次等事大臣[illegible]臣[illegible]則為深謀遠慮小臣[illegible]

臣竟以為[illegible]輕議妄言[illegible]又意大小諸臣中未必不有以此言進

者故留以有待眾臣蒙

恩復召[illegible]授吏部主事

恩以主事選授吏部迄來又已五六年矣此五六年環顧在廷[illegible]

仍未有念及於此者今恭逢我

先皇帝永遠奉安山陵恐遂漸久漸忘則眾臣留以有待者今則迫

不及待矣仰

鼎湖之將駕失志九京望

仙仗而攀琴甘心尺帛謹以一身乞此數行

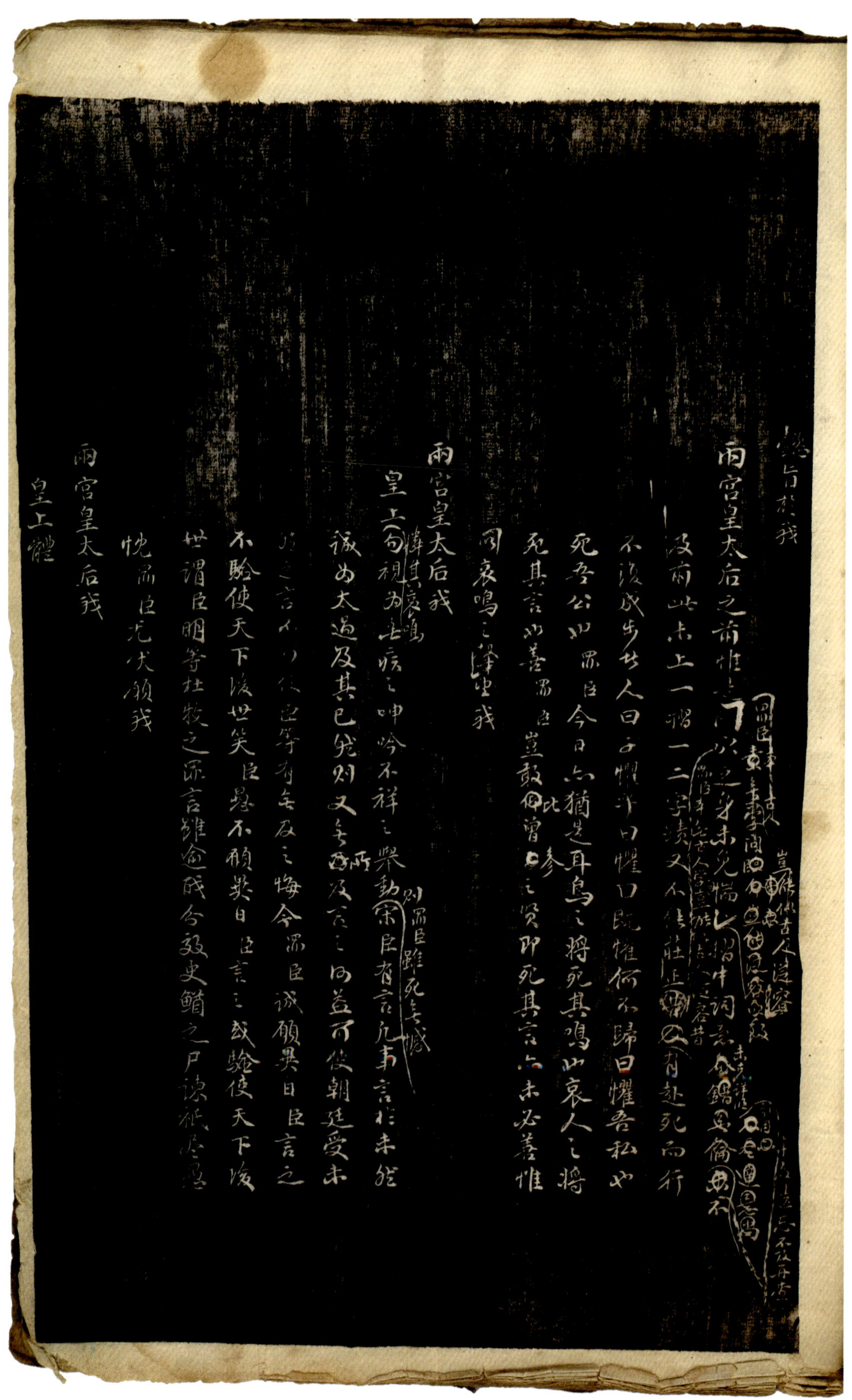

懋旨於哉
兩宮皇太后之前惟是以之身未免惴惴摺中詞氣錯亂無倫
殁而此未上一摺一二字續又不能莊正有赴死而行
不復成步古人曰子懼乎曰懼曰既懼何不歸曰懼吾私也
死吾公也罪臣今日亦猶是耳鳥之將死其鳴也哀人之將
死其言也善罪臣豈敢比曾參之賢即死其言亦未必善惟
同哀鳴之鑒望哉
兩宮皇太后哉
皇上勿視為老病之呻吟不祥之舉動罪臣有言凡事言於未然
誠為太過及其已然則又無及言之何益可使朝廷受未
然之言不可使臣等有無及之悔今罪臣誠願異日臣言之
不驗使天下後世笑臣愚不願異日臣言之或驗使天下後
世謂臣明等杜牧之罪言雖逾職分效史鰌之尸諫祇盡愚
忱罪臣尤伏願哉
兩宮皇太后哉
皇上體

聖祖
世宗之心調劑寬猛
毋爭外國之所獨爭而中華所
養中正和平之福任用老成則眾臣雖死之年猶生之日▢不去
毋創
祖宗之所未創而子孫尚有餘眾臣 言畢於斯願畢於斯命畢於斯
再眾臣曾任御史故敢昧死具摺又以合戒不能上達懇由
臣部堂官代而上達眾臣若以臣衙門所派隨同行禮司員內
祖未經派及眾臣是以眾臣再四面求臣部堂官大學士寶
始準添派眾臣之死非上所及料想上並無不應派
而誤派之處時當
盛世豈容有此疑於古來殉葬不情之事特以
先皇帝龍馭永歸天上普天同德故不禁哀痛迫切語以大統所
繫貪陳悽悽自稱眾臣以
上聞謹
奏

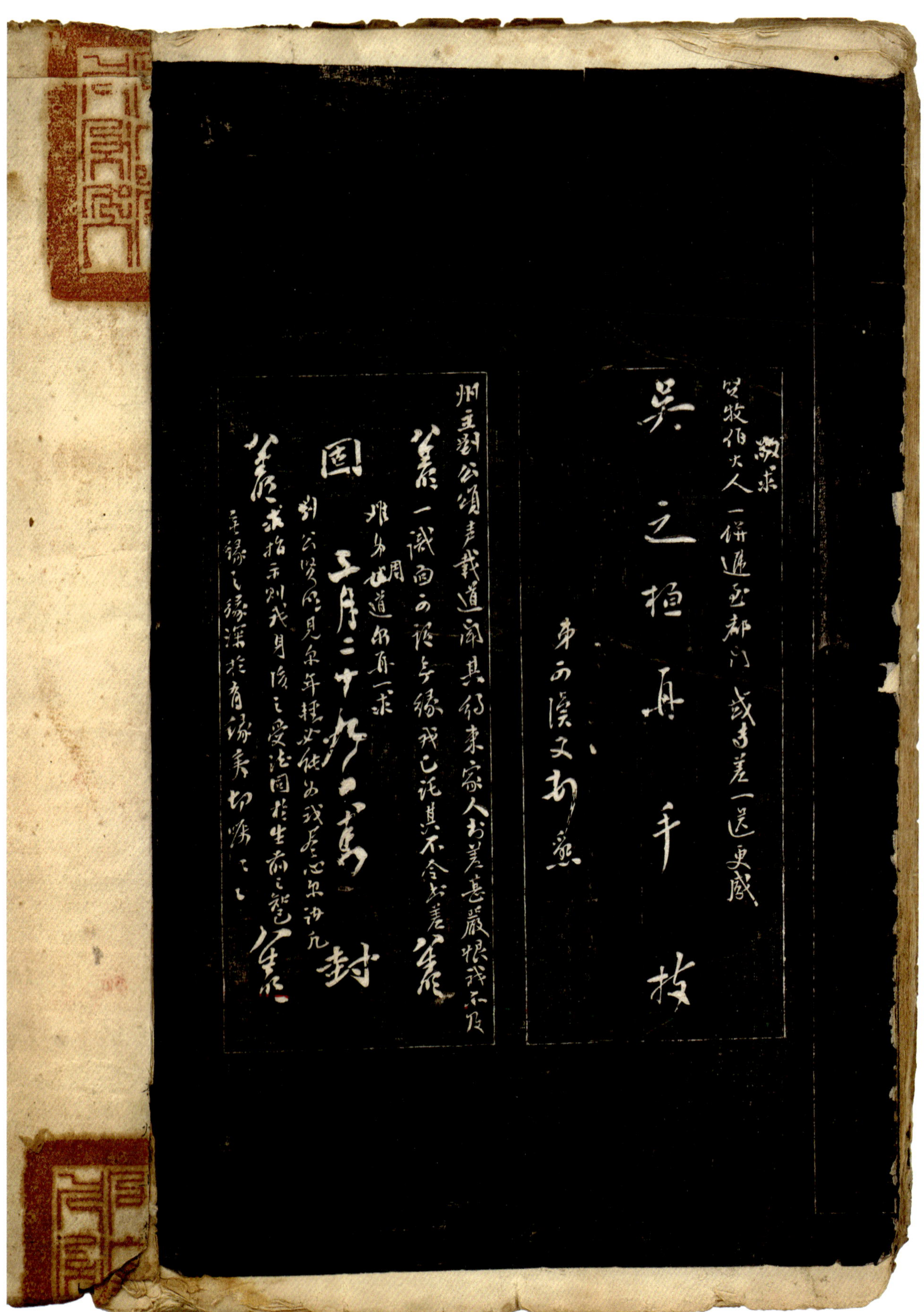
敬求
呂牧伯大人一併遞至都門 或寺差一足送更感
吳之植再手
東西溪文
州主劉公頌声載道聞其仍秉家人以差甚嚴恨我不及
國
封

敬求

賢牧伯大人加封遞至京中南横街西頭交倘蒙

兵部主事吳之楨手拆

專差遞即一行更為深感

固封

事奴矣攸用自己由京帶来洋藥服之則纍首之付尔等收之各湯總之於尔無干尔却不可似這發日滋事拖拉即尔德若仍拖拖抄招自出主意是尔自招其害切切尔亦不令承辦我事尔須切切忌恨速速報官再明請本街老成傳中首事人有家詳出替尔指示一切房租已付過弍兩再收無多時尔須速速（四三日付）報官請鄰中手為要房如付二兩不如初買過自己又用出罷雨團全未付五兩可莫給他可也

初四日又筆　父字

告周老道知尔萬萬不可放閑人進房中來看又不可令小兒們並婦女稍近我房此乃自盡其分並無奇事有何可看要識此方惘之不暇也至嘱

之之

柳堂手泐　父字

白慎此白尔等不可动我信並要紧摺迭卽我枕头边上

我今一死並无别话 吩白一早卯时我身不可闹吏 叫主人闹 尔可负责矣 我已托叫主矣

解下停在外间阴凉处不可见日即用吴柳堂先生对联笔

此床需外间炕边即将不可久热 叫主等不需尔擅绑如我有

遗稿与尔可不必相合 正差务忙迫 三日内能不能一二日即可办 廿二日灯下

剥租五两 闰三月初三日已面付二两 还

三义庙周道与其师叔閆赵二老道各住一庙年俱七十及周老道之徒郑祥森

七秩老仙家周叟何缘同三山羽客来守五人四代

及其小徒孙吴宗继共五人计四辈人当此赠

金正希先生正命时门人江天一大声疾呼 从游先生语

两年前御史江若安在忽一声先生去也片刻千秋

此我亲笔尔不可在我儿来时给与他收存 尔另抄一帖作尔凭据 所有字帖不可失复

当片帖俱交我儿手 衣物乃小事 尔须小心将周老道叫来帮尔 尔切不可把持 误此能尔一人

结正应尔徒子徒孙又小尔不过图利耳 我儿来决不能尔免误尔也

此帖尔亦有罪据 照我吩咐少决不依你 毛头纸一页在后 嘱周老道纸上此计三页 后又一页毛头帖

再告周老道知我园住处与尔师徒逼近恐其惊醒尔等解救

轉呈
朝廷查辦後乃用數兩買一不係
山陵禁地一塊速速入土此節我囑托
賢牧伯誠全我一生忠愛之心且天下黄土何處
我帶来銅表並衣物宅中尚有記載
不可ノ葬身而必歸鄉里乎我囊内有京平紋足
四十五兩零除費用外之餘廿餘金一併贈爾為
我死於此我兒子未能視含視殮爾一切代他料理他豈有到来不感謝爾的
受驚菲儀我兒子若来我已令他再厚謝爾也想
道理我身須好好存留勿令毀傷為荷
此事爾主之斷不令爾差誤有難為你之處慎

回頭六十八年中往事空談憂與患抔土已成黃帝
縣前星頸視紫薇宮相逢老輩寥寥甚到受
先生的的同欲問孫臣戀恩所五更風雨薊門東

獄中又感遇感懷賦此俚言七律一首

周老道知知尔弟句惶恐我並非害尔其只不能不傷乎
而請恒德堂石掌櫃來同照料
清淨之地以歸我清白之身尔亦即速一面報知的二王
臨時自將右手四指誤觸傷而以去血
據本地方而与石掌櫃商量用二十餘兩亦可我並無冤頭債主，後不必相干連人命
一面以銀數兩市一薄材用瀝青刷裡我衣冠俱
尔就說我煩勞化感切切
已齊備只將靴底皮掌割去速即裝殮入棺材
爺
大老爺恕亦無可相驗我並非因冤仇而死俟其看視
尔而先報此地武官老爺坐武官老爺馬上報知州主所有信函並指逕交武官老爺
後即行封釘棺子多用漆漆發層即候

諭吾子不人人稱快我每讀之垂於涕下恨我已衰不能出力疊山先文山
張睢陽并許遠遲爾父豈敢仰比古人且當
聖作之世耶
聖明之主豈能與唐中衰宋末相比况又非唐順宋理之君能甘一死耶
一以世亂識忠臣能使讀書能者抱以憤自為之壽事我不遂引決於
正而後
朝廷大事須耳爾可遵我前函諭作速奉爾母并眷口回家好之教三孫
讀書以備將來選用不必定扶柩而回以不能受云
諭爾大小兩函不必呈
督撫但劉公閱看亦不妨人人見之惟兩奏草底（爾亦）不可使看我已封固
夾在奏夾內矣
劉公交爾

父柳堂親筆遺囑

刘公不能不追出所用周道纸此我亲笔来令行取回只叫他另拟一单
以你於他因之手送一切照应惩处此等小人只当念其好忘其不好变我
一生最恶牵扯他人今不能不借他庙内以为安居我之地方枝木只
用十余两茔地不过一席亦只数金我深恐不可厚如若他能叫周道
来见我你亦可屡谢之此地恒德堂药铺内石掌柜与我只一面来
亦可约周道料理伊必怕干连可以办了我自二十日到马神庙内租住
租银五两尚未付你一併算付可以照我之所以迟迟到今日者以
国家正有大事岂可以小臣扰乱
宸衷况时值
圣躬我
两宫皇太后并我
皇上宵旰勤劳数年所许

而省每步未尽事宜不能细记缘时有限不及也

光绪己卯三月二十二日自马伸桥三义庙内手泐

父柳堂绝笔！！

之柩再知周老道我甚不放心然而小人当利岛不可离出他我已托河

王贤牧伯矣周道之徒祥霖因他系父亲步口二十余年息接其父

信叫他来口外获悽他能有孝心已给他川资二两零此不必令其

师知之至到时经事必与此间前王丞武宦商酌此地武宦亦好

可以同商

前王刘公甚有政声今见此事必能悯念年轻而孙作王周道

亦可多谢谢此亦小人常态不足责也我另有函劝老道他支使回庙

亦不省道把持将自居功耳至我给他一些纸计五张接连均有缝押也

有裁损痕迹可告知

賢侄我已蒙託矣，爾到三義廟可再從優給與壓驚，爾歸京後
東和受我久矣，八四百千萬十年，受路不可思他，彼生表示以還清以全於
候我此事已定 終
朝廷查辦後，總以速速出京爲要，爾初當大事，必然手忙腳亂
收魚濤先生多想並安國前增致務，想必前所預設
要知我之一死，國不敗必
時不可得矣，可勝感嘆
朝廷作何處置，然自問此心可以不愧，君子論是非，不計禍福利
害，爾又何必過爲憂慮乎。到家即去見湘陰爵相，爵相雖待我不
終，然亦離間誣謗使然，無怪其然，而知己之感耿耿在心，爾可爲我請
爵相安，必不令爾無啖飯處，所如無鄉親友並素所施累者，不及 二
作札，老淚淚，並維持淚可想，力周全爲是。爾岳父前致意，伊女爲
我生三孫，乃我家大功臣，至於爲人則在自立，不可靠人，丈人在則可
丈人沒則不可，爾妹夫受我在則可靠，我死則不可靠，爾妹夫受
亦然。速速起程出京，速速起程回家，速速速速速速……

年老又只有尔一人尔姊已没尔妹又不在面前尔必好々奉侍回家尔姊夫妹夫要替我閒收再往遠處田数畝全赖尔二叔三叔把守尔父无力多不惟无力而且有破费要尔能体我心将此金讓於尔兩弟我亦知尔必不能学古人即如我鄉賈熙堂太守令家侄可难得家有大小要置刈一处尤望尔三弟兄永遠同居更望々尔婦亦係旧家女頗知大理告知尔婦家中弟兄全在婦女調和我記得吾鄉鉄絞農觀察遺我善书内有一婦人以死狀做作死屍擡轉感動其夫仍与其弟和美如此婦乃大英雄手段豈敢望於尔婦只时々代導尔婦以於家務人必能見唔如三小孙要紧不及復見矣书至此淚下擱筆嗚咽矣我所帶四十餘兩除薊州買妝佰全周老道置辦我棺木葬地外所餘我已便数送与周老道尔到薊州时先謁見州主

國家大事而亡人必以為此地不祥我豈信此等俗說其爾必以為不可而不扶柩而旋只將我書爾所思小像到家中畫全以此作古來衣冠之葬亦可何必定移柩數千里外所費不少爾見信後即

朝廷以我為妄言加以重罪殺無

聖恩之世罪及我妻孥之理爾可速即向通家或有可通挪之處即行挪湊出京沿途只好托鉢而回萬萬不可逗留都中又為爾父惹風波也我最恨爾多言口快自今以來只可痛改痛思人對爾言爾父忠爾並不可言不忠人對爾言爾父直爾並不可言不直馬援誡姪王昶誡子二書不可不熟讀爾母幼為武世家小姐為爾外祖父母所最憐自到我家替我孝養我祖父母賢名久播於我里不過隨我未曾受用榮富今已

已之故在
先皇賓天府即撤銷一摺雖由都察院呈進彼時已以此身置
之度外嗣因一契友見之劝其不必以彼罪之臣又復冒昧具摺中
援引近所情事未免確實故留以有待今不及待矣甚恐仍
死自戕前日心中所言以全畢生忠愛之忱並能因數年
來設人誣謗而然爾見此信後不過來薊州东至三十里之
馬伸橋三義廟內周老道即知我死塋處所我已託周老
道買一棺木裡用瀝青我衣冠已有全嘱其將靴之底皮掌割
去即於彼處買一塊地埋我於
惠陵左近豈不遠勝於家中塋地況爾 祖父祖世已有爾二叔埋
於墓下不必需我歸於先塋以此墳地自葬爾 祖後爾二叔
以家務不能承擔於咸豐九年自戕於京師宅中今我之因

吾兒知之余聞信切不可惊惶遂底致劉家大小受驚余母已
老余歸又少三弟更幼小可憐余須緩緩告知言我已死待其
畧不必以輕生為憂我家譜自前明始遷祖以來三百載棟房之
親二百年耕讀傳家十八代忠厚之澤七十歲清白之身我少
好遊蕩作狎邪遊然遊手縱我大節之有虧於投閩鄉及
兩書院及門諸子至今猶顧吾主講席我以
先皇帝奉安有期故昨年名爵相聘書兩來不就其原
以待今日如我自廿四歲鄉薦以後即束修自愛及入官後更
不敢妄為每覽史書內忠孝節義輒不禁感嘆羨慕對
友朋言時事合以古人情形時或歌哭於起舞至不能

象贊

汪洋若千頃陂，磊砢若千丈松。於維先生，國紀人宗。默也奚榮，仕也奚枉。昔冠惠文，今老署長。倔強猶昔，子沈吟至今。一疏千禩兮，忠肝義心。形毀神完，鬚眉靜飭。延篤之容，方軌匹則。烏虖，豈無百鷙，諤諤者希也。頌貌褒儀，諟来斯也。

庚辰二月永明後學周鑾詒敬題

九重（懿）於德雙慈聖

千古（忠）羈魂一惠陵

在國與身与言重輕不兩全

存決趣一程立事立功獨患

無身揭揭賢指自責其言在

國萬利一言而熏猶全九鼎而

踣一覺古也惜之邈不今嗣刻

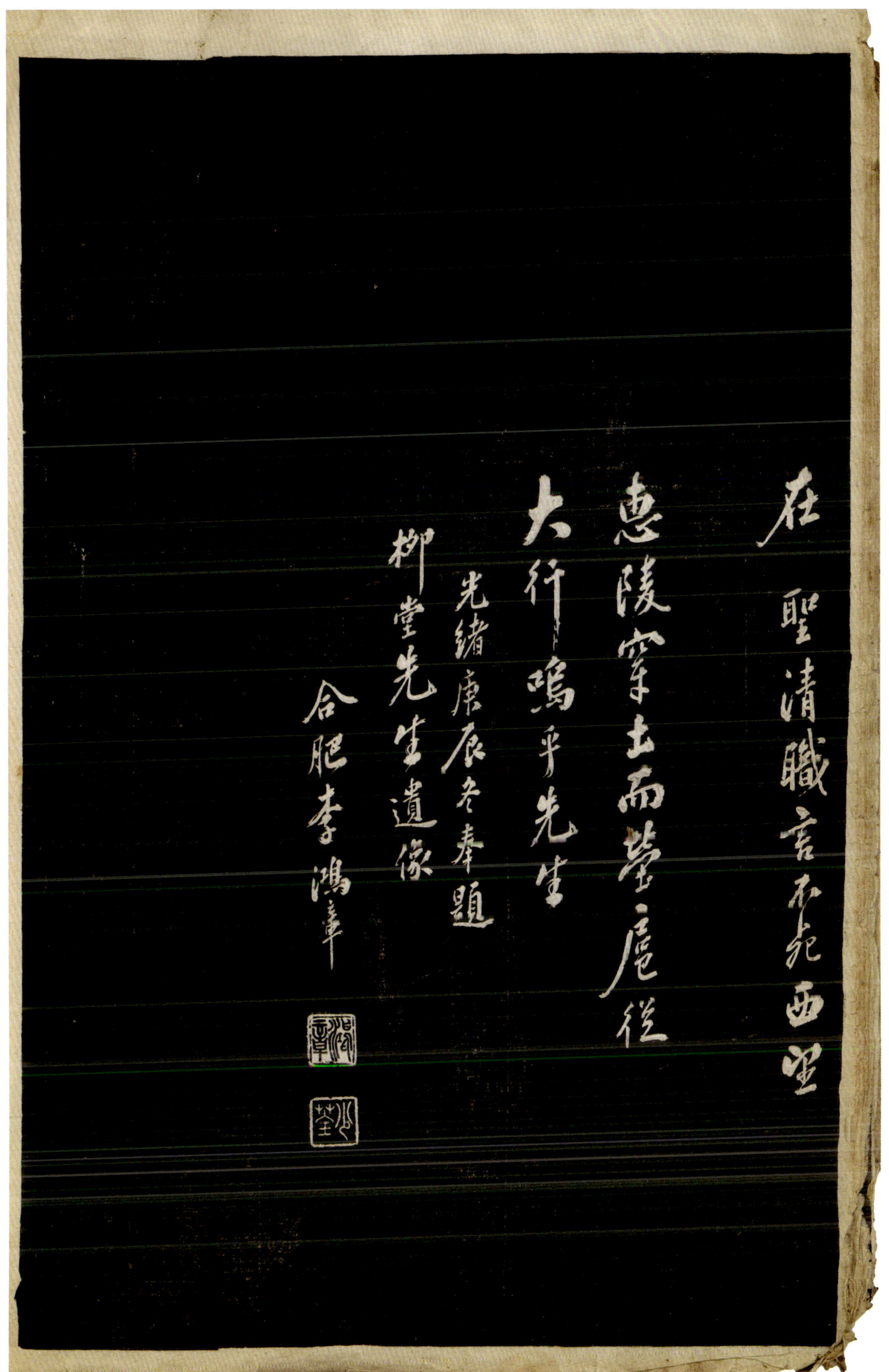
在聖清職言不死西望
惠陵寧土而塋庵從
大行嗚乎先生
光緒庚辰冬奉題
柳堂先生遺像
合肥李鴻章

民国

1921 年

林锡光（1882—？年），字芷馨、英琼，福建长乐人。光绪举人，留学日本。任学部主事，广东琼州师范学堂监督。1920 年任甘肃省教育厅长，1921 年署理甘肃省省长。本书收录林锡光手迹 8 件：委、聘胡瑛、祁荫甲、裴建准为省署顾问，赵从韶、吴棣棻、丁裕谦、支桂、刘成业、李润沣、汪国杰为省署咨议，黄文中为省署第四科科长等的委任状、聘任状。

医理首书真林

聘任胡瑛為本署顧問委任
趙從軺為本署諮議　十二月一日
第二科科長岳世英請假所有
職務以本署秘書陳保焯暫
行兼代　十二月六日

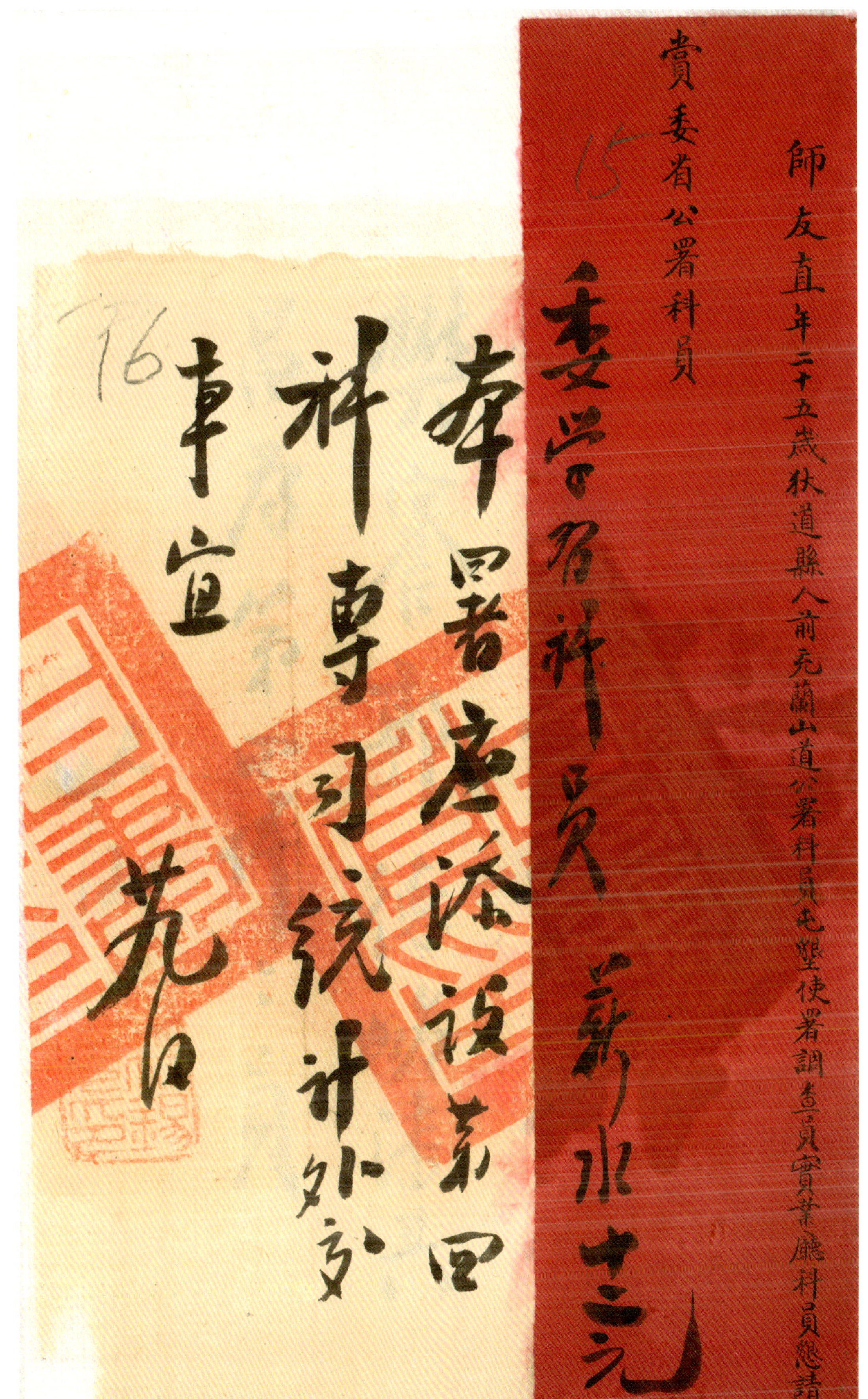

師友直年二十五歲狄道縣人前充蘭山道公署科員也擬使署調查員實業廳科員懇請

賞委省公署科員

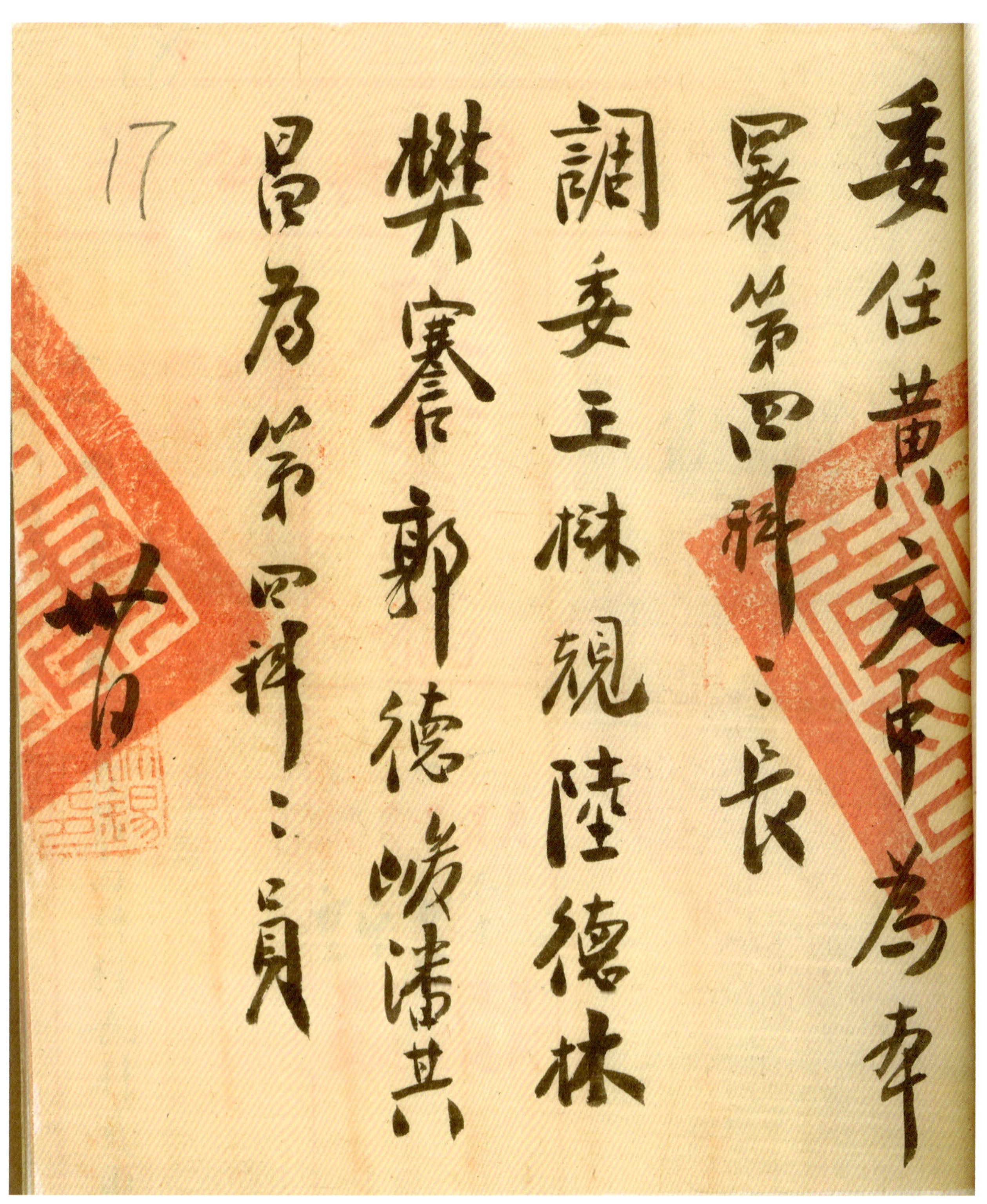

委任黃文中為本
署第四科科長
調委王楙規陸德林
樊騫鄭德峻濤共
昌為第四科科員

昔

17

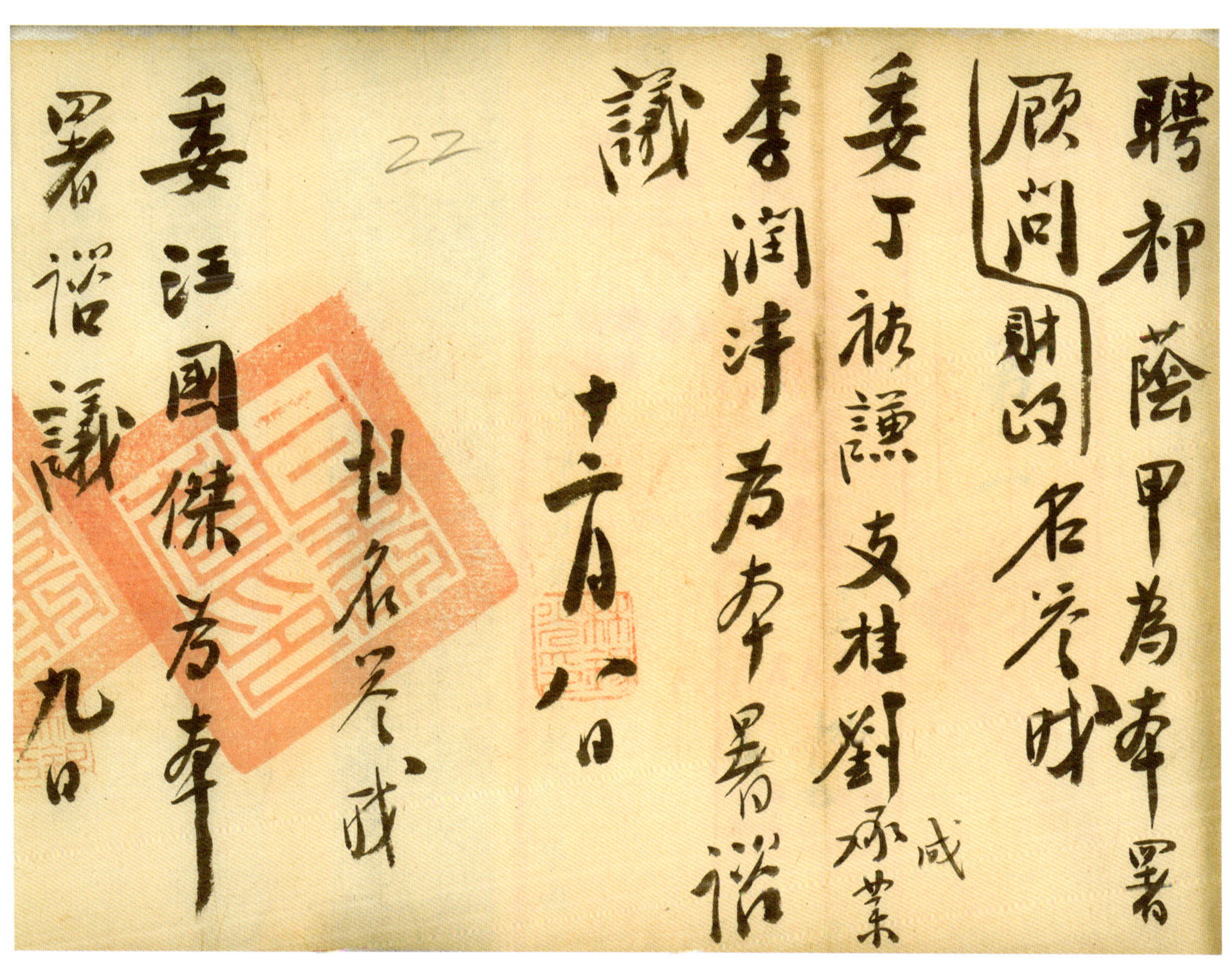
聘初蔭甲為奉署
顧問財政名參戎
委丁祓謙支桂劉承業成
李潤洋為奉署諮
議
十二月八日
均名參戎
委江國傑為奉
署諮議九日

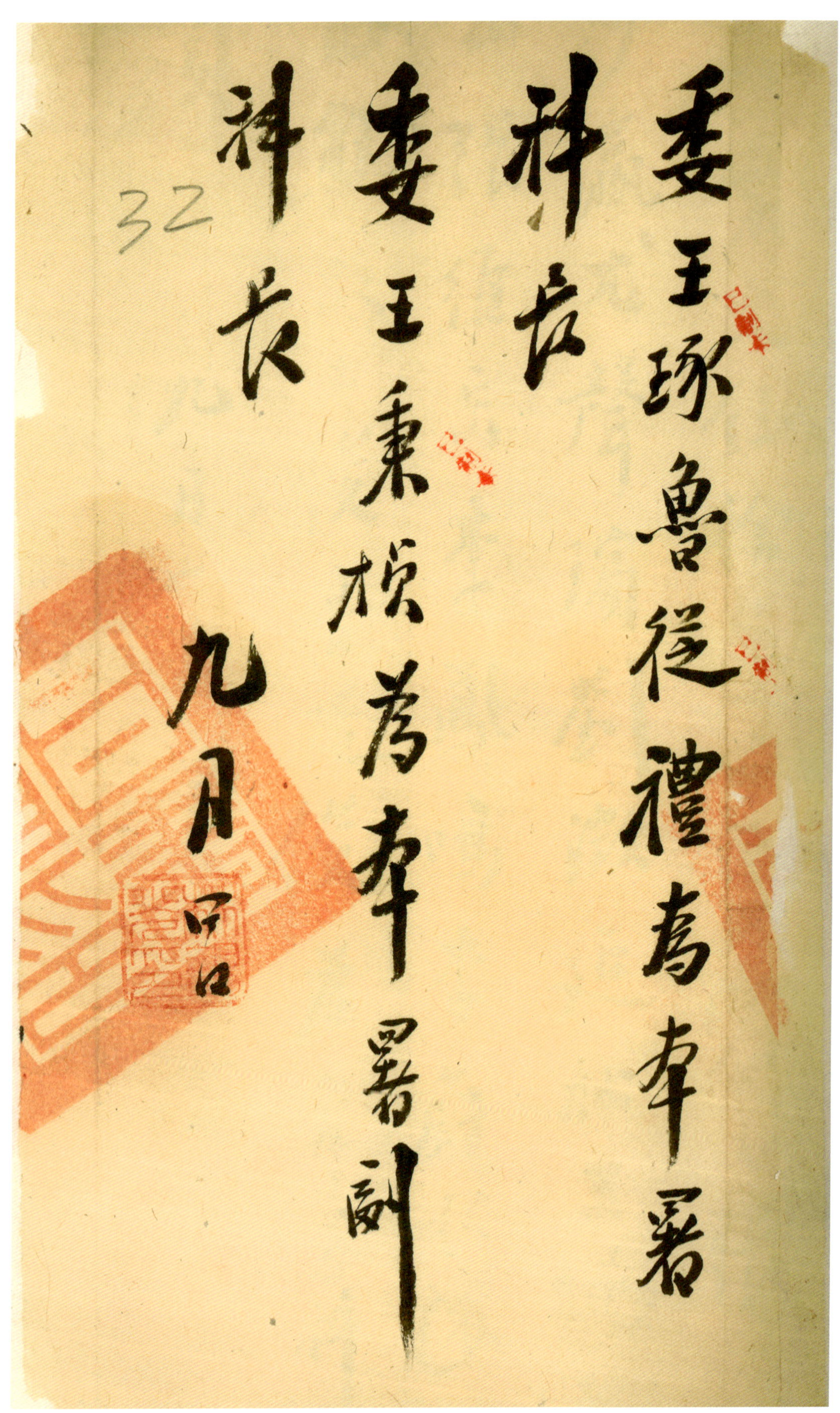
委王琢鲁徑禮為本署科長
委王秉楨為本署副科長
九月　日
32

委葉文鈺徐運昌李震乙張
步瀛尤聲瓊劉澂延祉王繩
武張維岳李鳳鳴李蔚[illegible]懷
此照　段士俊呂廷俊房韋署科
九月　日
員

33

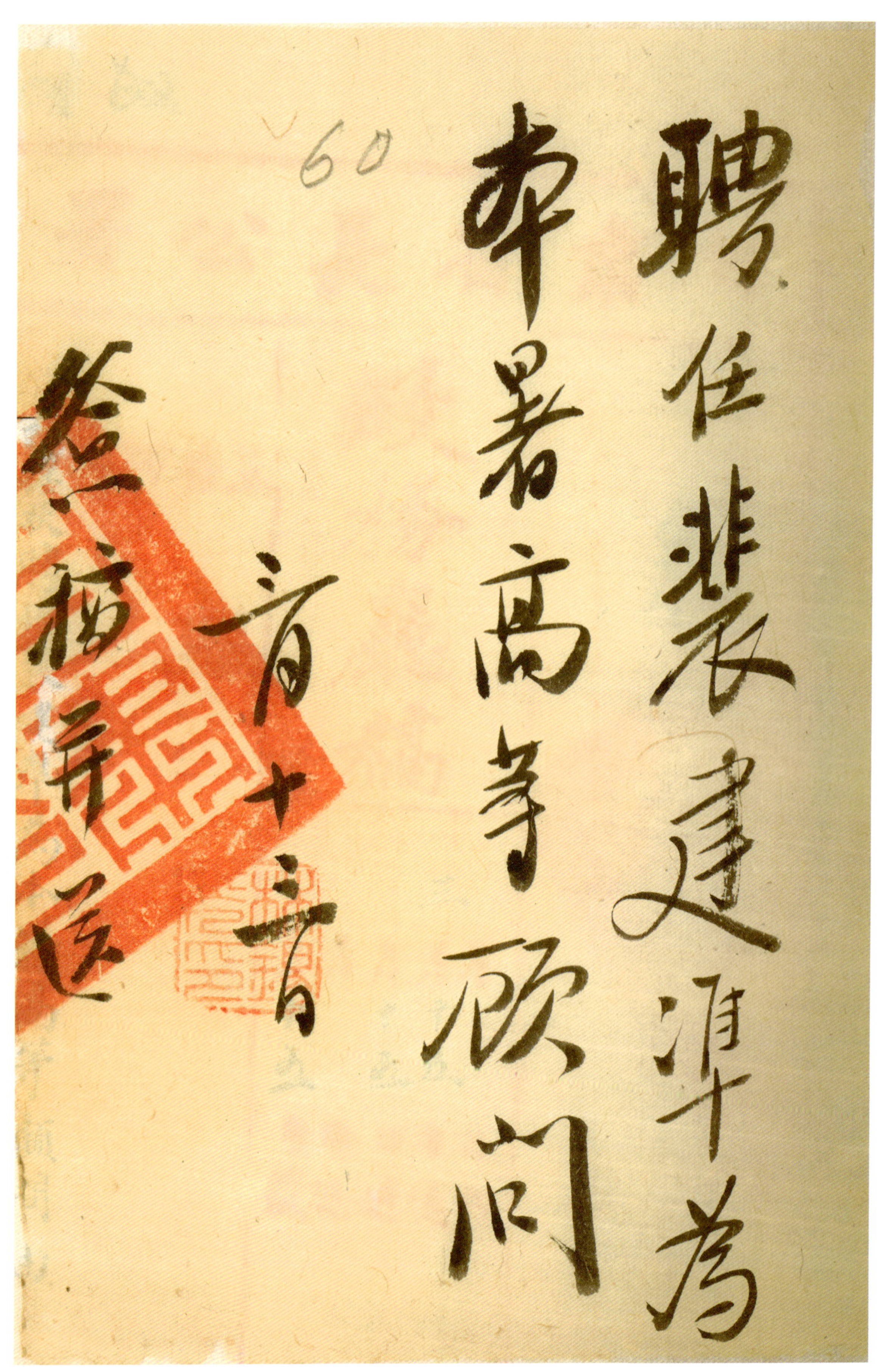

60

聘任裴建準為

本署高等顧問

三月十三日

簽稿並送

67
委吴棣英为
本署咨议

1925年

赵元贞（1879—1974年），字正卿，甘肃正宁人。美国匹兹堡大学冶金学博士。任甘肃省教育厅长，创办甘肃矿师养成所，任甘肃实业厅厅长、甘肃省临时参议会参议员兼秘书长、甘肃学院教授等职。创办兰州志果中学。1950年任甘肃省教育厅副厅长，后兼兰州市第二中学校长，任甘肃省政协副主席等职。著有《金相学》等。本书收录赵元贞手迹2件：赵元贞到职日期致甘肃地方审判厅的咨文、甘肃省临时参议会秘书长赵元贞关于收到简派状后致甘肃省政府主席朱绍良的呈文。

存查

十九日

第一號

咨

甘肅實業廳為咨行事本年十一月九日業奉

省長令委代理實業廳廳長此令等因奉此敝　廳長業於本

月十一日接印任事除分別呈咨並佈告外相應咨請

貴廳查照此咨

甘肅地方審判廳

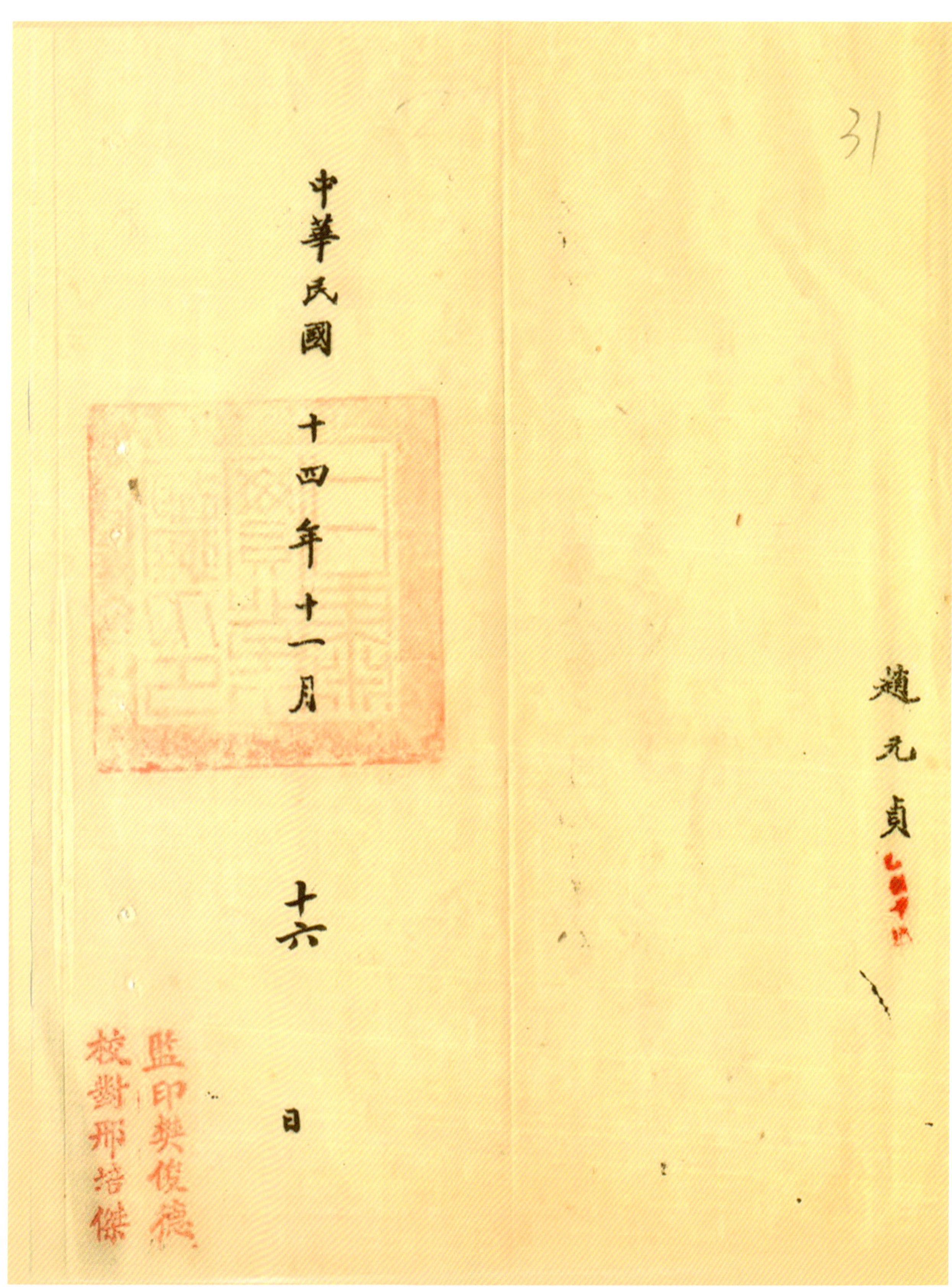
趙元貞

中華民國十四年十一月十六日

監印樊俊德
校對邢培傑

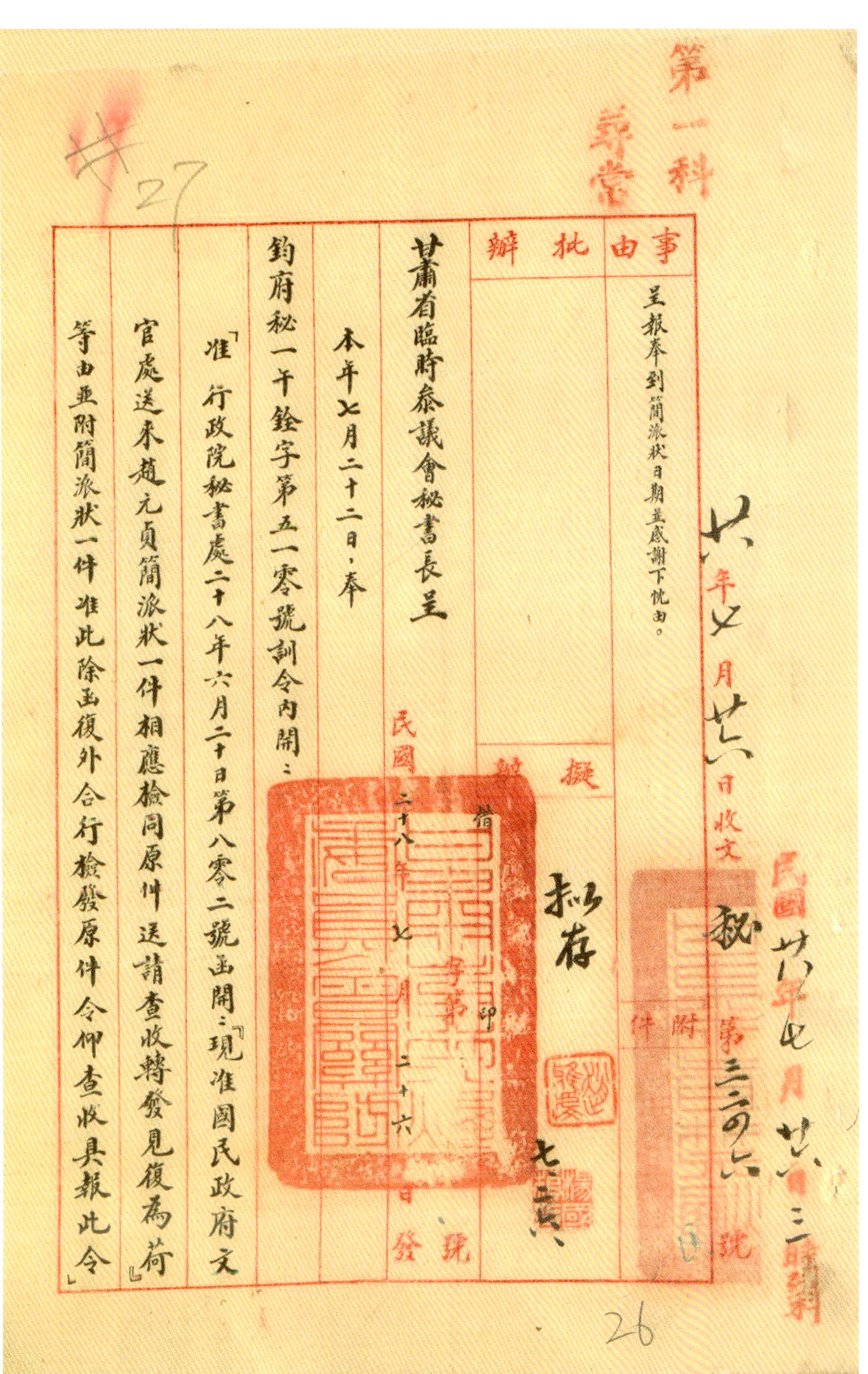

第一科
尊堂

#27

事由

呈報奉到簡派狀日期並感謝下忱由。

批

辦

擬

辦

甘肅省臨時參議會秘書長呈

本年七月二十二日，奉

鈞府秘一千銓字第五一零號訓令內開：

「准行政院秘書處二十八年六月二十日第八零二號函開：『現准國民政府文官處送來趙元貞簡派狀一件，相應檢同原件，送請查收轉發見復為荷』等由，並附簡派狀一件。准此，除函復外，合行檢發原件，令仰查收具報。此令」

民國二十八年七月二十六日發

字第　號

擬存

七、二六、

廿八年七月廿六日收文

秘

附件

民國廿八年七月廿六（日）三時到

第三二四六號

26

等因，附發原簡派狀一件，奉此。竊元貞材本疏庸，識尤譾陋，從政鄉邦，久

之建樹，謬蒙

知遇，薦擢今職，綆短汲深，且感且悚，敢不竭盡棉薄，仰答生成。除簡狀

祗領外，所有感激下忱，理合具呈，伏乞

鈞鑒謹呈

甘肅省政府主席 朱

甘肅省臨時參議會秘書長趙元貞

28

27

1929年

施国桢（1885—1963年），字周丞，甘肃榆中人。北京国立法政专门学校毕业。历任甘肃法政专门学校校长、甘肃教育会会长、兰州中山大学政治专修科主任、甘肃大学教授、皋兰县兴文社主管、全陇希社国文专修馆馆长。1950年任甘肃省各族各界人民代表会议代表，1953年聘为甘肃省文史研究馆员。本书收录1929年施国桢手迹1件：辞去甘肃大学经济审查委员会委员的信函。

敬覆者本校經濟審查委員會

委員楨以冗事太多实不敢冒昧

承補致誤事宜應請

貴會依次再另下推選補為盼此

致

經濟審查委員會

施國楨頓啟

十一日

1930年

杨　思（1880—1956年），字慎之，甘肃会宁人。光绪进士，翰林院检讨。留学日本法政大学。历任甘肃省议会副议长、安肃道尹、兰山道尹、甘肃代省长兼督办、甘肃省民政厅厅长、甘肃省政府委员兼省通志馆馆长。1950年任西北军政委员会委员、西北监察委员会副主任、政协甘肃省委员会第一届副主席等职。本书收录杨思手迹1件：辞去甘肃临时参议会议员的信函。

53

思維、與其作不鳴之寒蟬、無裨議政曷若效伏櫪之老驥、藉藏鳩拙為此特提出辭職書伏請

大會通過准由候補人遞補以便隱避無任感激之至謹陳

甘肅省臨時參議會

參議員楊思

中華民國二十九年元月七日

蘭州三興成印製

邓春膏（1900—1976年），字泽民，青海循化人。美国芝加哥大学哲学博士。1928年2月，甘肃省政府聘邓春膏为兰州中山大学教授兼教务长，6月代理校长。翌年，兰州中山大学改名甘肃大学，任校长。1931年甘肃大学改为甘肃学院，任院长。1941年任监察院监察委员。1947年任监察院甘宁青监察使。1950年邓春膏列席甘肃省人民代表大会。1951年任民革兰州分部驻会常委兼秘书组组长。后任民革甘肃省委常委兼秘书组组长、民革甘肃省委社会联系工作委员会主委。1961年任政协兰州市委员会驻会委员，从事征集编纂甘肃文史资料工作。著有《哲学之起源》等。本书收录邓春膏手迹6件：准安立绥辞去甘肃学院教务长职，委武三多为教务长的准辞委任状；聘牟鼎同为甘肃学院教务长的聘任状；聘吴茂叔、朱志南、赵西岩、沈润轩、毛士莲为甘肃学院附中教员，冯杰仙、康天衢、王福辰为甘肃学院体育指导员的聘任状；设民众学校，派周戒沉为正主任，陈陆、南作宾为副主任的派令；敦促甘肃学院全体人员按时参加纪念周的通知；邓春膏、段焯、凌子惟、朱贯三、陆锡光向兰州大学辛树帜校长推荐王士彬教员的推荐信。

新委教務長安之俊係不就職應准辭職委武三多爲教務長在未到院前暫由高中主任周戒沉代理

育才知

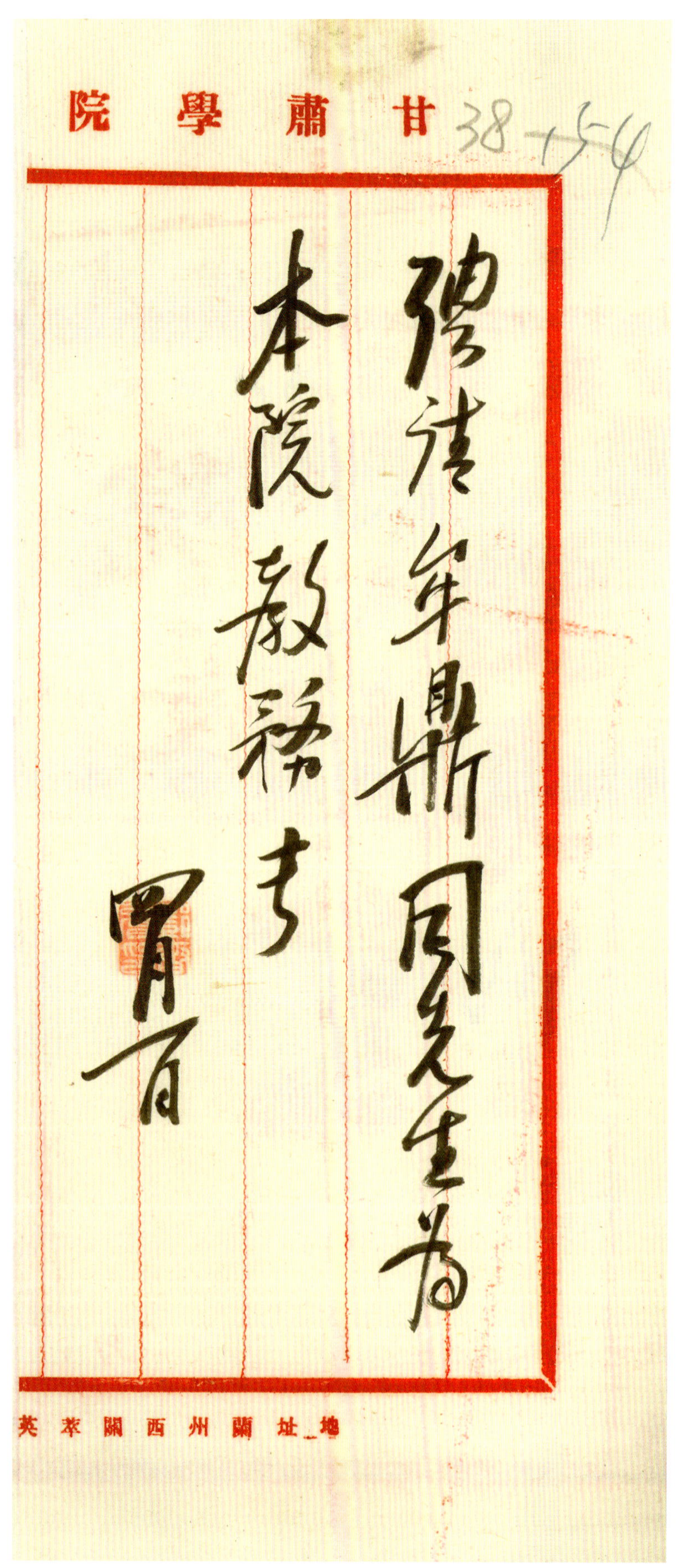

甘肅學院

聘請牟鼎新周先生為
本院教務長

地址蘭州西關萃英

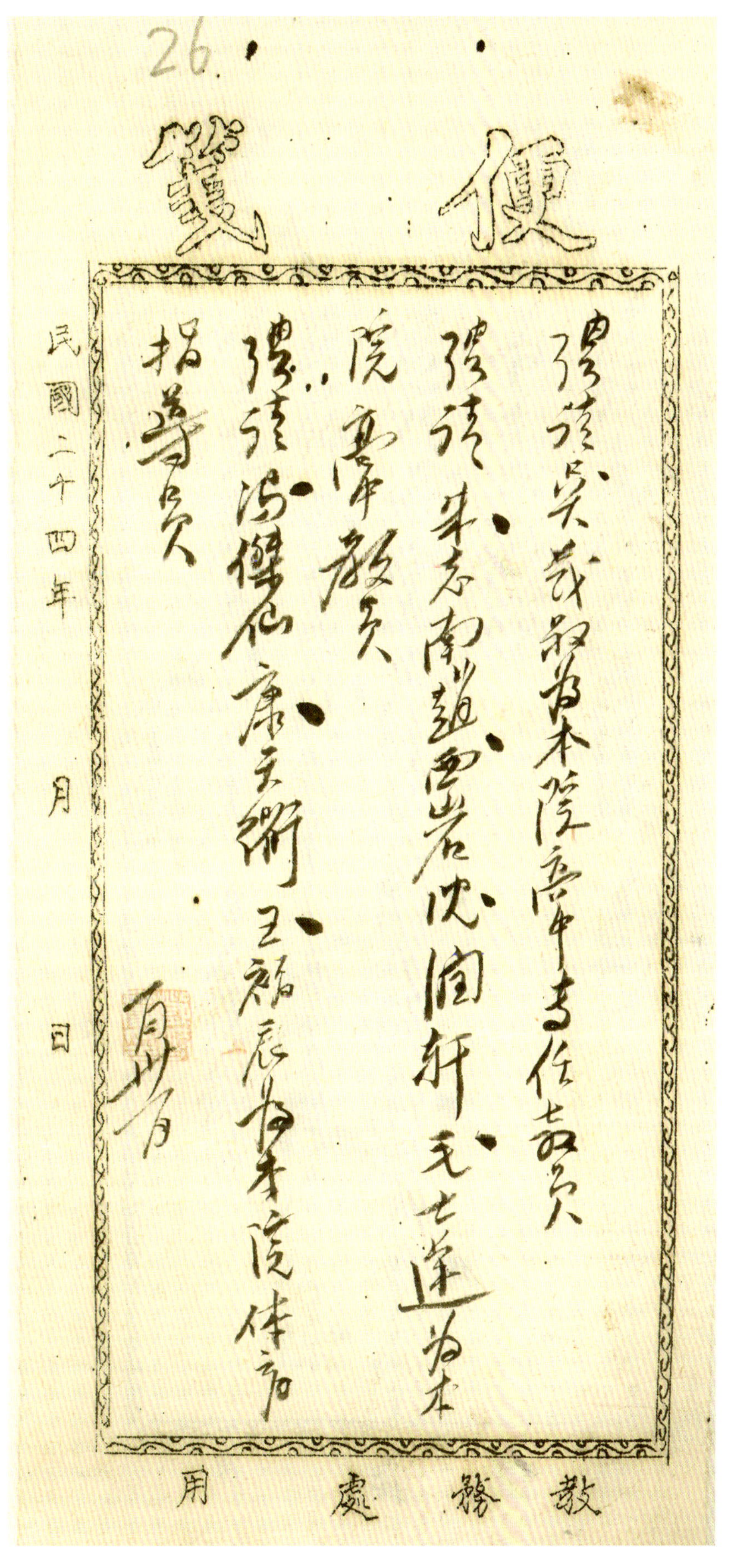

26.

便箋

由張、吳、戴、程為本院高中專任教員

張、孫、朱、方、蘭、趙、雷、岩、沈、周、軒、毛、七、葉、達為本

院高中教員

張、孫、馮、傑、伍、康、主衛、王、福辰為本院休市

招等教員

民國二十四年 月 日

教務處用

14/135

本院本學期應設一民眾歌詠隊擬聘戒況為正主任陳陸南作曲家為副主任應即自籌設

行知

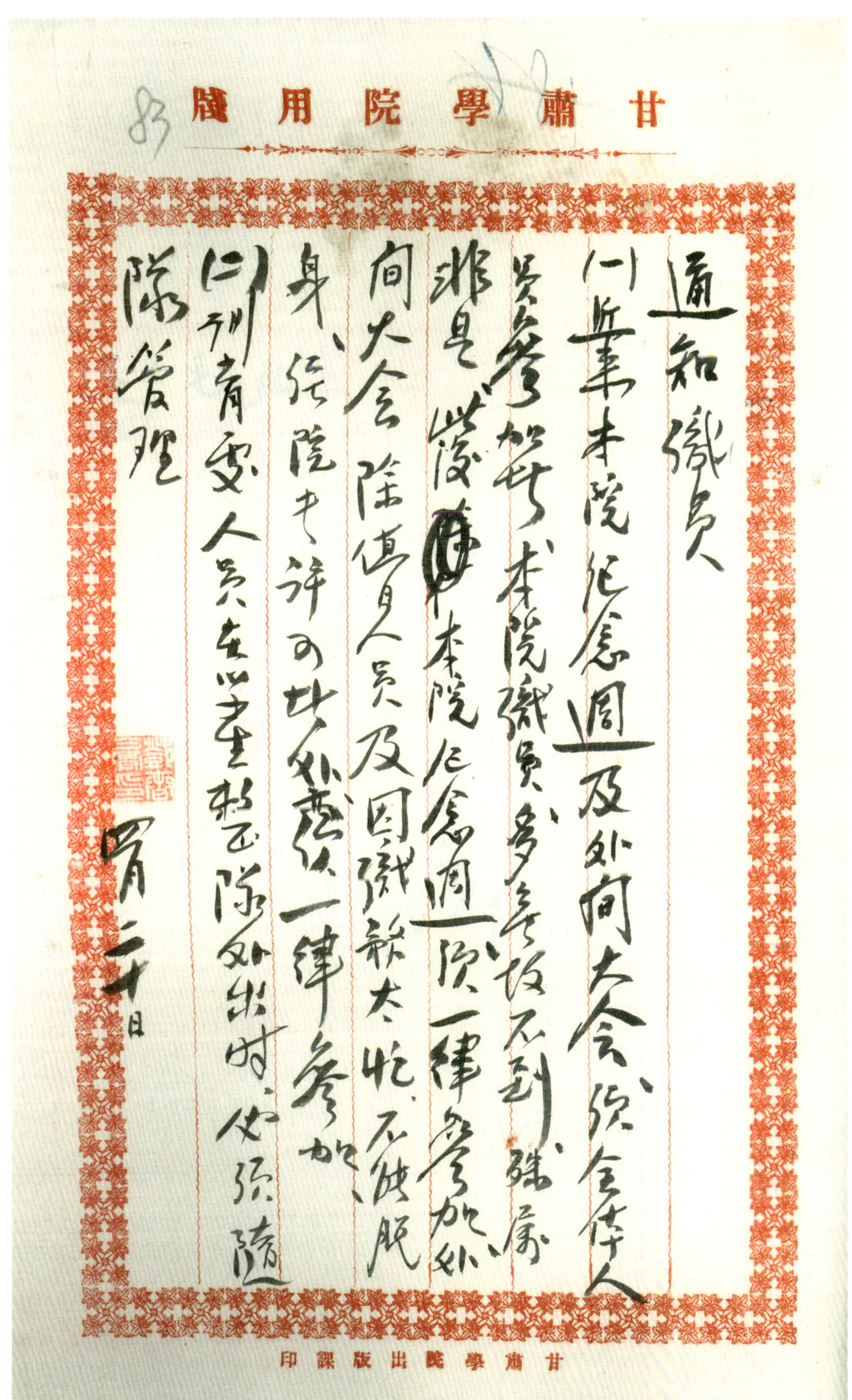

甘肅學院用牋

通知職員人

(一)近來本院紀念週及外間大會，須全體人員參加者，本院職員多無故不到，殊屬非是。嗣後本院紀念週須一律參加，外間大會除值日人員及因職務太忙不能脫身，經院長許可者外，職員一律參加。

(二)訓育處人員在學生整隊外出時，必須隨隊管理。

四月二十日

甘肅學院出版課印

33

樹幟仁兄校長勛鑒：敬啟者，慶陽師範校長王士彬君，四川大學教育系畢業，曾任蘭州女中教務主任、隴東師範教員及慶師校長六年，已經積極辦理，成績卓著，現已調職，王君不願從事行政工作，擬仍服務教界，藉資進修，用特專函介紹，即請吾兄在蘭大予以適當教職，無任感盼。專

31

甘肅省黨部書記長用箋

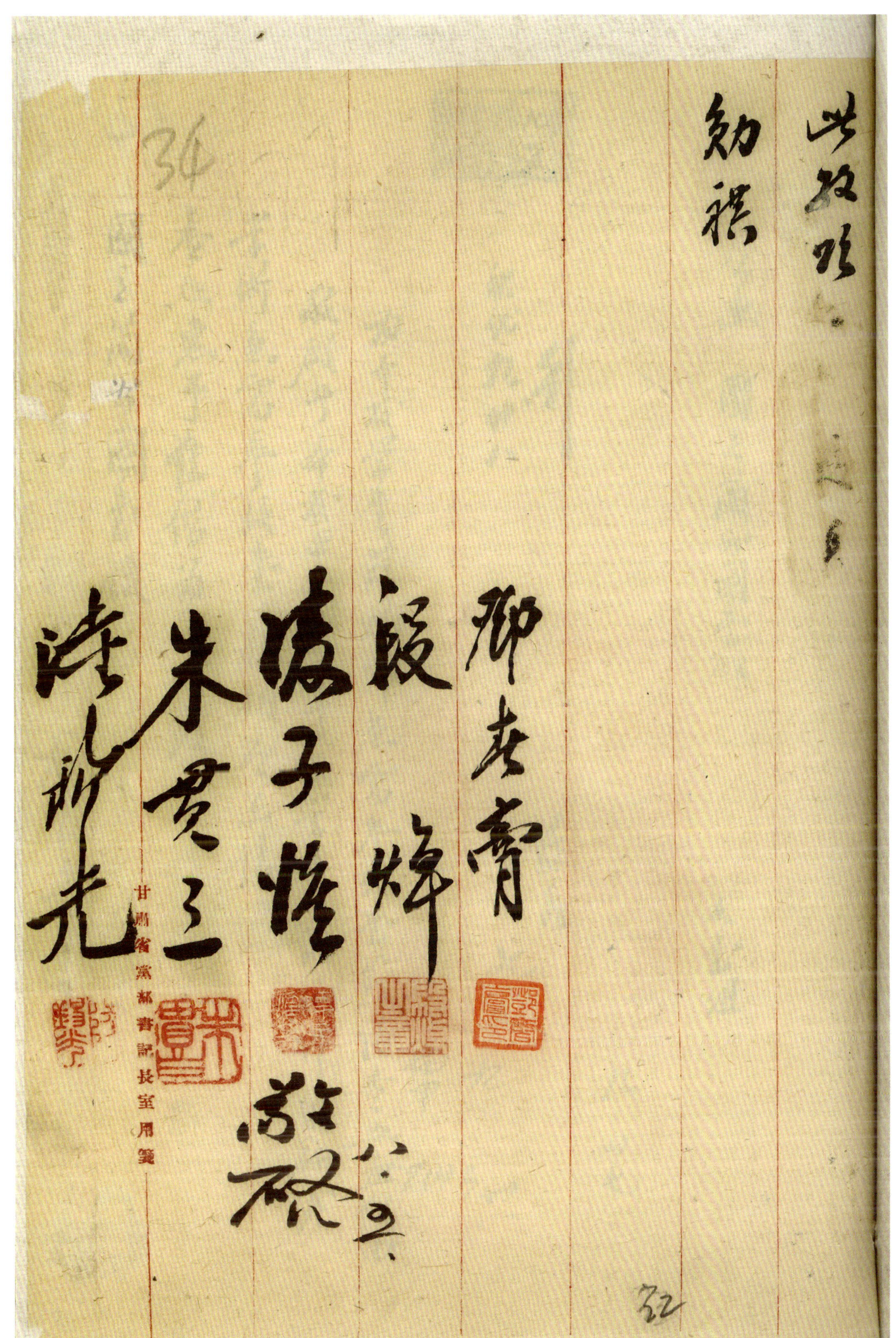
此致

勛祺

鄧春膏

段焯

張子[illegible]

朱貫三

陸翔光

敬啟 八、五

甘肅省黨部書記長室用箋

王　桢生卒年不详，字伯范，北京人。历任甘肃省武都县、礼县县长，泾原区行政长等职。1930年4月甘肃省主席孙连仲率部赴河南，冯玉祥令财政厅厅长王桢代行甘肃省政府主席，至11月结束。本书收录1930年代行省主席王桢手迹3件：聘刘庆笃为省署顾问，聘郑乃谦、曾庆举为省署咨议，聘马全良、马朝儒、蓝守中为省署参议的聘任状。

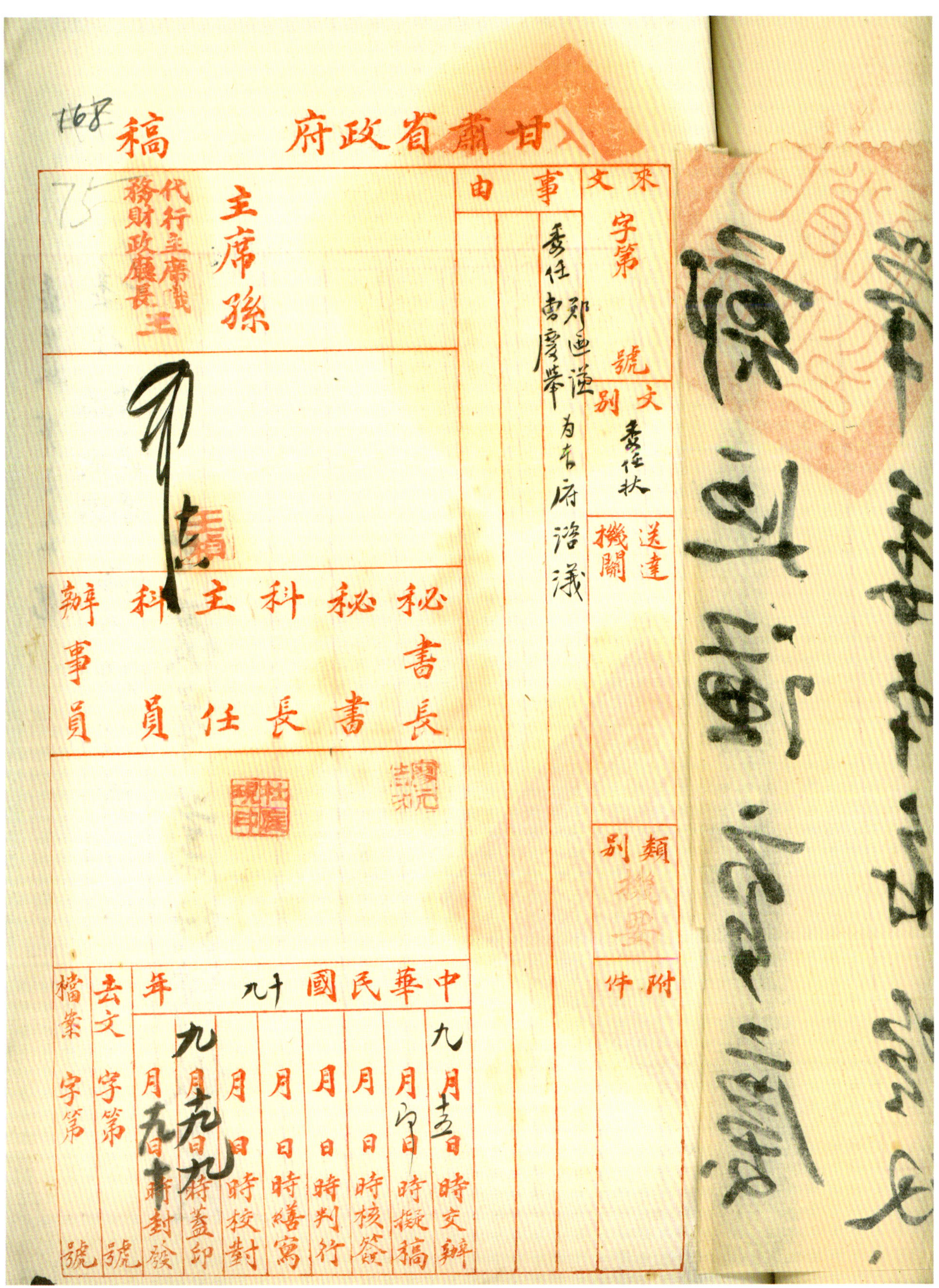

168

甘肅省政府稿

75

主席孫

代行主席職務財政廳長王

來文 字第 號

文別 委任狀

事由 委任鄭通漣為本府諮議

送達機關

類別 機要

附件

秘書長 秘書 科長 主任 科員 辦事員

中華民國十九年

九月十五日時交辦
九月十五日時擬稿
月日時核發
月日時判行
月日時繕寫
月日時校對
九月十九日時蓋印
月十九日時封發

去文 字第 號

檔案 字第 號

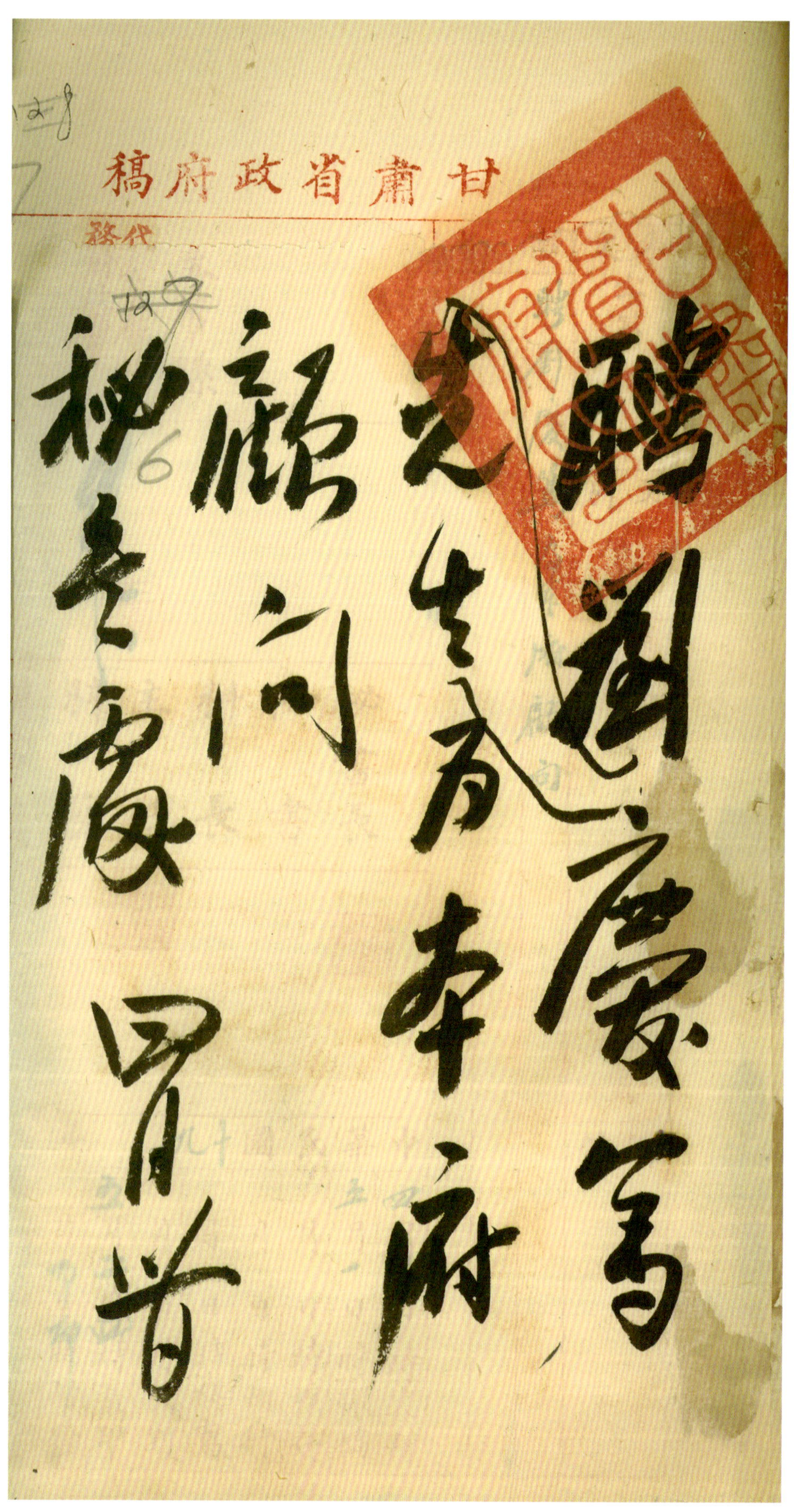

甘肅省政府稿

代務

聘劉廣寫
先生為本府
顧問
秘書處 四月廿日

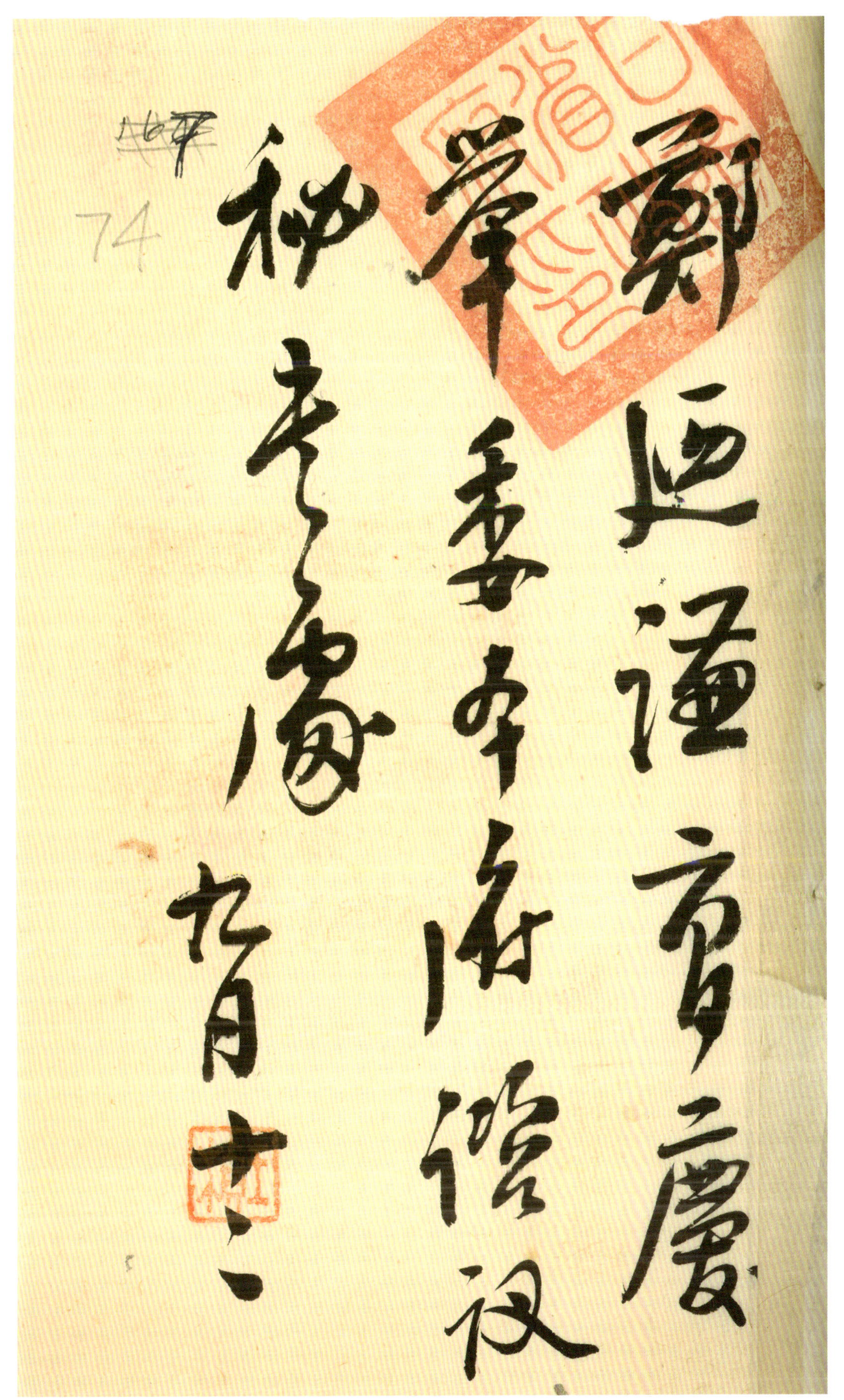

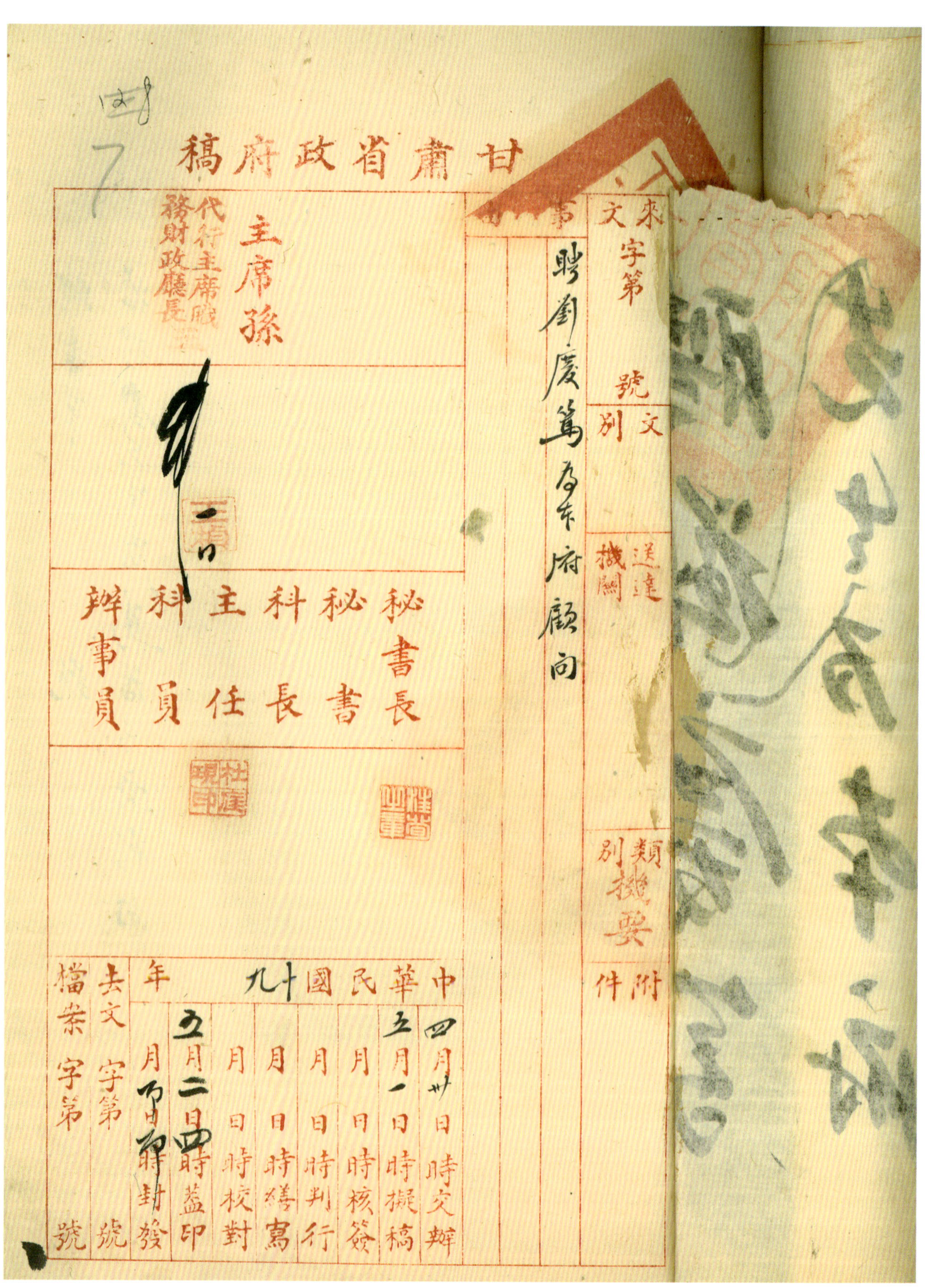

甘肅省政府稿

主席孫

代行主席職務財政廳長

秘書長

秘書

科長

主任

科員

辦事員

事由：聘劉慶篤為本府顧問

來文字第　號

文別

送達機關

類別：機要

附件

中華民國十九年

四月廿日　時交辦

五月一日　時擬稿

月　日　時核簽

月　日　時判行

月　日　時繕寫

月　日　時校對

五月二日四時蓋印

月　日　時封發

去文字第　號

檔案字第　號

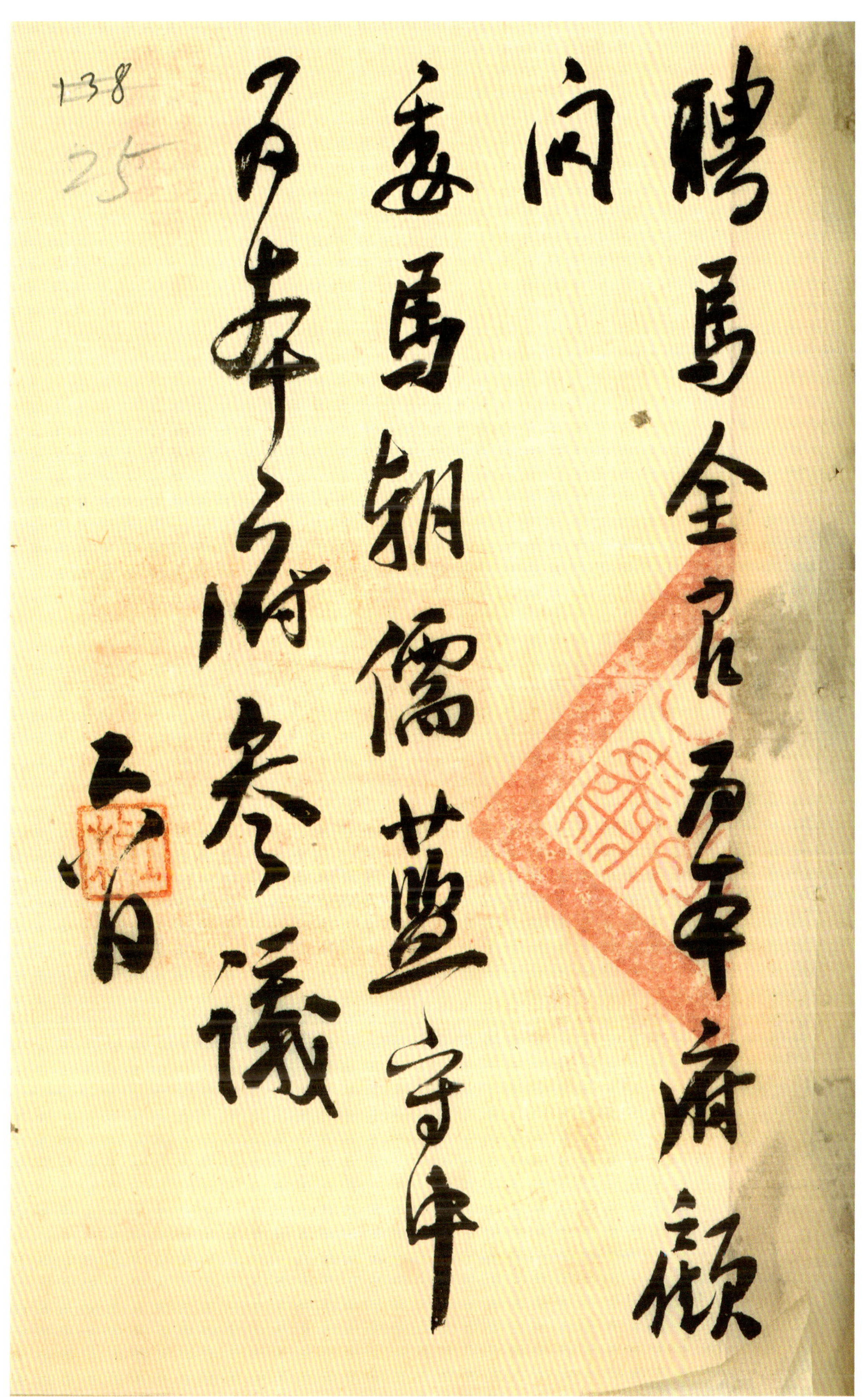

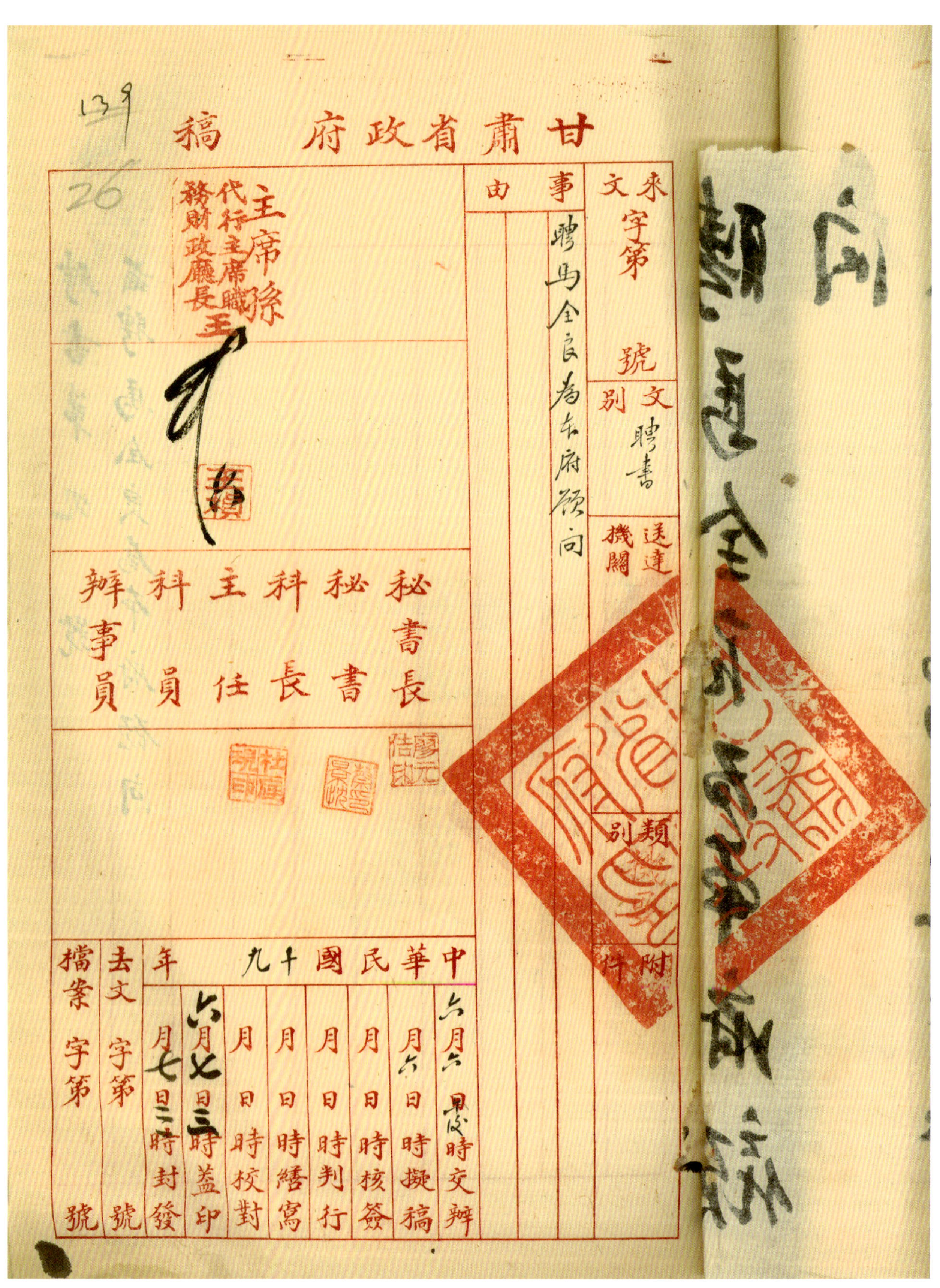

甘肅省政府稿
來文字第號
事由
聘馬全良為本府顧問
文别
聘書
送達機關
主席孫
代行主席職務財政廳長王
秘書長
秘書
科長
主任
科員
辦事員
類别
附件
中華民國十九年
六月六日晨時交辦
月六日時擬稿
月日時核簽
月日時判行
月日時繕寫
月日時校對
六月七日三時蓋印
月七日二時封發
去文字第號
檔案字第號

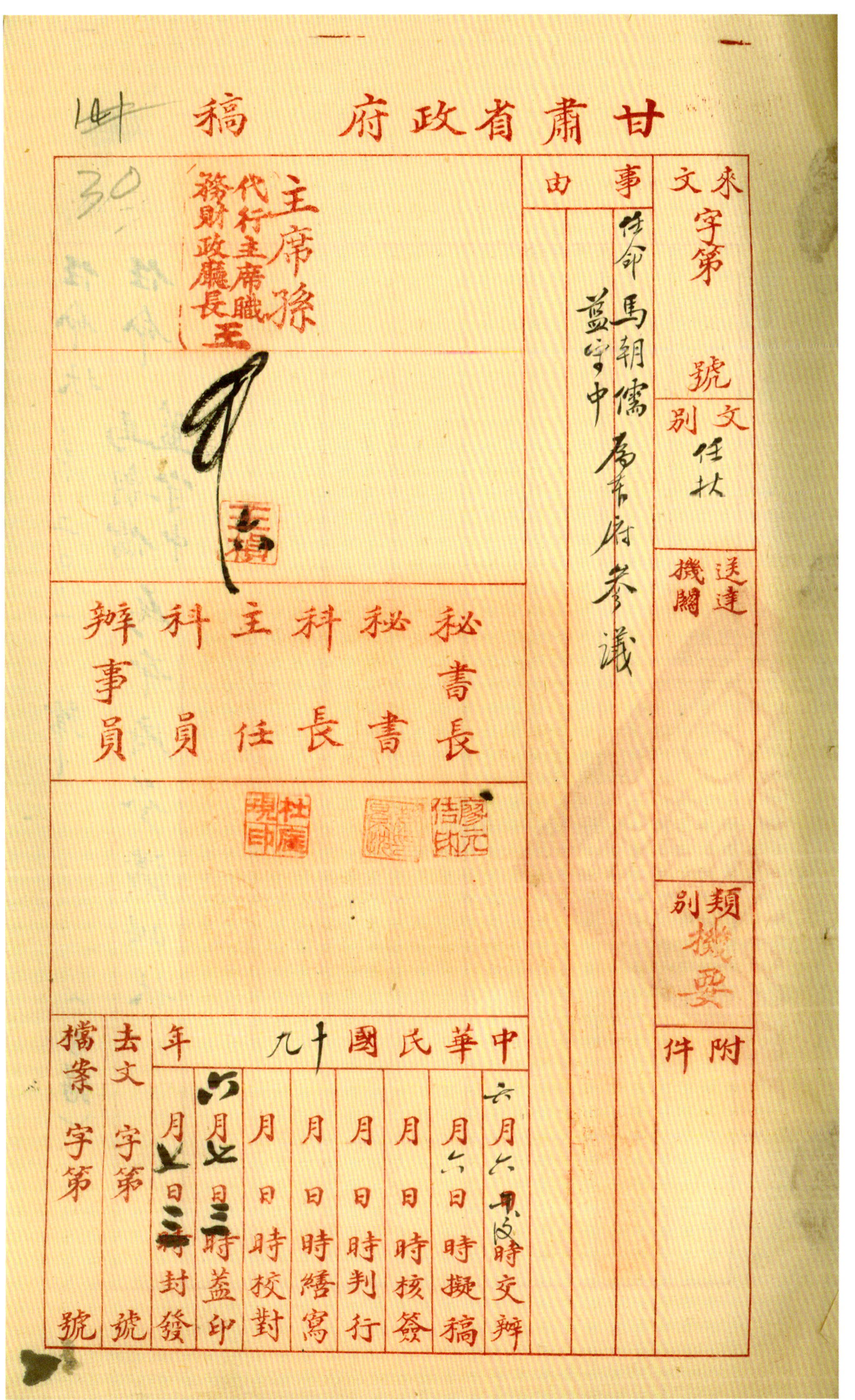

甘肅省政府稿

來文字第　號

文別：任狀

送達機關

類別：機要

附件

事由：任命馬朝儒為青〔？〕府參議

主席孫
代行主席職務財政廳長王

秘書長
秘書
科長
主任科員
科員
辦事員

中華民國十九年
六月六日　時文辦
月六日　時擬稿
月　日　時核簽
月　日　時判行
月　日　時繕寫
月　日　時校對
六月七日三時蓋印
月七日三時封發

去文字第　號

檔案字第　號

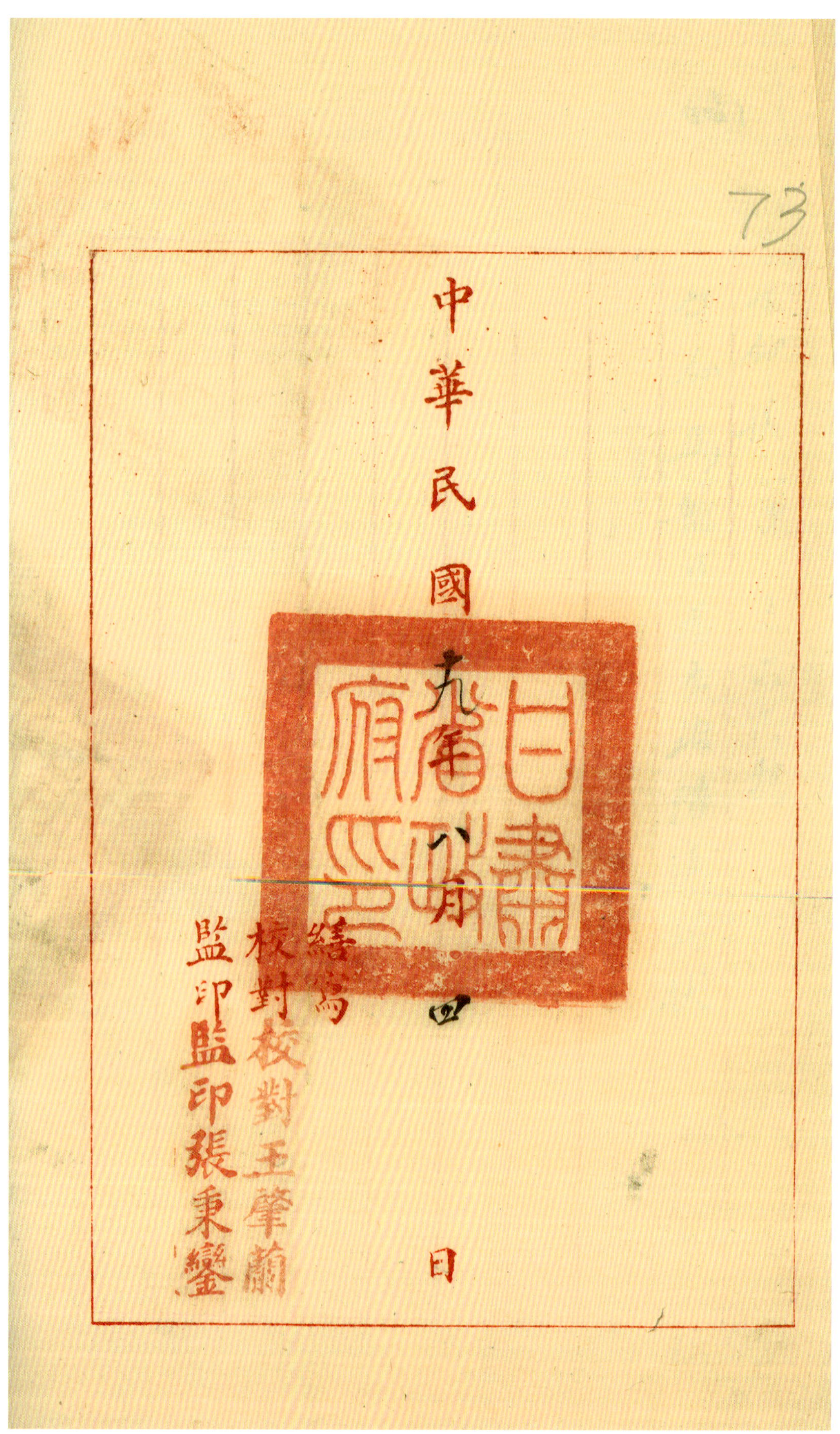
中華民國十九年八月　日

繕寫

校對校對王肇繭

監印監印張秉鑾

1931 年

张作谋（1901—1977 年），字香冰，甘肃临洮人。北京师范大学毕业。甘肃省立第一中学（今兰州一中）教员、校长，甘肃省武威专区行政督察专员，甘肃省政府顾问。中华人民共和国成立后，当选甘肃省人民代表大会代表，后在政协甘肃省委员会工作。著有《新蕉细雨轩诗词集》。本书收录张作谋手迹 4 件：张作谋致大勋处长推荐岳光瑛在省署工作的推荐信；致甘肃省政府丁宜中秘书长推荐张光祖任职的推荐信；后两份件为致甘肃学院院长邓春膏请求为其兄张作哲（1926 年甘肃省立法政专门学校毕业，因城陷毕业证遗失）补发毕业证的信函。

大勳雯長吾兄惠鑒：前日曉
教，甚歡。敬啓者：茲有岳尺光瑛係國立
農專農業經濟系畢業，茲就省統籌
本年度甘籍在各大學畢業學生工作關係，
岳尺台端其志願在
雯長職務委會前來趨謁，仰懇
推愛賜予接見，並詳加指導為禱為盼。此順頌
主後吉祥，敬候大勳夫人好。
弟張作謀長 六月廿二日
大安

宜中秘書長吾兄勛鑒：以來睽
教至深，馳繫比維
藎籌茀祉，與時增勝，尤符私頌。啟者：茲有
張君光祖，永嘉人，係開封訓政學院畢業，
曾任寧夏甘肅各縣政長專員及副縣長等
職，為人忠謀幹練，勇於任事，年來賦閒屏
居，殊覺可惜，頃聞
貴府成立縣級公教人員資格甄審組，廣

香冰用箋

張作謀先生为其学生張光祖引荐工作的信札，時间：1945.4.30.

延有志從政之人士，重患該組係由弟

先所主持，特為先容。即懇

推愛，賜予接見，並先復行登記手續，將

核次叙用，俾展所長，尤為感紉。茲附上[illegible]

簡歷一紙，祈

備查。專此，敬頌

政綏。餘維

鑒照不莊。

弟 張作謀 敬啟

香冰用箋

甘肅省立第一中學校用箋

澤民院長惠鑒：茲懇者，舍兄作哲民國十五年曾在前甘肅省立法政專門學校經濟本科畢業，十八年從職寧夏高等法院，因城失陷，遂將證書失去。現因法部審查資格，函示謀就，近向貴院呈請發給證明文件，以利進行，已蒙金諾，即請從速頒發，實任銘感。專此，順頌

教安

查照崇階

弟張作謀頓 十一月十日

甘肅省立第一中學校用箋

澤民院長惠鑒：前上一函，度達
左右矣。所請為害兄作哲
發給證書一事，是否
辦妥，即希
示知為盼。專此，順頌
教安。易謙、維
謂均此不另。

弟張作謀
張作謀（印）
長
三月廿五日

俞方皋（1893—1981 年），字九如，兰州市沙井驿人。毕业于湖北武昌第二陆军军官预备学堂、保定陆军学堂炮科六期。历任天水军事学校、西北教导团教官，西北军十三军军长，晋陕绥边区副总司令等。1949 年 9 月参加包头起义，10 月任甘肃省人民政府委员。后任民革甘肃省委员会常委兼秘书长。1978 年，任政协甘肃省委员会常委。本书收录俞方皋手迹 1 件：致甘肃省政府代理主席马文车推荐郝剑鸣任职的推荐信。

陸海空軍總司令洛陽行營用

第　頁

心竹主席兄鈞鑒：敬懇者，郝劍鳴前在十六師充營長，去歲由潼回汴，未有覓事，今春在魯司令處，迄今無相當工作，現來省謀差，兄處服務，懇為介紹。郝君人極精幹，亦能不負一切也。

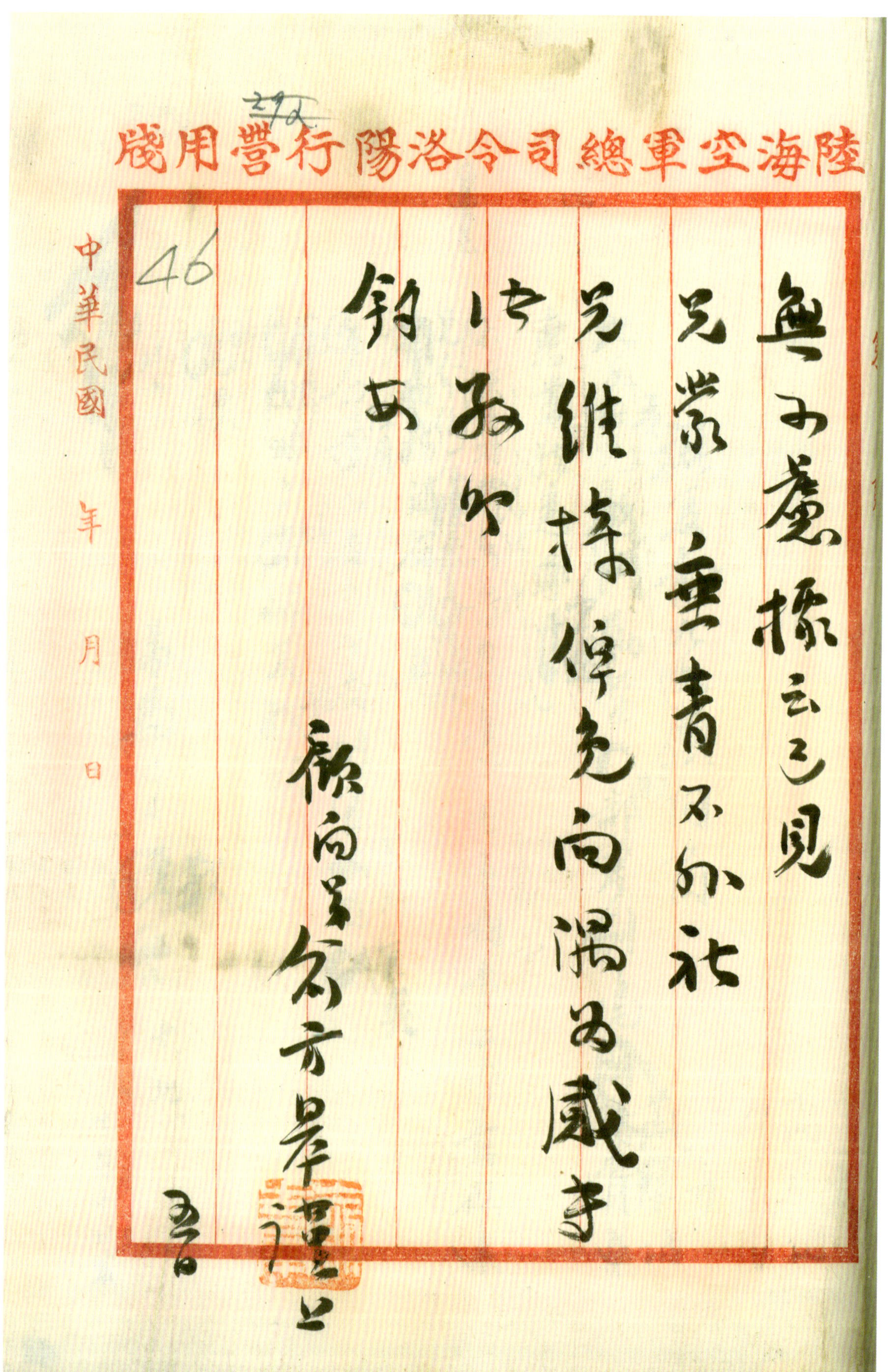

272

陸海空軍總司令洛陽行營用箋

46

無子處據云已見
兄處垂青不外祉
兄維持俾免向隅為感
此頌
鈞安

顧向兄 弟方覺慧謹上
五日

中華民國　年　月　日

孙蔚如（1896—1979 年），陕西西安人。毕业于陕西陆军测绘学校。任杨虎城第十七路军十七师师长，1931 年任甘肃宣慰使，率十七师师长入兰州，平息“雷马事变”，任甘肃省政府临时维持委员会委员长。参加西安事变，任西安戒严司令。后任三十八军军长兼陕西省政府主席。1938 年任第四集团军总司令，在中条山抗击日本侵略军。中华人民共和国成立后，历任陕西省副省长、民革陕西省委主任委员，陕西省副主席、民革中央常委、国防委员会委员、全国政协委员等。本书收录孙蔚如手迹 4 件：1931 年孙蔚如委王春石为省署咨议，委郭南浦、梁旭午为省署参议的委任状，1932 年孙蔚如关于皋兰县政府请领拱星墩飞机场占用民房民地补偿款的指令。

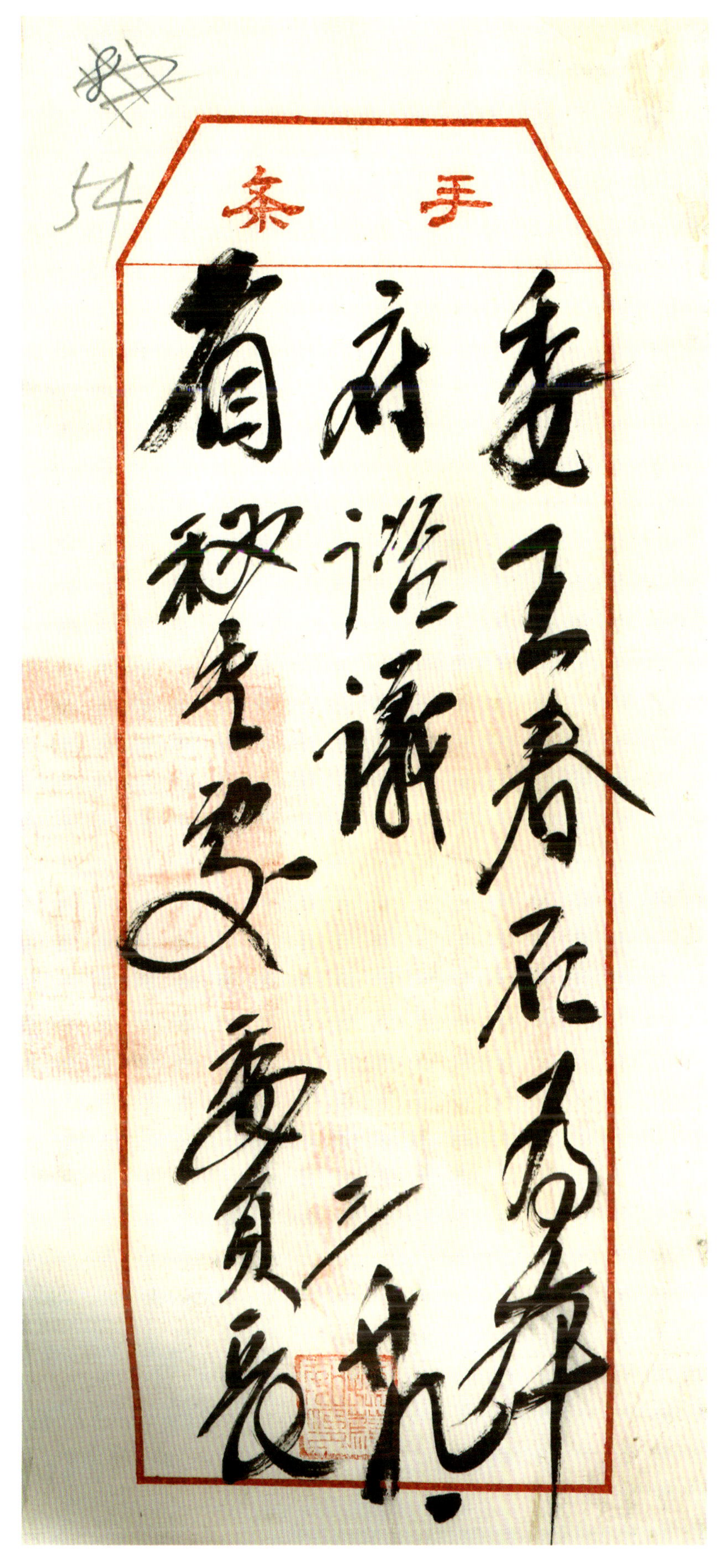

手条

委王春元為本府諮議

三、廿九

着秘書發

委員長

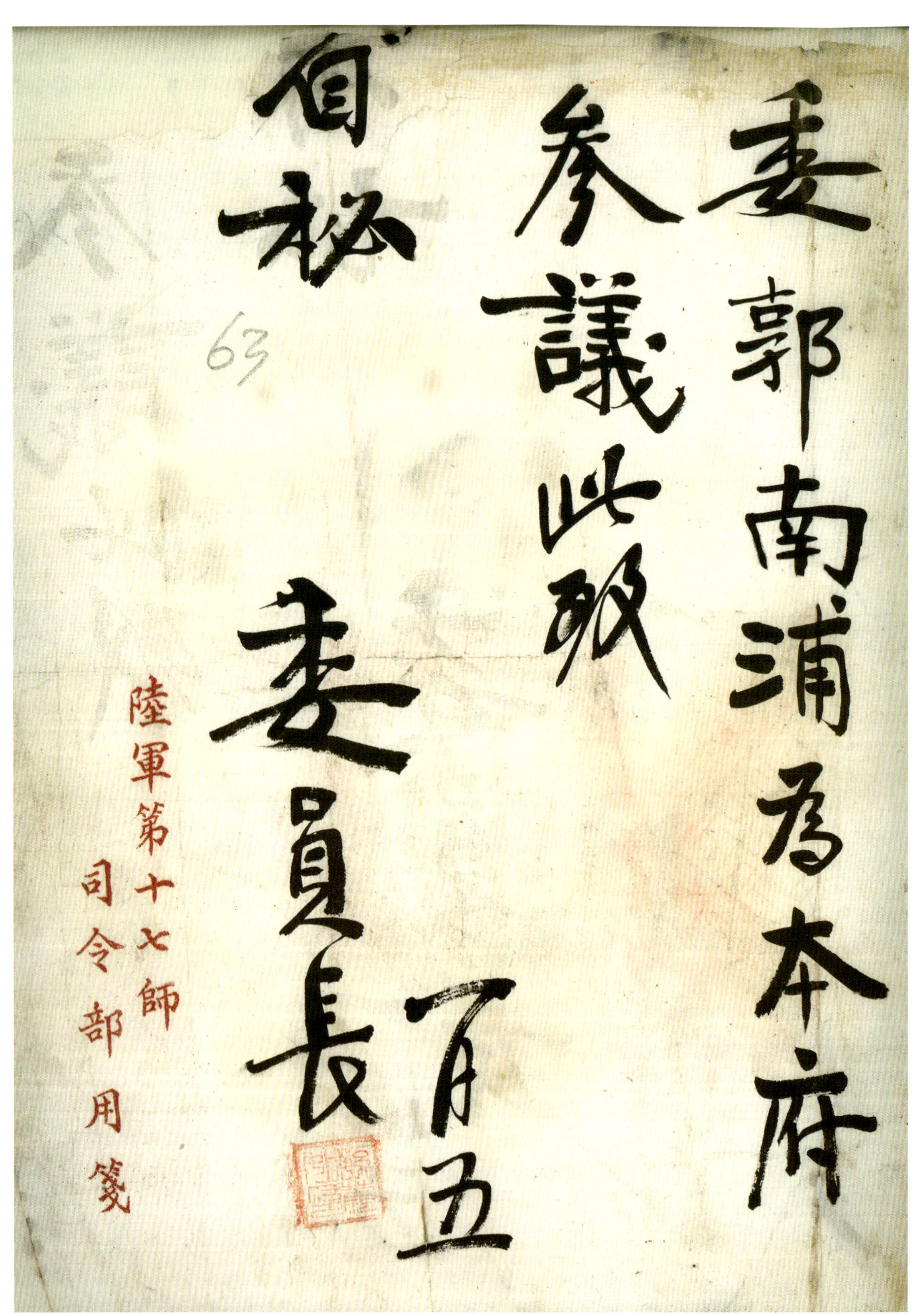

委郭南浦為本府

參議此狀

委員長

五月

省秘

63

陸軍第十七師司令部用箋

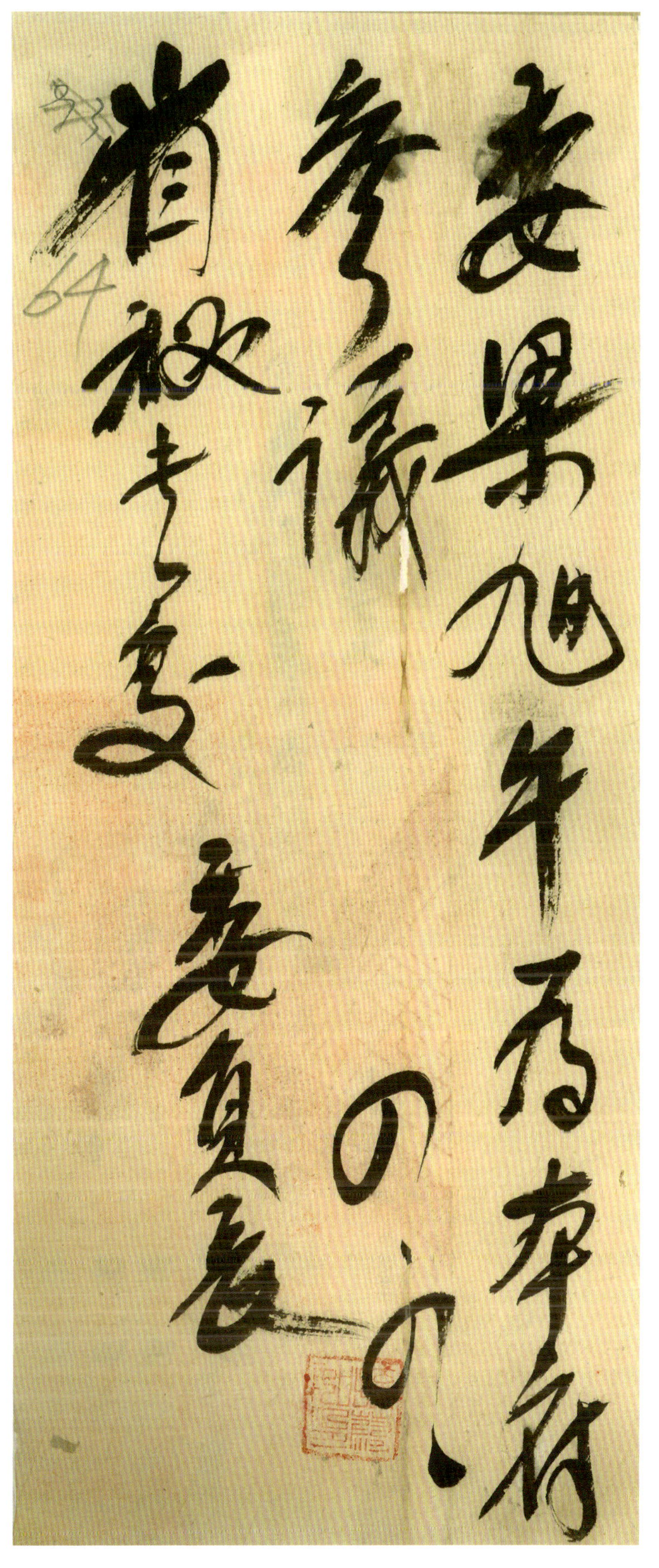

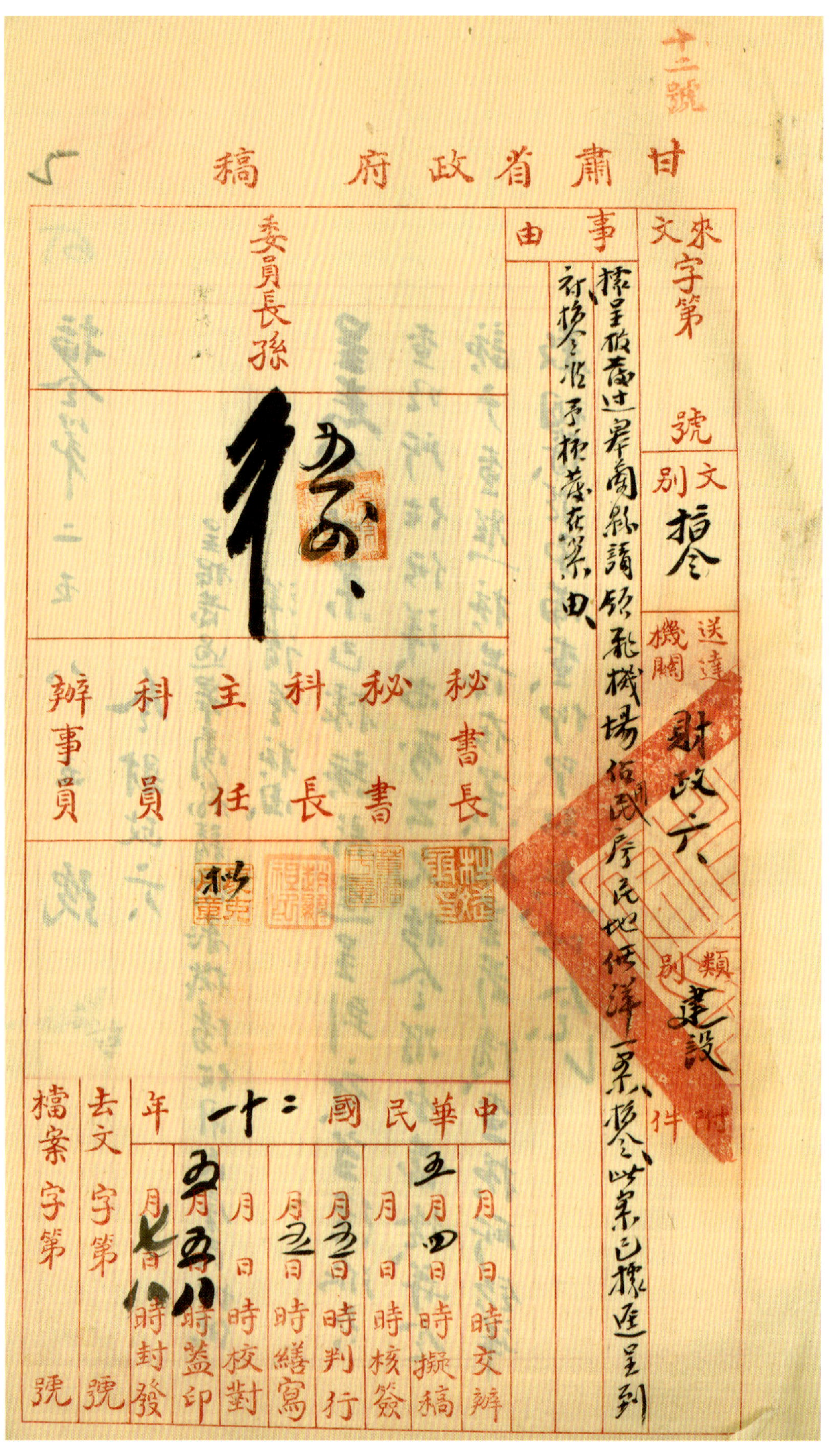

十二號

甘肅省政府稿

來文字第　號	文別	簽
送達機關	財政廳	
類別	建設	
附件		

事由：據呈敬爲遵令籌款請領飛機場佔用民地價洋一案，據簽以此案已據匯呈到府核准，予撥發在案由。

委員長孫　[畫行]

秘書長　秘書　科長　主任　科員　辦事員

中華民國二十一年　月　日

五月四日時擬稿　月日時核發　五月五日時判行　五月五日時繕寫　月日時校對　五月五日八時蓋印　五月八日時封發

去文字第　號　檔案字第　號

1932年

杜斌丞（1888—1947年），陕西米脂人。北京高等师范学校史地部毕业。任榆林中学校长，聘共产党员魏野畴等为教员，学生有刘志丹等。1930年杨虎城任陕西省政府主席，任命杜斌丞为清乡局副局长。1931年12月任甘肃省政府秘书长。1945年2月任民盟西北总支部主任委员。本书收录杜斌丞手迹1件：奉省政府临时维持委员会委员长孙蔚如谕令委王海帆为秘书处秘书的委任状。

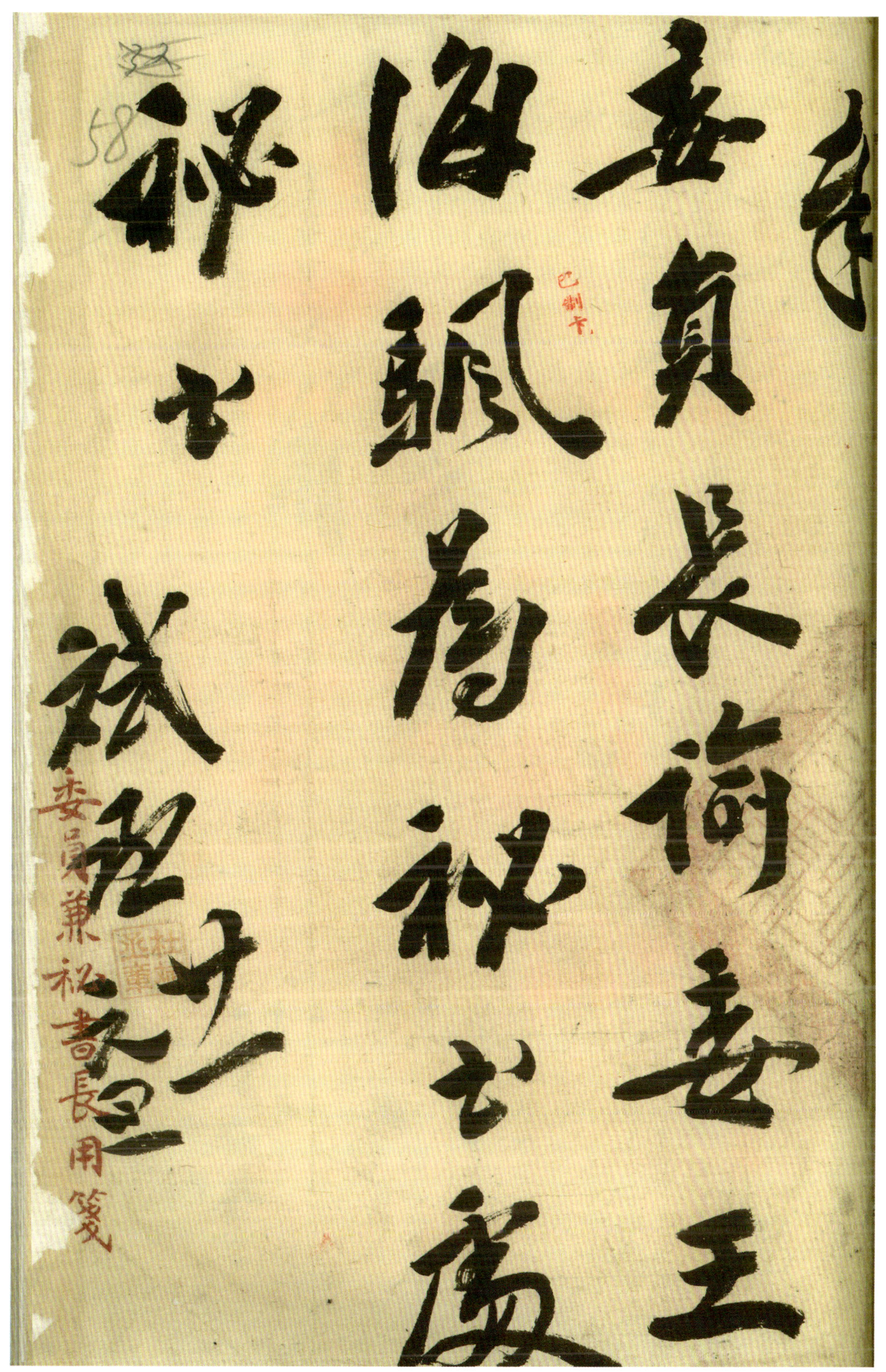

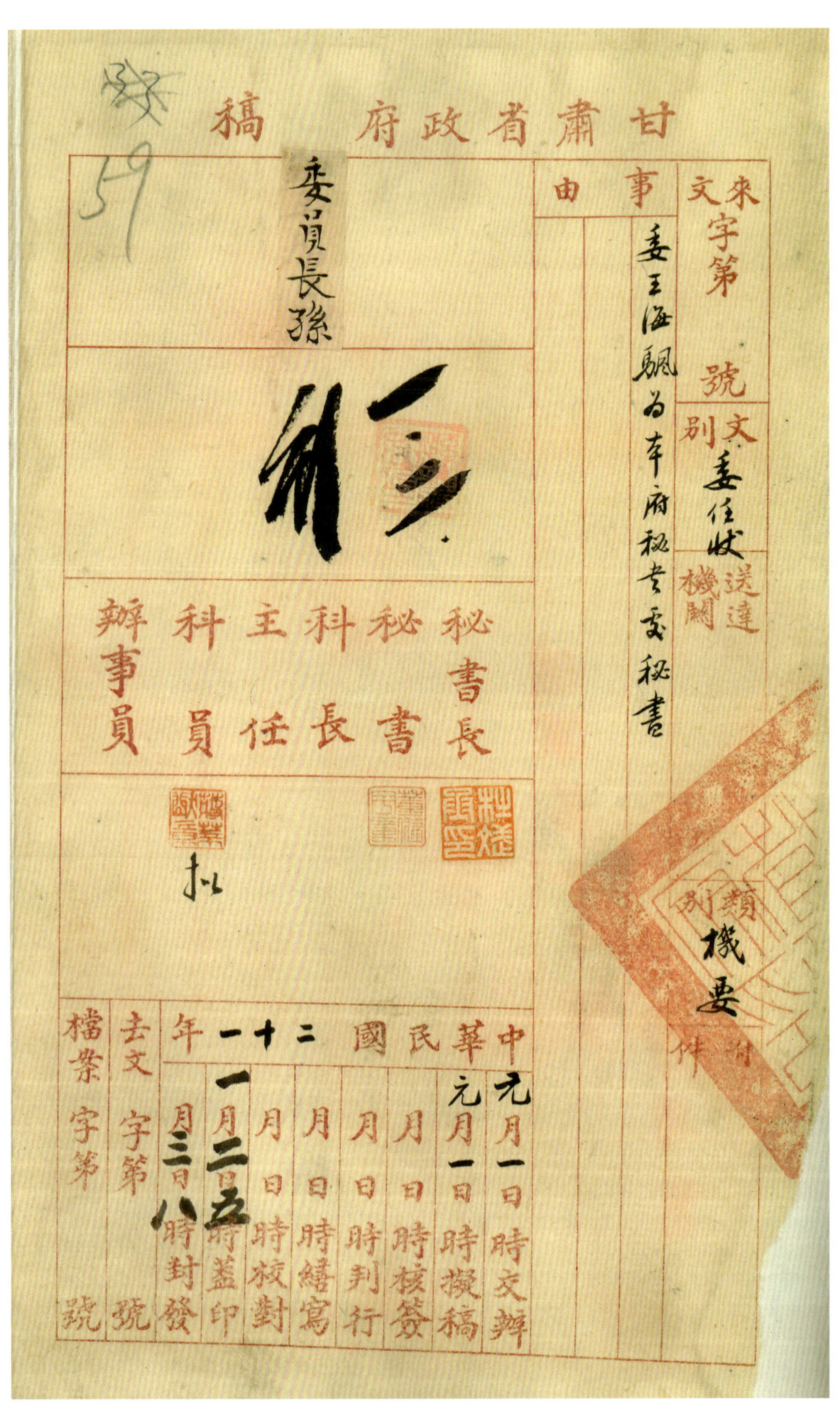
甘肅省政府稿

來文字第　號

文別　委任狀

送達機關

事由　委王海飄為本府秘書室秘書

委員長孫

行

秘書長　秘書長　科長　主任　科員　辦事員

擬

中華民國二十一年

元月一日　時交辦
元月一日　時擬稿
月　日　時核簽
月　日　時判行
月　日　時繕寫
月　日　時校對
一月二十五日　時蓋印
一月三十日八時封發

去文字第　號

檔案字第　號

類別　機要

附件

59

邵力子（1882—1967 年），字仲辉，笔名力子，浙江绍兴人。晚清举人。留学日本，参加同盟会。1921 年加入上海共产主义小组，同年加入中国共产党。历任上海大学代理校长、国民党中央政治会议委员、陆海空总司令部秘书长、国民党三届中央监委、甘肃省政府主席、陕西省政府主席等职。中华人民共和国成立后，任中央人民政府政务院委员、全国政协常委、全国人大常委会委员、全国民革常委等职。本书收录 1931 年 11 月至次年 7 月甘肃省政府主席邵力子手迹 3 件：聘杨思、喇世俊、裴建准、张维为省署顾问及续聘刘庆笃、贾缵绪、宋有才为省署顾问的聘任书，郭维屏为省署顾问的聘任书，聘嘉木样活佛为顾问、委黄正本为省署咨议的聘任书。

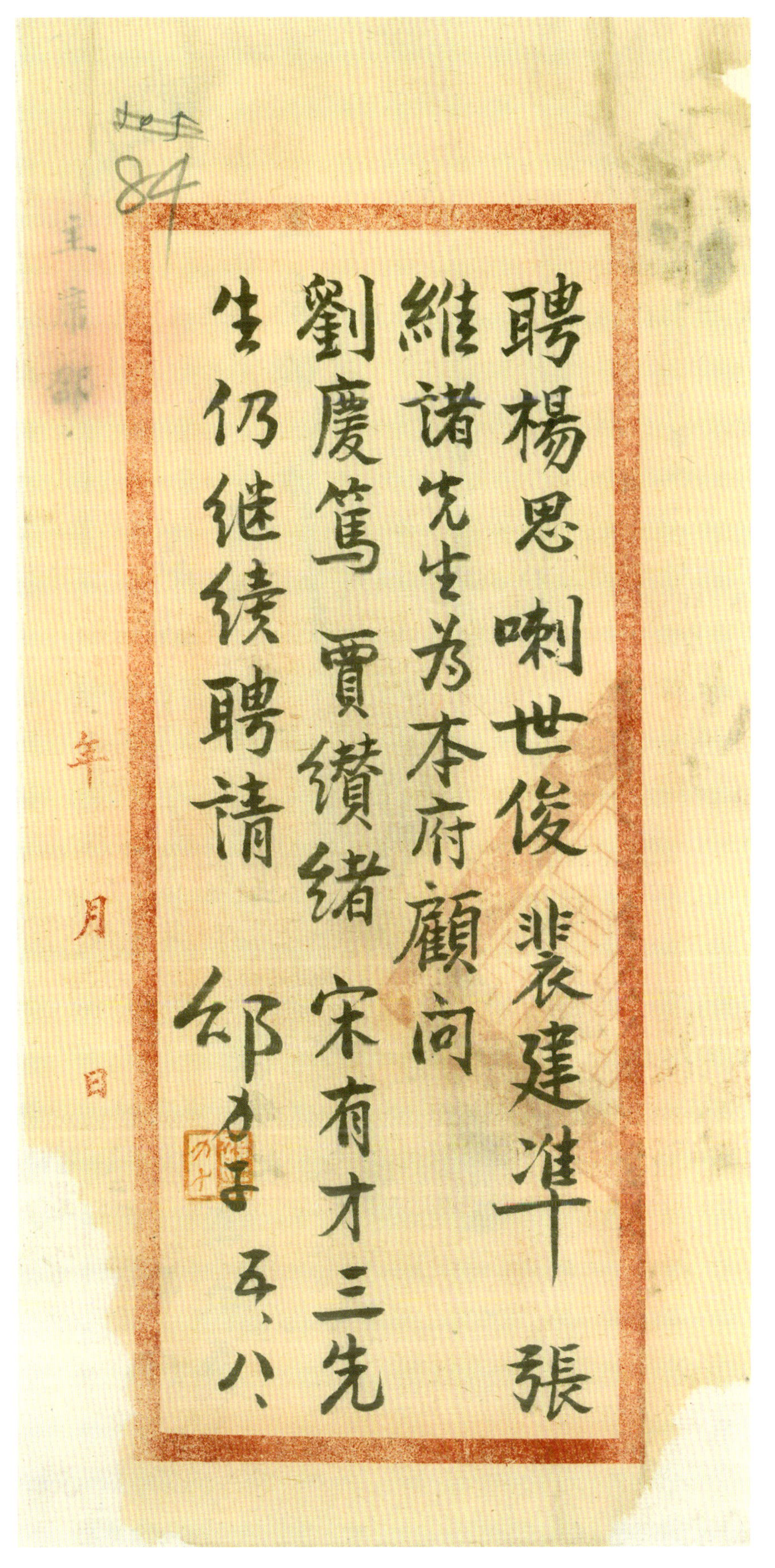

84

聘楊思　喇世俊　裴建準　張
維諸先生為本府顧問
劉慶篤　賈纘緒　宋有才三先
生仍继续聘請
邵力子　五、八、

年　月　日

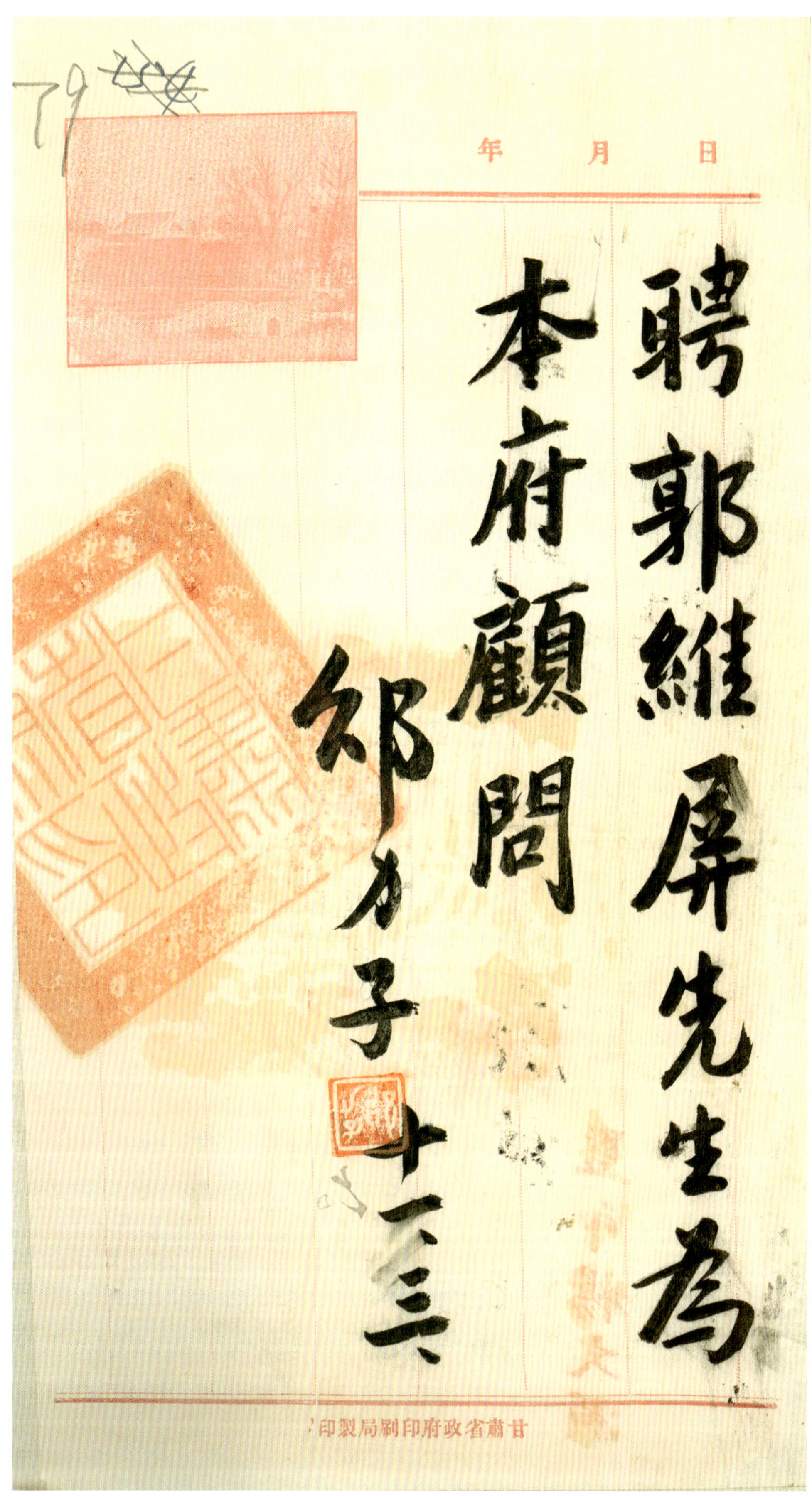
年　月　日

聘郭維屏先生為
本府顧問
邵力子
十一、三

甘肅省政府印刷局製印

甘肅省政府用箋

聘嘉木樣佛爲本府顧
問
委黄正本爲本府諮議

力 七廿八

1933 年

邓宝珊（1894—1968 年），名瑜，字宝珊，甘肃天水人。辛亥革命时，参加新疆伊犁起义。历任国民二军旅长、国民军联军驻陕副总司令、第二集团军军长、西安绥署驻甘肃行署主任、第二十一军团长、晋陕绥边区总司令。1949 年 1 月随傅作义率部起义。中华人民共和国成立后，历任西北军政委员会委员、甘肃省人民政府主席、第一届国防委员会委员、全国政协常委会委员、民革中央委员会副主委等职。本书收录邓宝珊手迹 3 件：1933 年聘冯致祥、王鑫润、郑浚、王廷翰为省署顾问，委王致平、原志迥为省府参议的聘任状、委任状。

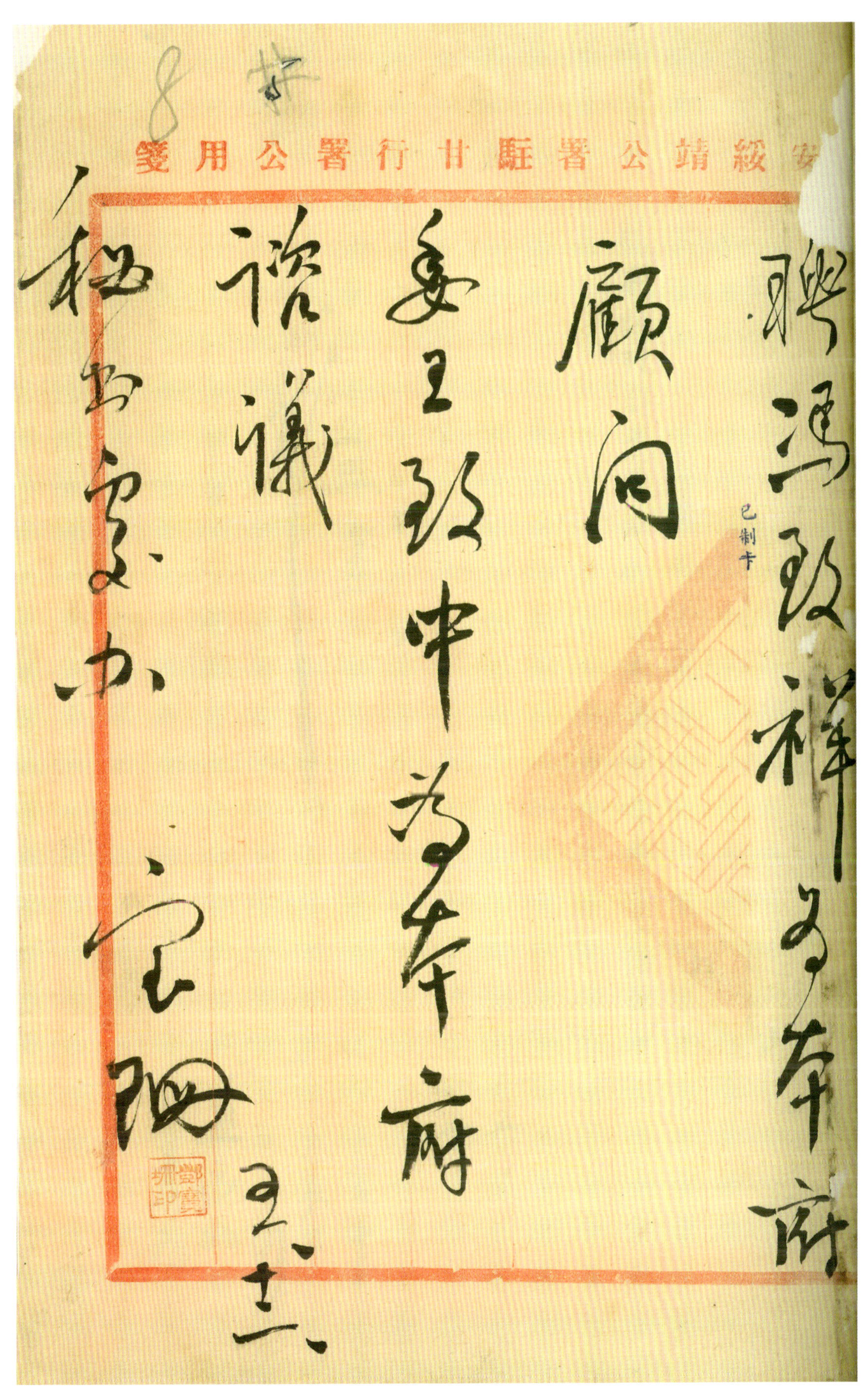

安綏靖公署駐甘行署公用箋

聘馮致祥為本府顧問

委王致中為本府諮議

秘書處辦

寶珊

鄧寶珊印

三、十六

已制卡

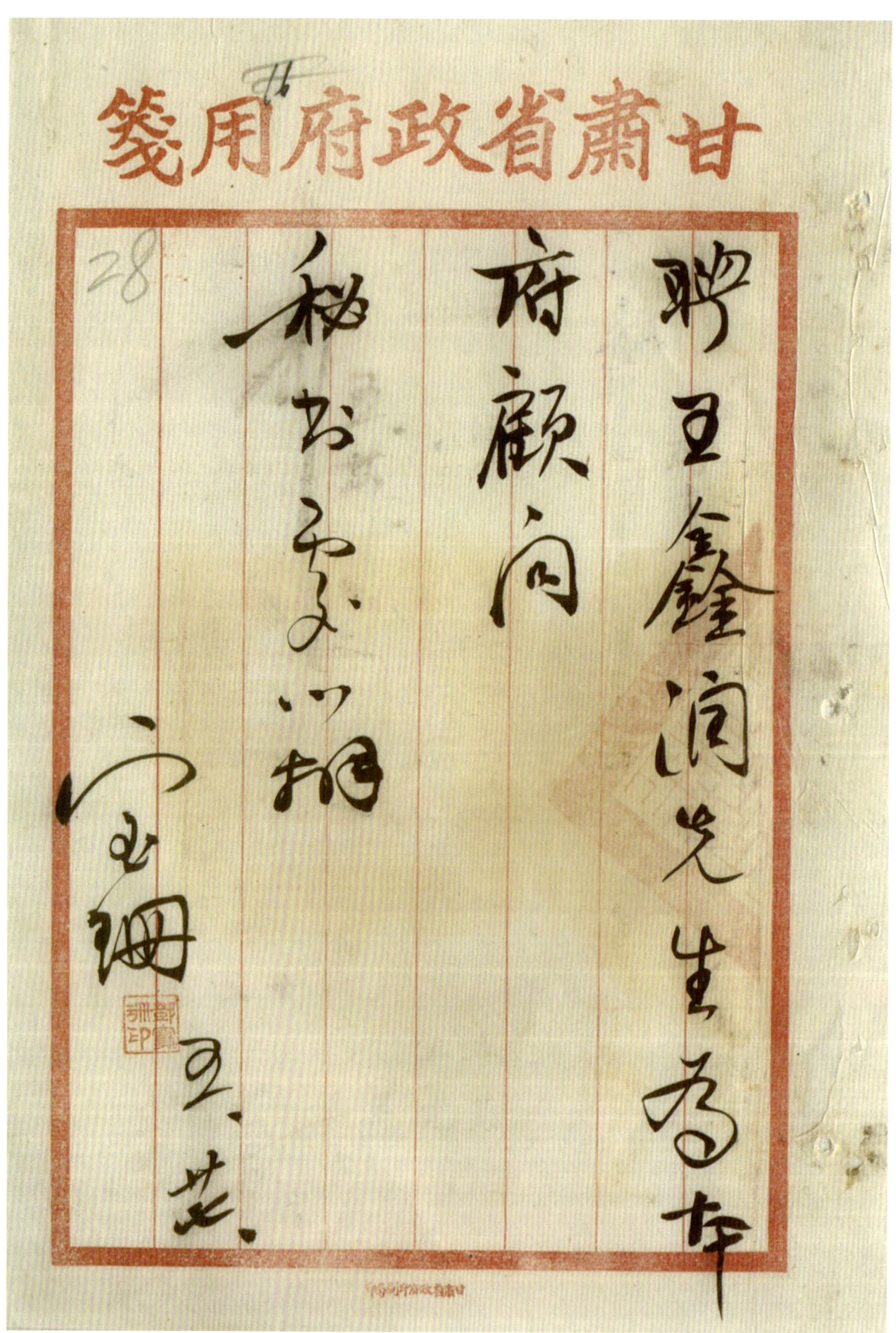
甘肃省政府用笺

28

聘王鑫润先生为本
府顾问
秘书处长以报
宝珊
五、廿

邓宝珊印

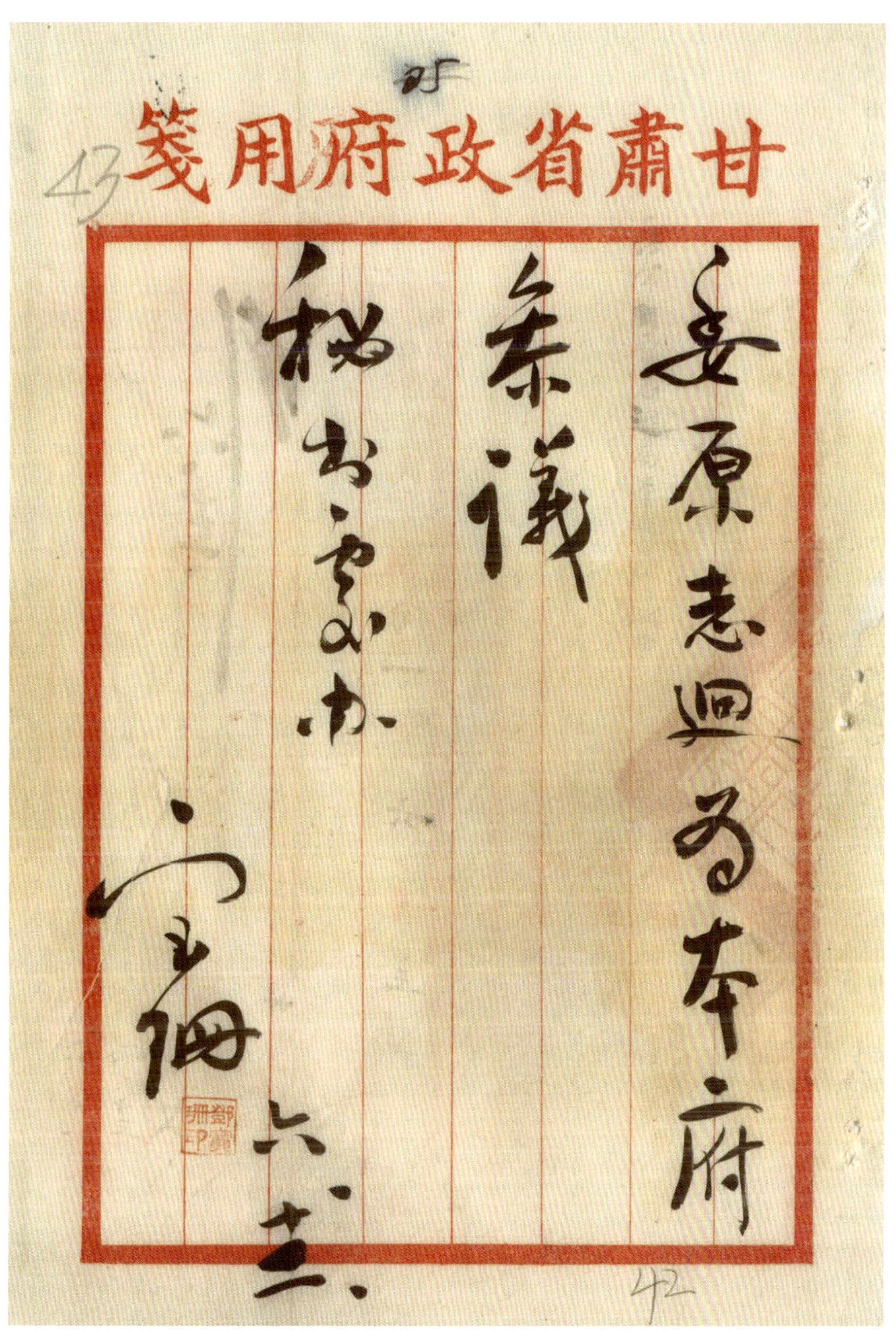

甘肅省政府用箋

委原志迴為本府

參議

秘書處照辦

寶珊　六、十二

鄧寶珊印

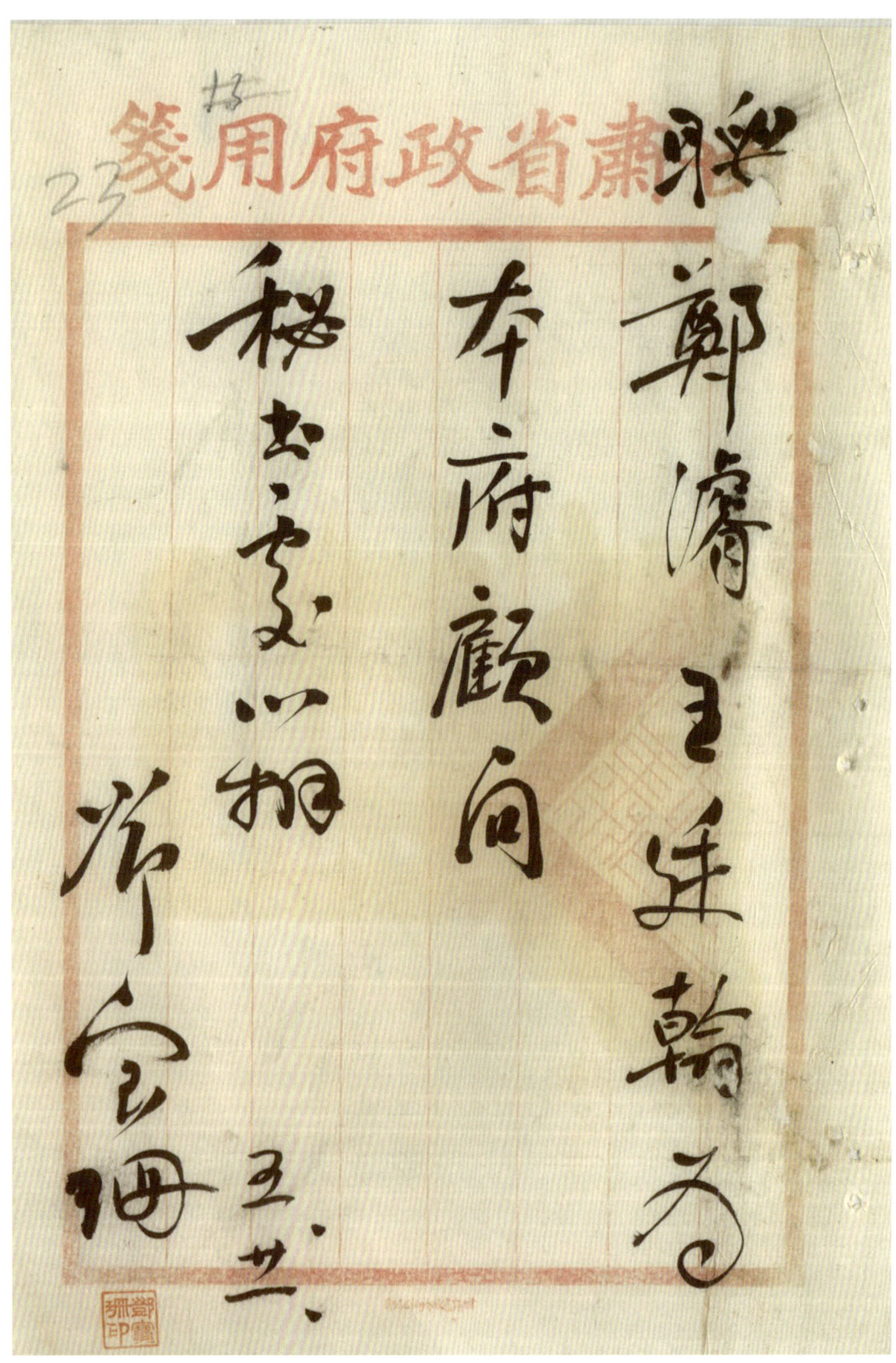

甘肅省政府用箋

聘鄭濬、王保翰為本府顧問、秘書長，以輔

五廿六

鄧寶珊

鄧寶珊印

王应榆（1892—1982年），字燧材，号芬庭，广东东莞人。保定军官学校毕业。历任广西梧州警备司令，安徽省保安司令，北伐军第七军参谋长、第三路军参谋长，甘肃省政府委员兼民政厅长，广东省政府委员兼民政厅长，治黄（黄河）委员会副委员长，蒙藏委员会委员等。1954年任政协广东省委员会委员兼广东省水电厅参议、顾问。后任政协广东省委员会常委。著有《陕甘从政日记》等。本书收录王应榆1933年手迹1件：关于夏河县县长邓隆辞职，拟以杨良代理的呈文，上有西安绥署驻甘肃行署主任、代理主持甘肃省军政事务的邓宝珊批示手迹。

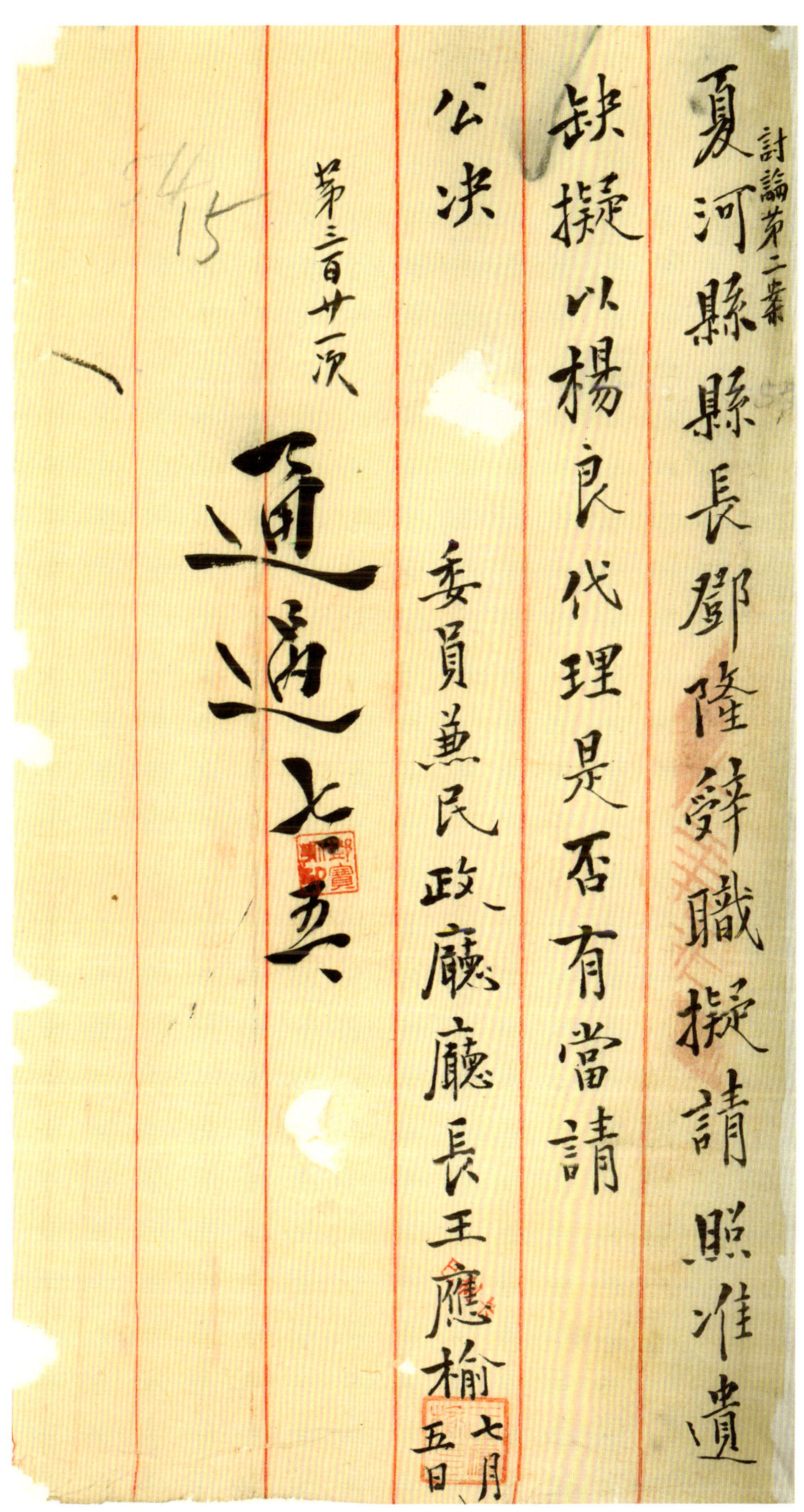
討論第二案

夏河縣縣長鄧隆辭職擬請照准遺

缺擬以楊良代理是否有當請

公決

委員兼民政廳廳長王應榆 七月五日

第三百廿一次

通過 七、五

朱镜宙（1889—1985年），字铎民，浙江乐清人。毕业于浙江公立法政专科学校。历任孙中山广州军政府参议、北伐军总司令部军需处副处长、上海市银行经理等职。1933年任甘肃省政府委员兼财政厅厅长。后任陕西省政府委员兼财政厅厅长、川康区税务局局长。后去台湾。著有《咏莪堂文录》等。本书收录1933年甘肃省财政厅厅长朱镜宙手迹1件：报省府撤销王致通武山特税局局长职务，拟任命马重光接任的呈文，上有省主席朱绍良批示手迹。

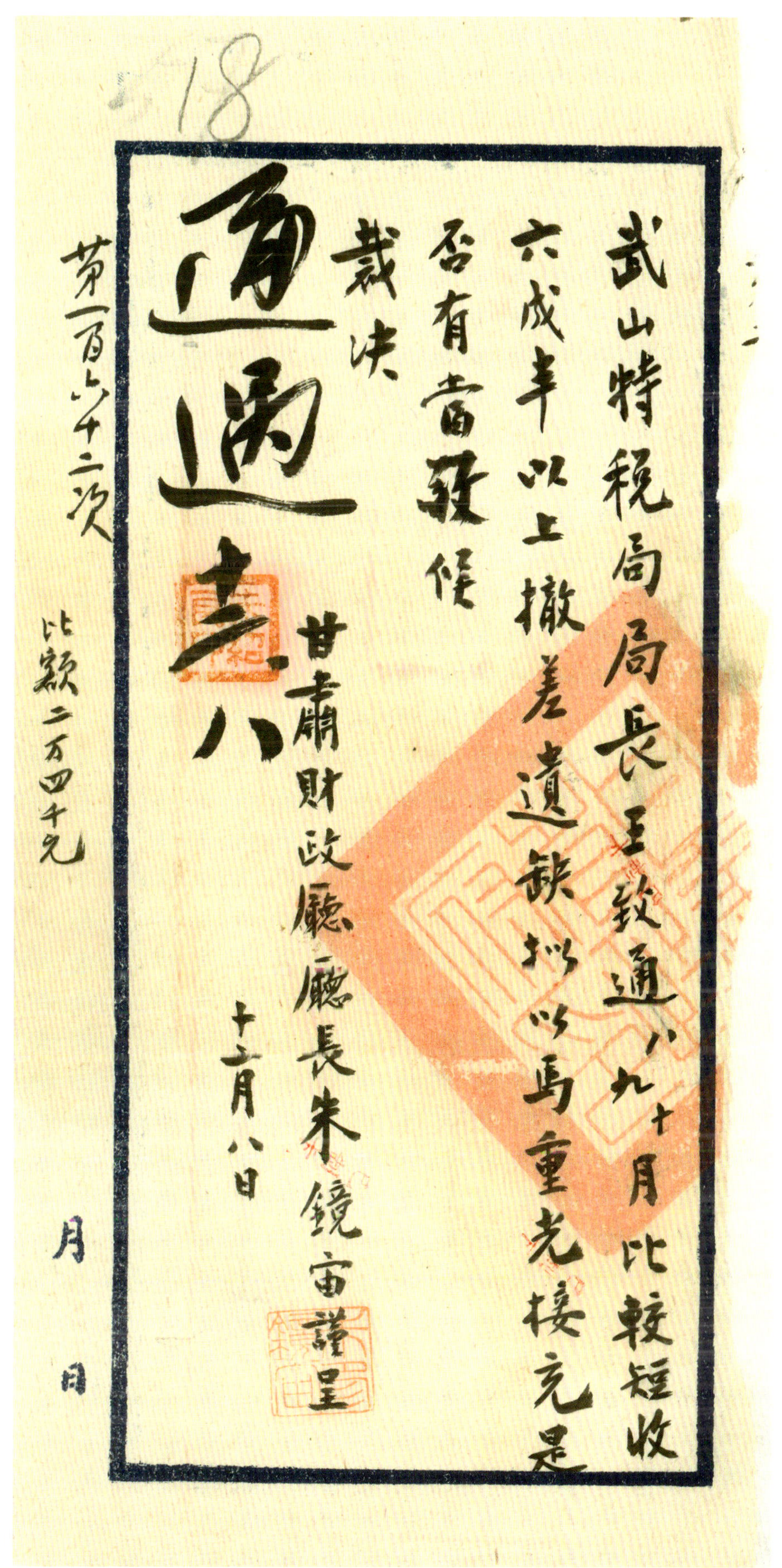
18

武山特税局局长王致通八九十月比较短收六成半以上撤差遗缺拟以马重光接充是否有当祈候

裁决

甘肃财政厅厅长朱镜宙谨呈

十二月八日

通过

通过八

第一百六十二次

比款二万四千元

月

日

1934 年

牛载坤（1886—1934 年），字厚泽，甘肃康乐县人。北京军咨府测绘学堂毕业。创办树风学校。赴青海玉树勘界，绘制地图。创办甘肃省立工业学校。曾任甘肃省赈务会委员兼驻京沪赈务代表、甘肃省立图书馆馆长等职。任民勤县县长时，因拒绝驻军派款拉夫而被刺杀。本书收录牛载坤手迹 2 件：甘肃省民勤县县长牛载坤关于解缴第六卷第一期至第十六期内政公报费一元五角四分致甘肃省政府民政厅的呈文、甘肃省民勤县县长牛载坤关于解缴第六卷第十七期至第五十二期内政公报费三元七角九厘致甘肃省政府民政厅的呈文。

第一科
次要

呈民勤縣縣長牛載坤呈為呈解自第六卷第一期至第十六期止內政公報費洋祈鑒核由第260號

查案核收並指令即發收據

十二、十五

十二、十六

為呈解事項奉

鈞廳第七九號訓令附發第六卷第一期至十六期止內政公報十六本飭將報郵費洋壹元伍角肆

分連同以前未解清各報費查明確數一併迅速解廳以憑彙解等因奉此遵查縣長接

6

收王前縣長清海咨交第五卷第十四期至第五十二期止内政公報費洋叁元玖角已於本年

八月十八日呈解

7

鈞廳奉有收據在案此外再無拖欠以前各種報費遵奉前因理合將第六卷第一期至第

十六期止内政公報費洋壹元伍角肆分備批具文呈解

鈞廳鑒核飭收印發收據以憑備案謹呈

甘肅省民政廳

計呈費批據一聯大洋壹元伍角肆分

中華民國二十二年十一月三十日
民勤縣縣長牛載坤

12

為呈解事。謹將欠解
鈞廳頒發內政公報自第六卷第十七期起至五十二期止，報郵費
洋叁元零柒分玖釐，如數交由牛孝威滙解，理合備批具文呈賫
鈞廳鑒核飭收彙解，印發收據備案，實為公便。

謹呈

甘肅省民政廳廳長朱

民勤縣縣長牛載坤

11

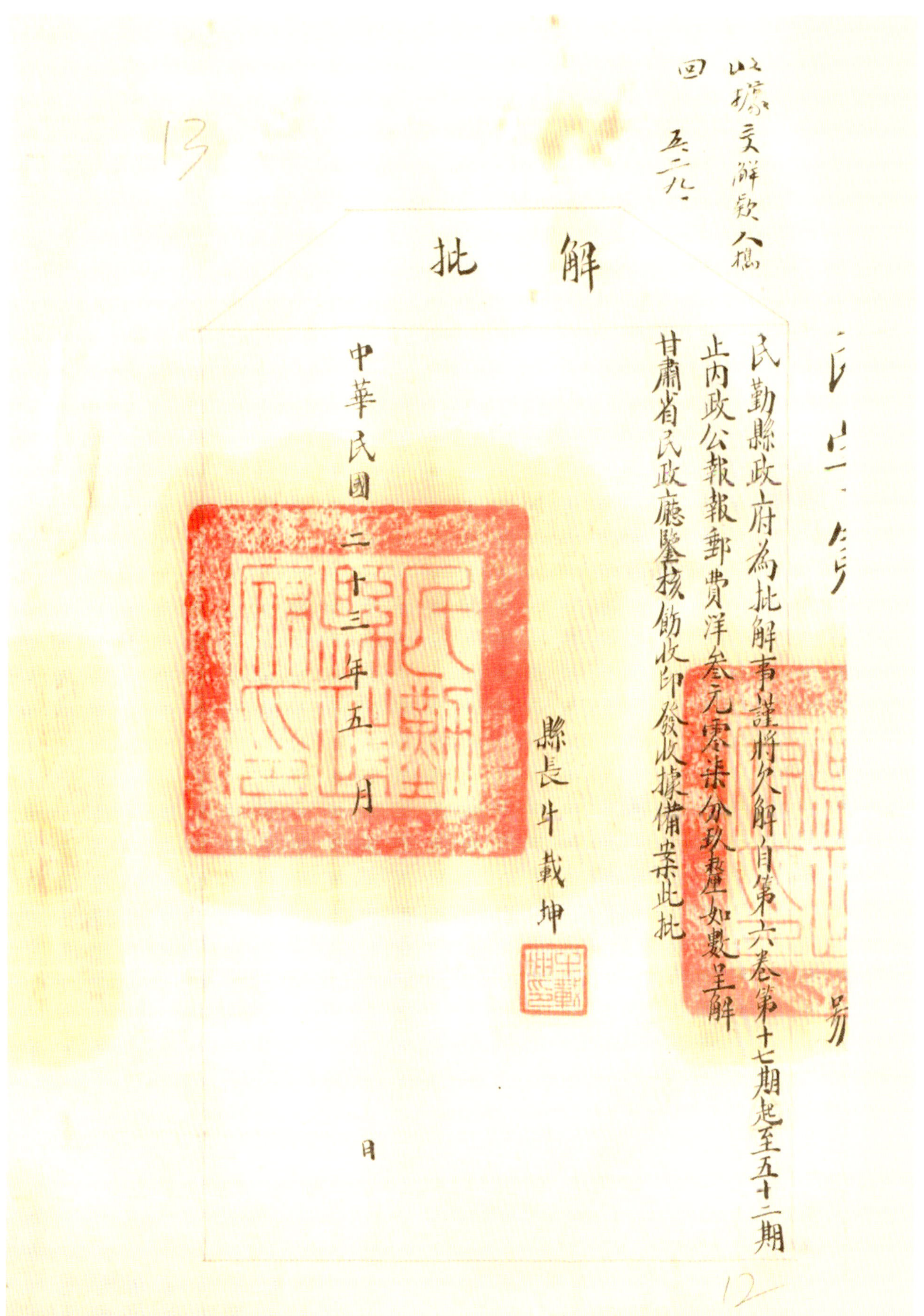

收據交解款人攜回

五二九

13

解批

民勤縣政府為批解事謹將欠解自第六卷第十七期起至五十二期止內政公報報郵費洋叁元零柒分玖厘如數呈解

甘肅省民政廳鑒核飭收印發收據備案此批

縣長牛載坤

中華民國二十三年五月　日

12

黄文中（1890—1946 年），字中天，甘肃临洮人。日本明治大学经济学学士。历任甘肃省教育厅第四科科长，盐池县、鼎新县、高台县县长等职。任教于甘肃省立第一中学。著有《黄文中西湖楹帖集联语》。本书收录 1934 年至 1937 年黄文中致其侄女黄国瑜、侄婿琴舫伉俪的信函手迹 10 件。其中 1934 年 7 月 20 日致函侄女黄国瑜询问杭州美术专科学校毕业生高雪风（榆中县甘草店人，花鸟画家）是否抵甘草店，每两天邮寄一份东南日报是否收到。1934 年 8 月 25 日致侄婿琴舫（在甘草店小学任教）函介绍订购商务印书馆出版的《教育杂志》、中华书局出版的《教育界》，鼓励他多读教学参考书。

琴舫賢姪婿鑒：頃接

華函，備悉一一。郵上杭州邵芝巖筆莊

價目彙刊一冊，欲購筆墨，由郵運購比較

便利。至為灼亭托刻圖章，余已錢先生代

刻，且杭刻不及北平遠甚。久亦將歸，觸

緒生感，不能辦理此事，請轉告見諒。國琦

由孫兆丙寄之信早已收到，此函同閱來弟處。順問

近佳

文中手啓 三、廿六

西湖風景

第　號

國瑜姪女覽：余離家已八年矣，想念至深。前接汝兄子華函，知汝与琴舫本年在甘草店高小校服務，慰甚。余去夏重到西湖，即与高雪風先生同案。雪風在國立杭州藝專肄業，天才既高，用工又勤，其於國畫西畫均為該校之冠（該校獎給作品優良之獎章）。現正在考試畢業，至遲再過一月，雪風即可由校首途回隴。至日倘詢余況，雪風定能詳言之。余与雪風交好，雪風至，汝与

年　月　日　頁

西湖風景牋

琴舫予備酒爲雪帆洗塵，或聯合李文明校長共舉行之。余賦性戇直，不合時宜，加以人事多變，入世十年，險阻艱難，備嘗淨盡，擬在此再休養一二年，即予旋里。附來杭州民國日報收閱（每週四日寄來兩卷）。余體平安，勿爲念。欲言不盡，順問安好！

中天二叔手啓 廿三、六、五 在杭州西湖俞樓

琴舫閱并致意來弟

李文明校長處問好

國瑜侄女：

小說不寄。粘知其餘你們自擇社會可寄（琴舫前往）

前日寄你一信，併杭州民國日報兩卷（計四天的），想均收到。大約此報在甘草居學校，尚未完篇。我每隔四日寄來兩卷，你與琴舫同看。你們當教員，自然教授功課甚忙，然日報不可不看，每日規定看報時間，不多看，亦不少看。讀本報到時，按照日期先後看，自然有統系。久之養成看報的習慣，正所謂秀才不出門，能知天下事也。再你們兩人各備一蔴紙本子，將各人愛看之報，各別剪下來，書明某日報名，例如剪六月十日報，即在所剪下之報紙傍邊上寫（23.6.10．杭民國）以便過後檢查。起初剪粘，或者無意味，做過幾天，就有興趣了。日日為之，不貪多，不間斷。」再叙

中天叔手啓 六月十日

西湖風景牋

第　號　頁

國瑜姪女：汝今月廿六日所發之信，本月十日我已收閱，字跡工秀，文亦流暢。嗣後來函欲寫白話文時，就以白話文寫之，字亦不拘楷書。暑假中汝与琴舫回里否？高雪風先生想已抵甘，我托帶之物想已交到。東南日报我們前每兩日束一卷郵寄，只貼郵票一分，後知郵票未貼足，現改每

年　月　日

西湖風景牋

第　號　頁

日來一卷郵寄到時抽暇看看本年江浙兩省大旱杭州尤奇熱我每日在紫雲洞避暑身體平安勿以為念來信封面只寫

杭州西湖俞樓
黄中天先生鈞啓
自、、、、周瑞謹緘

信由郵局遞寄應如斯寫也汝有工夫可勤來信無論文言白話均好倘有可改處我將來信修改仍寄回亦係練習寫信之一法也

中天叔手[illegible]

廿三年七月廿日

琴舫賢姪婿雅鑒：自別東南，時深
想念。頃接
華函，欣悉國瑜產生一男，大小均吉，喜
甚慰甚。滬暑炎熱，又係客居，諸凡善自
保重珍攝為要為要。杭州亢旱極熱，余
每日在紫雲洞中避暑，身體平適，勿以為
念。此覆，並頌
夏祺
國瑜同閱

文中手啟 廿三、八、六

國瑜四姪女：前接琴舫函，知汝於七月十六日産生一男，大小均吉，甚慰甚慰。余即覆函囑其善自珍攝，想已同閱矣。余擬命名「阿學」，既紀念你們在外求學時所生，又盼將來能為學也，不審合你們的意思否？偶記得祖母在日，凡家中媳婦有孕時五個月即不許同宿，產後百日之內又嚴禁同

寔是深合於胎教之學及產後之衛生

你們旅居在外之人照料當將

祖母之遺訓切實遵行善自保重也

函請琴舫同覽并將來携至家中

示汝兩妹同爲一閱秋熱千萬衛攝

二叔中天手泐

廿三年八月十日在杭州

西湖俞樓

琴舫姊婿：十日寄一函，為外孫取乳名阿學，計已入覽矣。你們教書閱於參考書極應購看商務印書館（上海河南路）出版之教育雜誌，應訂購一份，全年價洋九角（連寄費在內），若甘草店郵局不匯款，可購一角郵票九角，附在信內，用單掛信寄上海該館定購（信封背上下口用郵票貼固），或再定購中華書局（上海河南路）教育界一份（價目你們詢老之都不知道），教育為日新事業，閱於教學及參考書極要，隨时多看，不偶記及，故寫之，或者校中早有此種雜誌，也閱好。 文中手啓

外孫已出月，想母子均清吉，來函提之。圖瑞同閱

八月廿五日

國瑜姪女、八月十日寄杭之函、廿一日收到、九月二日寄杭之函、十六日收到、所叙一切均悉、汝白話文信寫的亦好、汝翁姑念我甚感、你們寫家信時、附筆説我來信問候、現在你們学校開学、你們忙起來了、莫有甚麽事情時、也不要給我寫信、東南日報仍陸續寄廿、秋來我身体平安、勿以爲念、再來信時信封上杭州西湖俞樓字寫來爲要、此致、即問

琴舫同閤府均好、

二叔中天手啓 廿三、九、廿七

河学乳名、你們以爲對、就以河学呼之、寒假到省、你們二人可互照六寸相紀念、

12

余年来饒有湖山、在西湖各名勝題懸楹聯頗多、以作游杭紀念、又為西溪秋雪庵及靈峰補梅盦、集古人詩句為聯、書刻懸之、并摄有照片、附寄閱存、秋雪庵四圍皆水、蒹葭滿目、芦花開时色白如雪、因之。明陳眉公題其額曰秋雪、取唐人詩「秋雪濛釣船」句也、為兩浙歷代詩人觴詠雅集之所、庵内并祀歷代詩人、每至秋季、海上及浙中文士多与雅集、并舉行祀禮、談宴風景殊佳、名流題詠亦多、

靈峰寺、其地故多梅（宋蘇東坡常至其地題詩）、以燬于兵燹、清周梦坡為補種三百株、張季直（謇）書補梅盦額、并為之跋、吴昌碩諸名人、均有楹聯、靈峰探梅、不亞孤山也、

二叔又記 十月廿九日

甘肅省立蘭州中學用箋

琴舫賢姪婿接讀

華函備悉一一

足下被聘邑中校友員甚

勤慎為之童軍辦理事宜

從瑞賢局長函請從商同進行

為友人索字已書當幅五幀託

瑞賢節回收轉此復即頌

近佳　文中手啓　廿五、八、六

一日二辞記不間斷頗好枕秘也一笑　印鑒中郎

1936年

于学忠（1890—1964年），字孝侯，山东蓬莱人。通州速成随营学堂步兵科毕业。历任东北军第一军军长、河北省省长、华北军第一军团总指挥、天津市市长等职。1935年至1937年任甘肃省政府主席。后任江苏绥靖主任，第三、五集团军总司令，军事参议院副院长等职。中华人民共和国成立后，历任河北省政府委员、国防委员会委员、全国政协委员、民革中央委等员。本书收录1936年于学忠手迹2件：关于调查靖远等县名胜、古迹、古物的训令，关于和政县呈报盗窃案的指令。

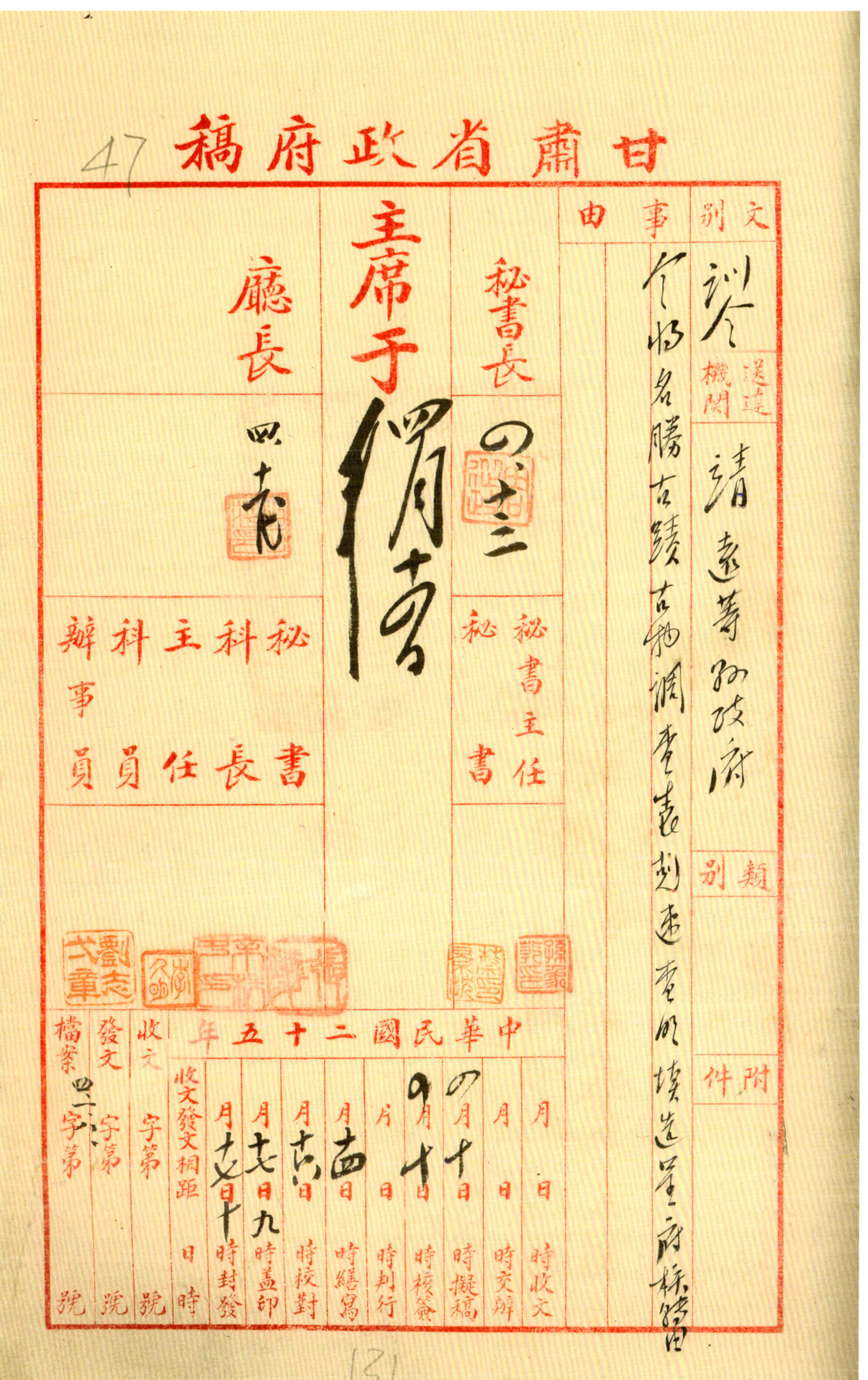

47

甘肅省政府稿

文别	訓令
機關	遞送
事由	令省各縣古蹟古物調查表式製送查照填造呈府核辦由
類别	請遠等縣政府
附件	

主席于 (押)

秘書長 四、十二

廳長 四、十七

秘書 科長 主任 科員 辦事員

秘書主任 秘書

中華民國二十五年
四月十日 擬稿
四月十日 核簽
四月十四日 繕寫
四月十六日 校對
四月十七日九時 蓋印
四月十七日十時 封發

檔案 四一六 字第 號

131

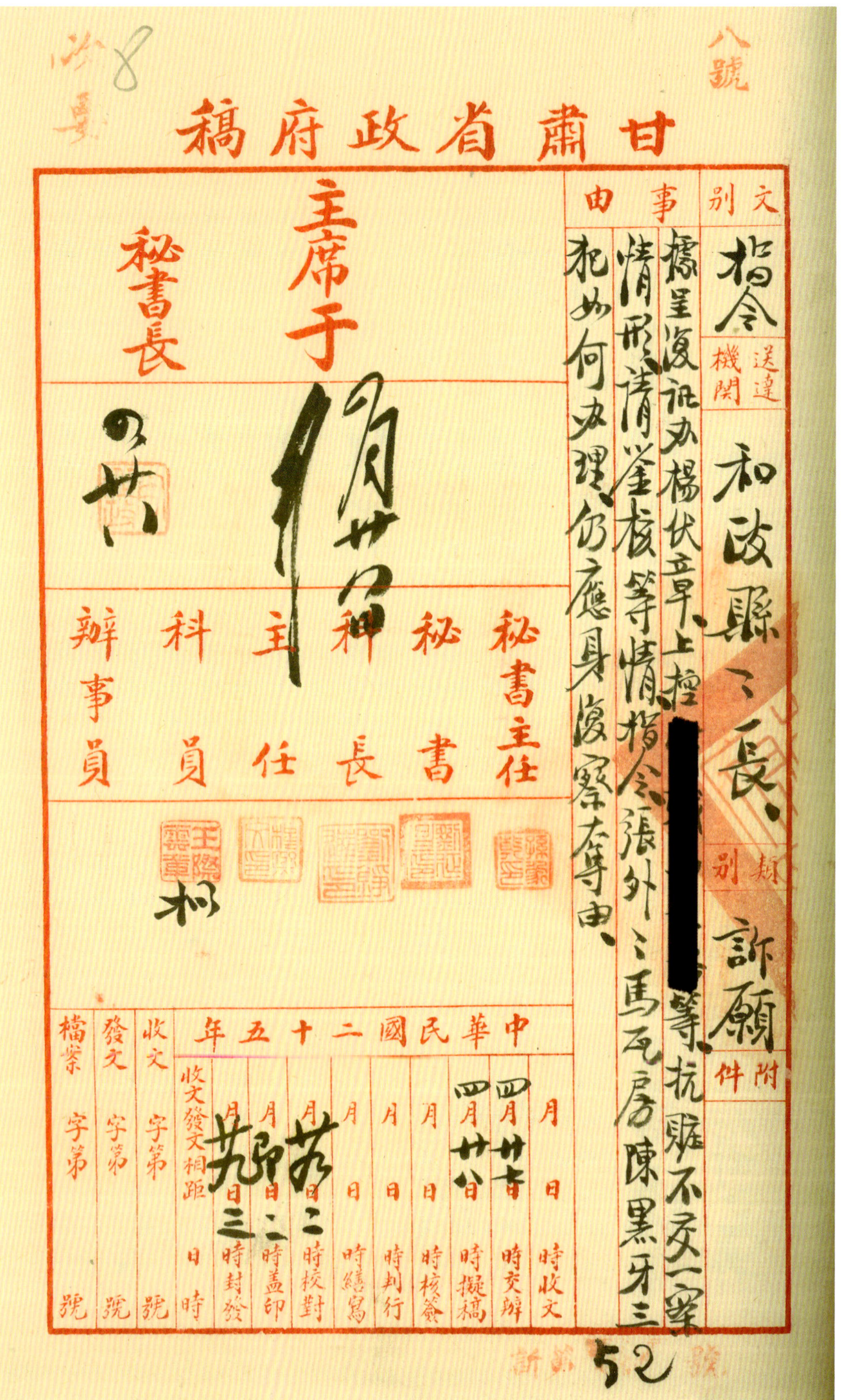

八號

甘肅省政府稿

文別：指令

送達機關：和政縣縣長

擬別：

事由：據呈復訊辦楊伏五（？）呈上控[塗黑]等抗匪不交一案情形，請核示……等情，指令張外，馬瓦房、陳黑牙三犯如何辦理，仍應具復察奪等由。

附件：

主席于（簽）

秘書長 四月廿六

秘書主任　秘書　科長　主任　科員　辦事員

中華民國二十五年　四月廿五日交辦　四月廿六日擬稿

1937 年

顾颉刚（1893—1980 年），字铭坚，江苏苏州人。北京大学毕业。任教于北京大学、中山大学、燕京大学、云南大学、齐鲁大学、中央大学、复旦大学、兰州大学等校。中央研究院历史语言研究所通讯研究员、院士。“古史辨”学派的创始人。中华人民共和国成立后，任中国科学院、中国社会科学院历史研究所研究员和学术委员，中国民主促进会中央委员、全国人大代表、全国政协委员等职。著有《古史辨》等。本书收录 1937 年顾颉刚致甘肃学院朱铭心院长信函手迹 2 件：称在临洮、渭源、康乐等地讲学、考察，拟次年赴甘肃学院讲授“中国古代文化”，拟借学院图书馆图书备编讲义。朱铭心批示：“敝院已为伊预备读书处，请其随便来院。”

鏡澄院長先生大鑒：上月到洮時行匆匆，

未走別為悵。現在臨洮講習會業已結束，

以康樂渭源兩縣局面急待參觀，擬順道

一游，因此回蘭之期須在二月底或三月初。

貴院添任功課，恐新開學兩星期中不克

上堂，無任抱歉，尚祈原恕是幸。特此

佈請即鑒察。專此敬請

道安 弟顧頡剛頓首

臨洮新記興文書局承印

銘心先生賜鑒：承
委交玉為作章，刻竟奉繳。玉天
冰壽覃兩載，先生以乳拓傳觀，政
乘不閑，冰來東返以後，萬年恐不
懷篋中章草，擬推王之俊兄伴送
至傳寫一人去函奉達，遂爾作罷。
惟十二月已屆考試之期，上兩三星期須
所餘一二月，似不如至明年擇課為宜。

(四)明年開學時再接課
(五)敝院已函顧頡剛請其隨便來院
十一、廿六

屆時文俊先生亦可返滬，渠擬任之課為近代教育思潮，弟則擬為中國古代文化史。所恨北平書籍未能寄出，故在此間書籍購置一二種，猶不足用，擬自下月一日起每日到貴院請書半天，借閱書籍以收蒐作編講義之準備，想亦允可也。匆此奉達，敬請

大安

弟顧頡剛　十一月廿三

贺耀组（1889—1961 年），号贵严，湖南宁乡人。毕业于日本陆军士官学校。历任第四十军军长、京沪卫戍司令、湖南省建设厅厅长、徐州行营主任等职。1937 年 4 月 28 日至 12 月 17 日代理甘肃省政府主席。后任军事委员会调查统计局局长、委员长侍从室第一处主任等职。中华人民共和国成立后，历任中南军政委员会兼交通部部长、全国政协委员、民革中央常委等职。本书收录 1937 年甘肃省代理省主席贺耀组手迹 7 件：建设厅关于报送改造旧称清单致甘肃省政府的签呈，关于蒙藏委员会给予驻临潭县卓尼禅定寺丹珠呼图克图辅教普觉禅师名号的存档签呈，蒙藏委员会委员长吴忠信询问丹珠呼图克图情况电报的处置批示，关于“通饬维护古物，禁止题镌”的批示，委卞鸿举任省署秘书处第二科交际科员的委任状，聘黄文中等为顾问的聘函，派黄德堃等为参议的委任状。

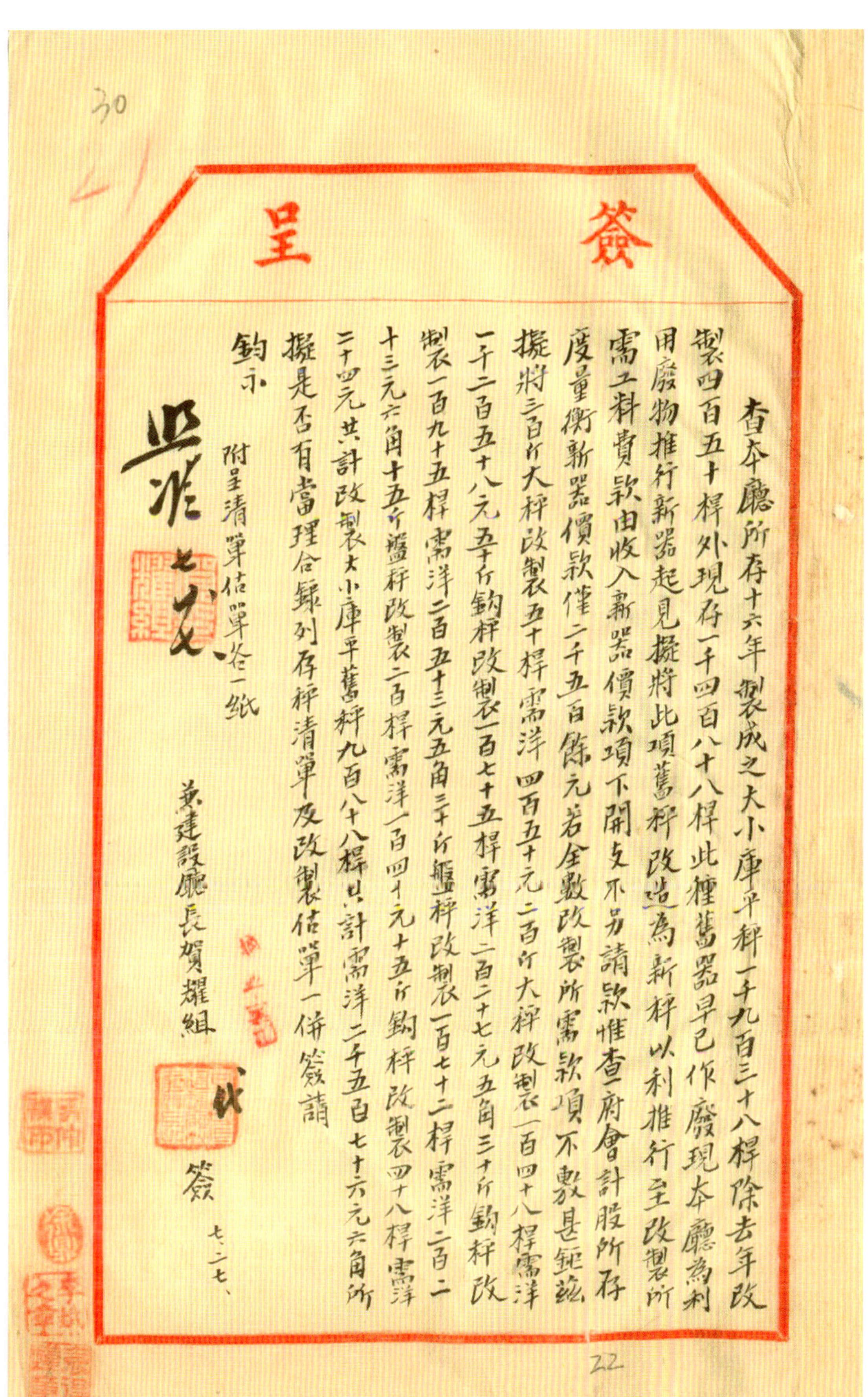

簽呈

查本廳所存十六年製成之大小庫平秤一千九百三十八桿除去年改製四百五十桿外現存一千四百八十八桿此種舊器早已作廢現本廳為利用廢物推行新器起見擬將此項舊秤改造為新秤以利推行至改製所需工料費款由收入新器價款項下開支不另請款惟查府會計股所存度量衡新器價款僅二千五百餘元若全數改製所需款項不敷甚鉅茲擬將三百斤大秤改製五十桿需洋四百五十元二百斤大秤改製一百四十八桿需洋一千二百五十八元五十斤鈎秤改製一百七十五桿需洋一百二十七元五角三十斤鈎秤改製一百九十五桿需洋二百五十三元五角三十斤艦秤改製一百七十二桿需洋二百二十三元六角十五斤盤秤改製二百桿需洋一百四十元十五斤鈎秤改製四十八桿需洋二十四元共計改製大小庫平舊秤九百八十八桿共計需洋二千五百七十六元六角所擬是否有當理合錄列存秤清單及改製估單一併簽請

鈞示

附呈清單估單各一紙

兼建設廳長賀耀組 簽 七.二七.

照准 七.卅

清單

器名	原存數	已改製數	現存數	此次擬改製之數	結存數	備考
三百斤大秤	一八〇桿	八〇桿	一〇〇桿	五〇桿	五〇桿	
二百斤大秤	二九八桿		二九八桿	一四八桿	一五〇桿	
五十斤鈎秤	二九五桿	二〇桿	二七五桿	一七五桿	一〇〇桿	
二十斤鈎秤	二九五桿		二九五桿	一九五桿	一〇〇桿	
三十斤盤秤	二九二桿	一二〇桿	一七二桿	一七二桿		
十五斤鈎秤	二九八桿	一五〇桿	一四八桿	四八桿	一〇〇桿	
十五斤盤秤	二八〇桿	八〇桿	二〇〇桿	二〇〇桿		
合計	一九三八桿	四五〇桿	一四八八桿	九八八桿	五〇〇桿	

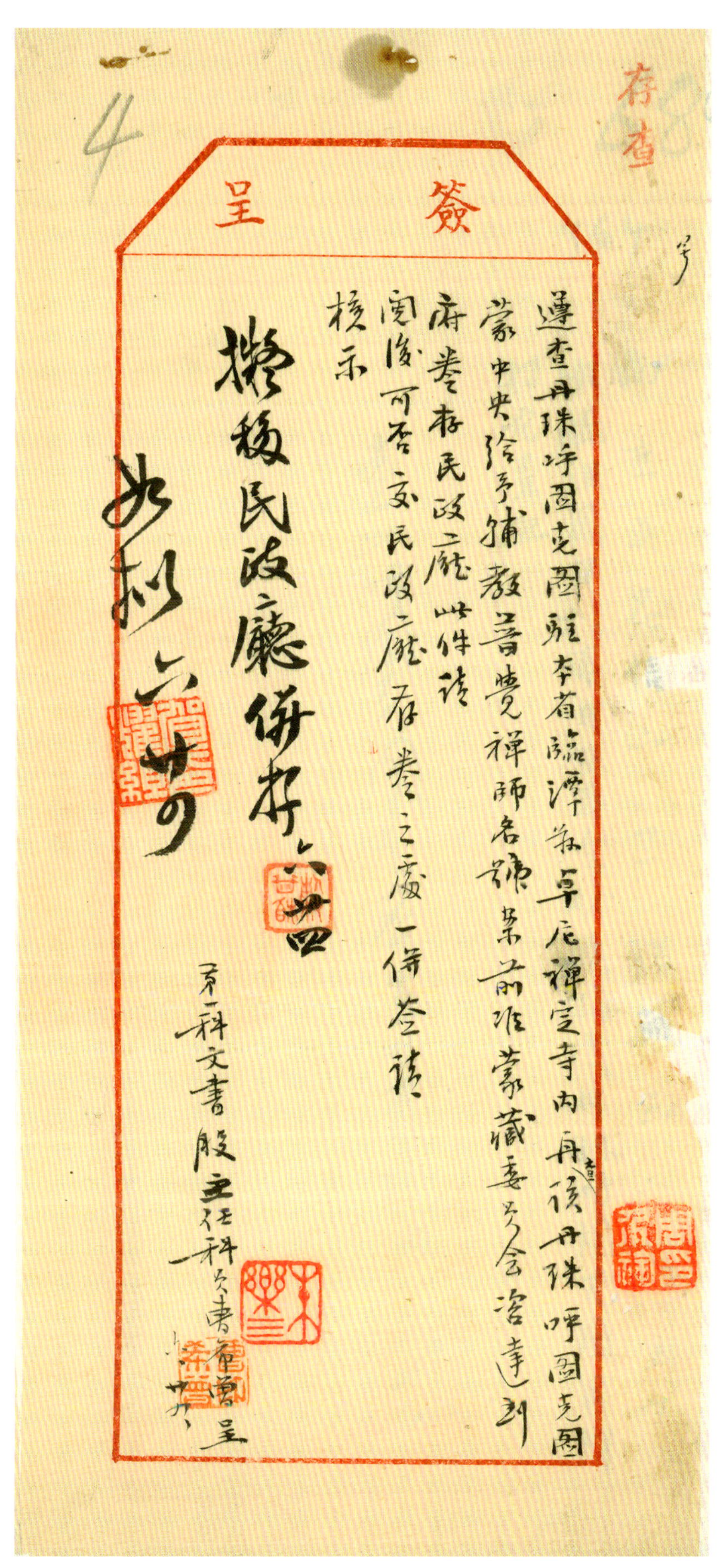

存查

簽呈

遵查丹珠呼图克图駐本省臨潭縣卓尼禪定寺内查丹珠呼图克图蒙中央給予輔教普覺禪師名號案前准蒙藏委員会咨達到府卷存民政廳此件請閲後可否交民政廳存卷之處一併签請核示

擬移民政廳併存 六.廿四

如擬 六.廿四

第一科文書股主任
一科文書
呈 六.廿六

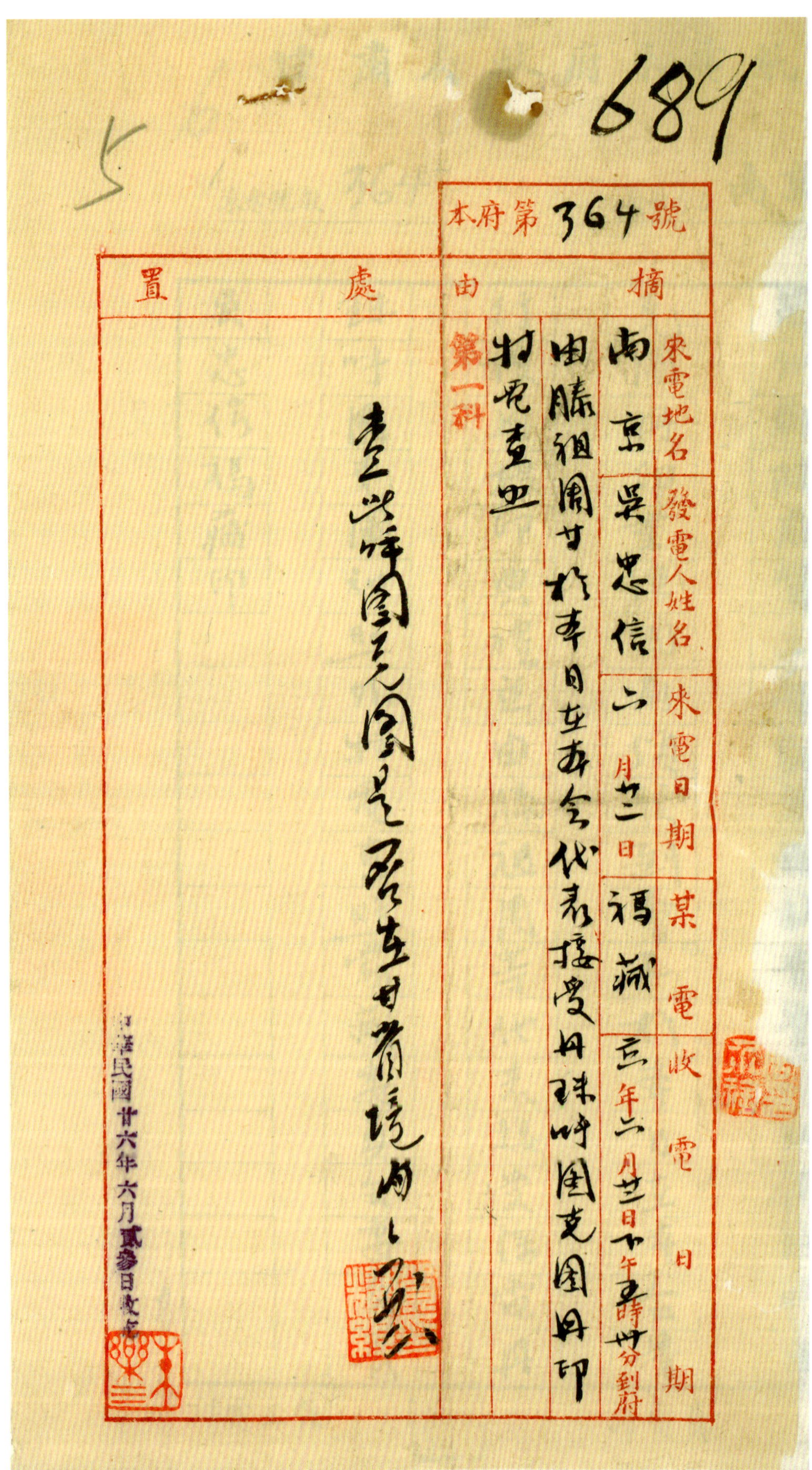

5 689

本府第364號

摘	由	處	置
來電地名	南京		
發電人姓名	吳忠信		
來電日期	六月廿二日		
某電	禡藏		
收電日期	廿六年六月廿三日下午五時卅分到府		
	由滕祖周廿於本日在本會代表接受丹珠呼圖克圖丹印		
	請電查照		
	第一科		

查此呼圖克圖是否在甘肅境内之……

中華民國廿六年六月貳參日收文

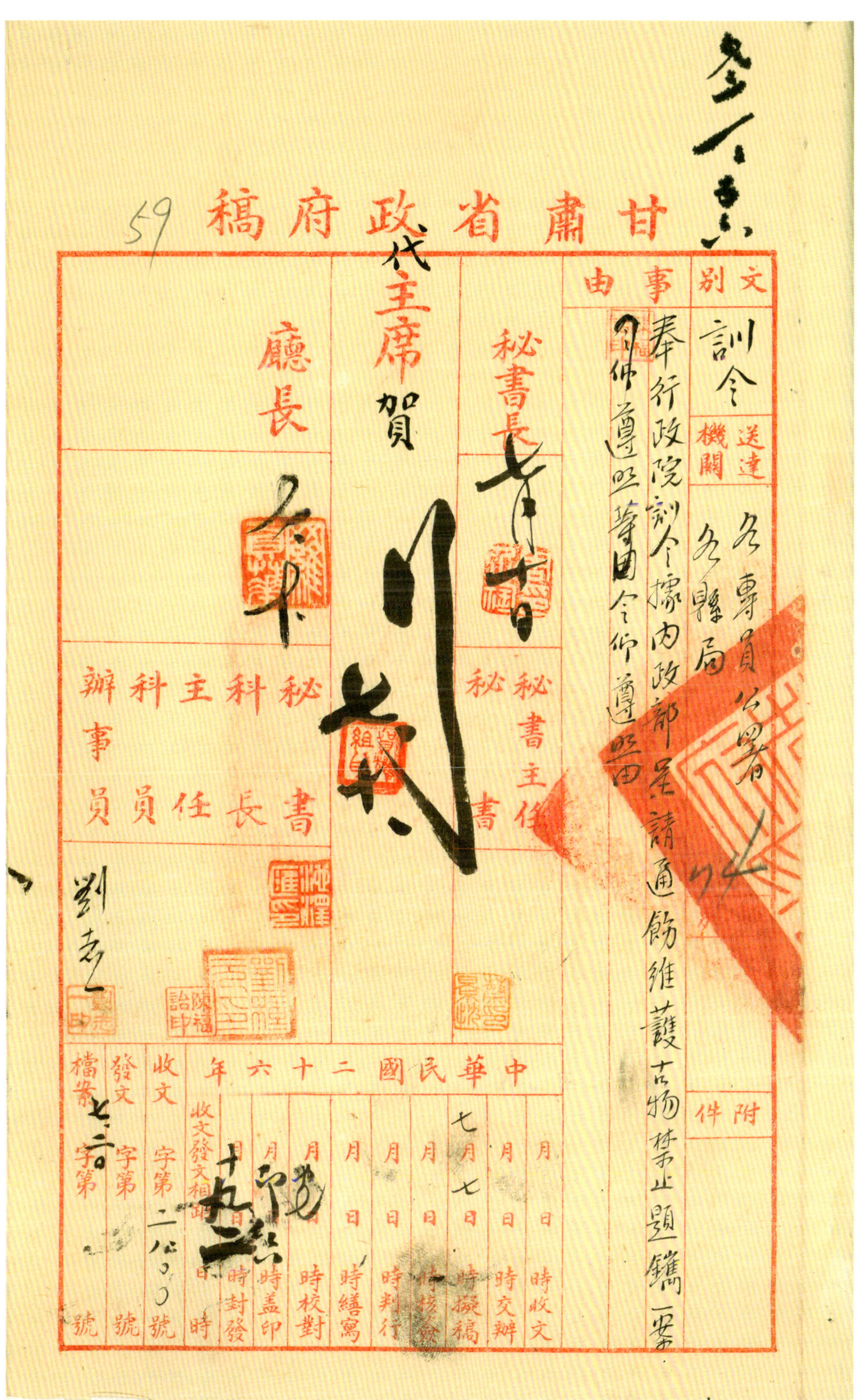
甘肅省政府稿

59

文別	訓令
送達機關	各專員公署、各縣局
事由	奉行政院訓令據內政部呈請通飭維護古物禁止題鐫一案，令仰遵照由
附件	

代主席 賀

秘書長

廳長

秘書 秘書主任 科長 主任科員 辦事員

中華民國二十六年 七月七日

收文、發文、檔案 字第 號

11-2

派下鸿峯亮本府秘书处第二科玄

啓科覆

五卅二

民國廿八年五月廿二日　時到科

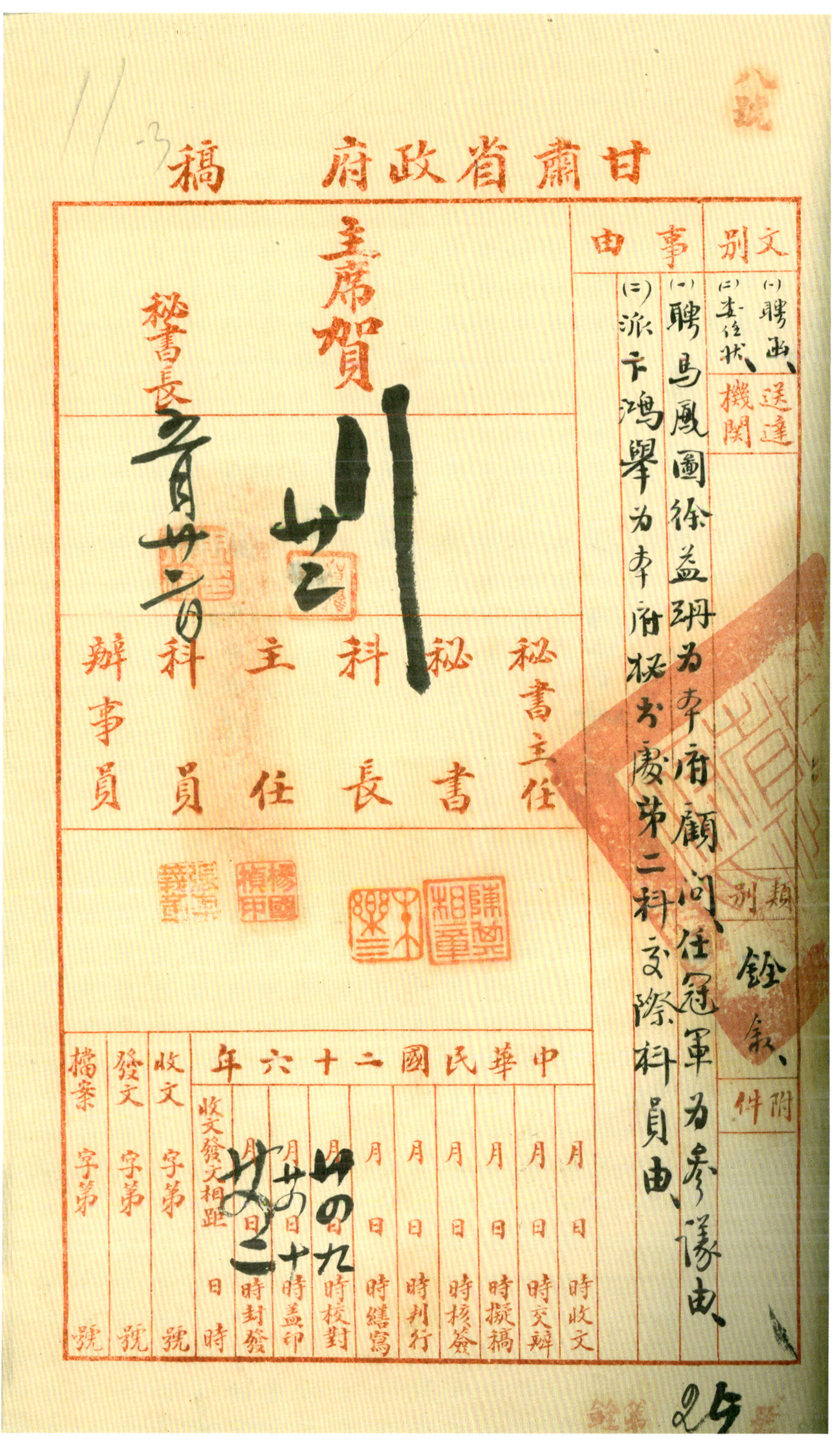

八號

甘肅省政府稿

文別	(一)聘函、(二)委任狀、
送達機關	
事由	(一)聘馬鳳圖徐益珊為本府顧問、任冠軍為參議由、(二)派卞鴻舉為本府秘書處第二科交際科員由、
類別	銓叙、
附件	

主席賀

秘書長 肯 廿二日

秘書主任　秘書長　科長　主任科員　辦事員

中華民國二十六年

收文	交辦	擬稿	核簽	判行	繕寫	校對	蓋印	封發	收文發文相距
月日時	月日時	月日時	月日時	月日時	月日時	廿四月九日時	廿五月十日時	廿五月二日時	日時

收文字第　號　發文字第　號　檔案字第　號

銓第　號

25

聘黃文中為本府參議顧問

主席

民國卅六年五月廿日

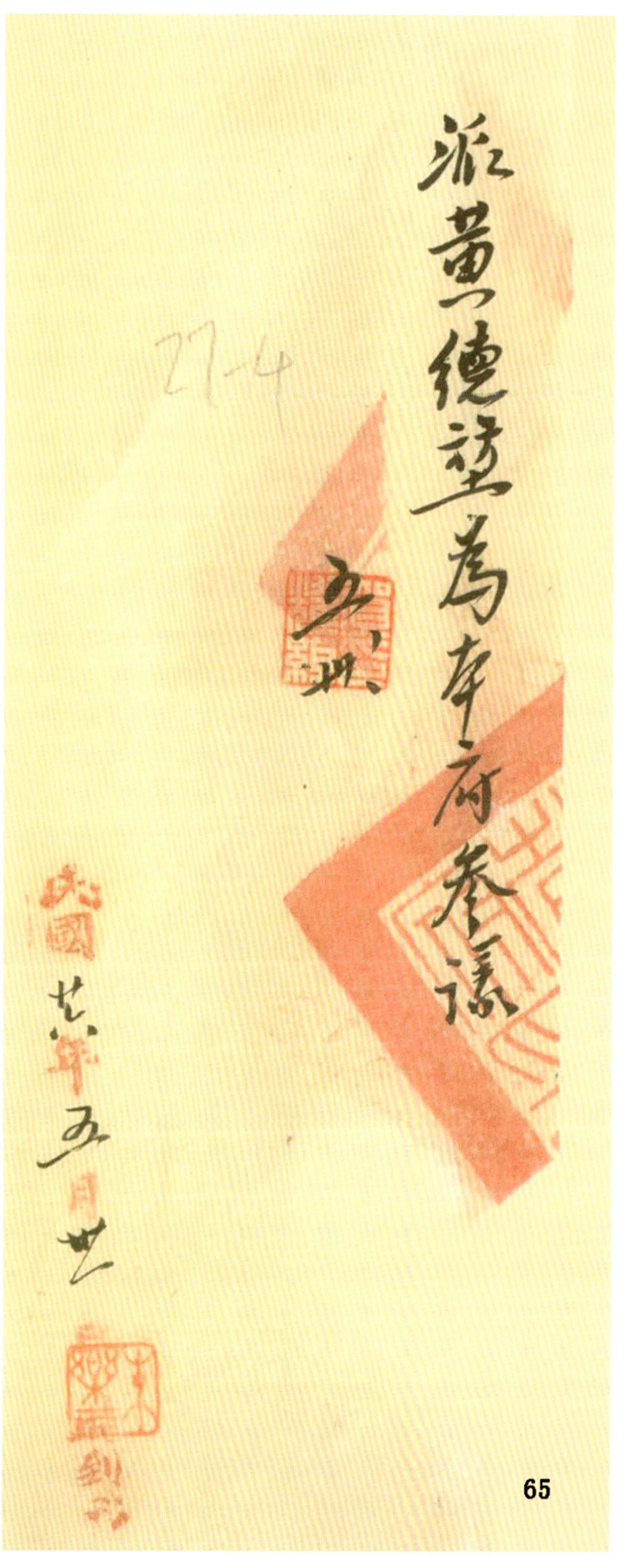

65

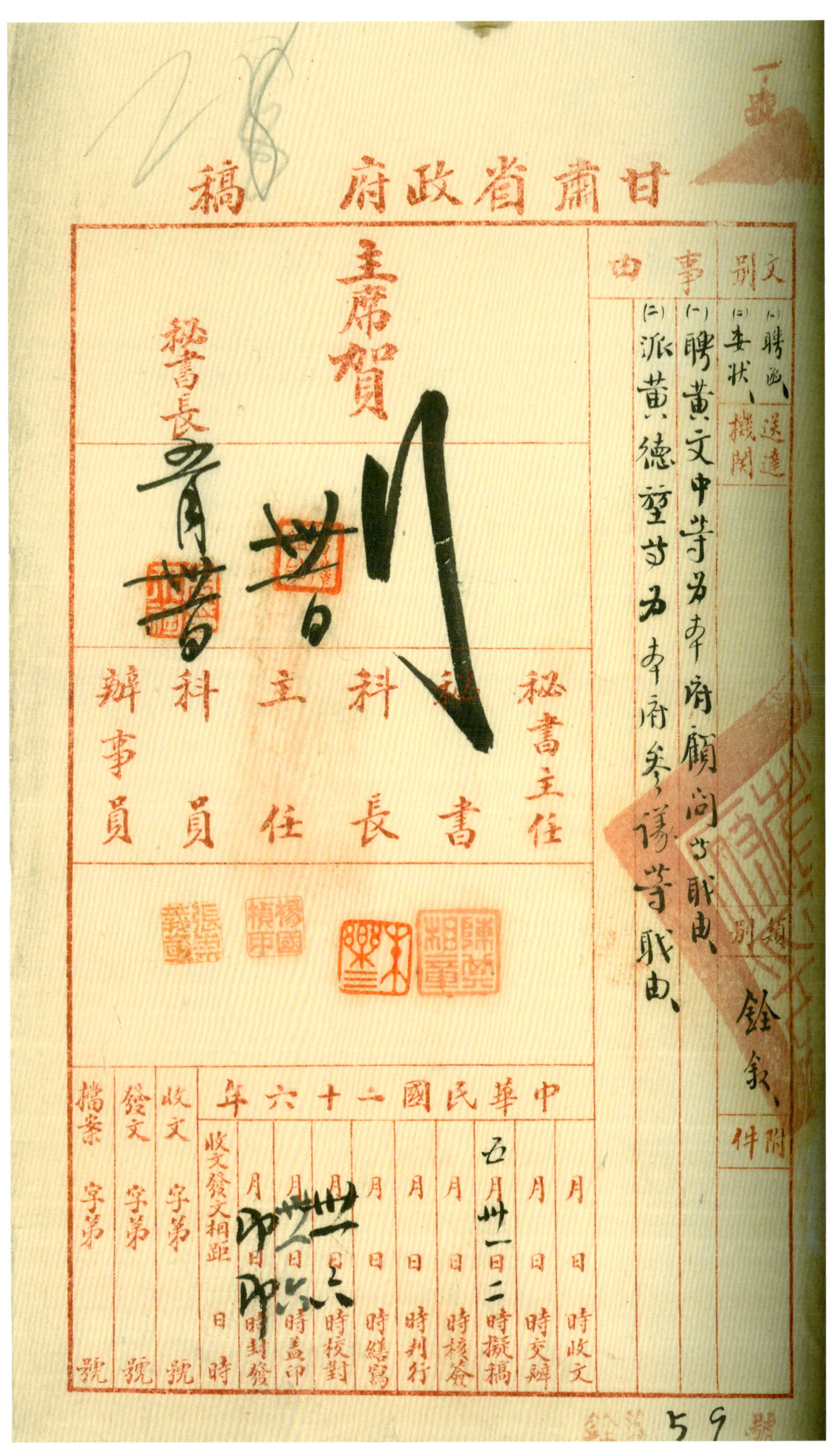

甘肅省政府稿

文別：(一)聘函、(二)委狀、　送達：機關

事由：(一)聘黃文中等爲本府顧問等職由、(二)派黃德懿等爲本府參議等職由、

類別：銓敘、

附件

主席賀

秘書長

秘書主任

科長

主任

科員

辦事員

中華民國二十六年

五月卅一日二時擬稿

月日時收文　月日時交辦　月日時核簽　月日時判行　月日時繕寫　月日時校對　月日時蓋印　月日時封發

收文發文相距　日　時

收文　字第　號

發文　字第　號

檔案　字第　號

銓第59號

杨集瀛（1888—1968年），字晓舟，甘肃天水人。北洋大学法律科毕业。历任天水省立第三中学校长、甘肃公立法政专门学校校长、兰州中山大学教务长、甘肃省党部代理书记长、甘肃民国日报社社长、甘肃省政府社会处处长、立法院立法委员等职。1953年为甘肃省文史研究馆馆员。本书收录杨集瀛手迹1件：关于将欠薪捐于石佛镇小学给甘肃学院朱镜堂的函。

鏡堂總務長台兄大鑒：逕啟者，弟於今年八月間

將甘院積欠弟之薪水悉數捐於敝縣石佛鎮小學校，由

該小學按月備據託人向甘院直接領取，由弟當函請院長允

許，另由該小學據弟捐函呈向甘院接洽，此函及呈于八月底

九月初付郵，當時郵路阻塞，普函悉被截，祕書

據云未接，即函該小學再為呈請，另由弟再函院長請求

允許。呈內所具之實及所標日期均係八月間原事，原日理應更正，惟再函呈

允許往返須延長一月，務求台端就代收，只以差人遞院，弟之函亦因其遲端

關係，仍用舊

語舊日

即祈

貴神疏通准予照辦，實爲公感。惟原函及呈文內有至本年九月以後應由薪水歸該小校領取之語，現在九十兩月已屆過去，且該兩月應由之數業已發交 舍下 領用矣。應請手批示時說明此二個月已發之數由 弟 向該小學自行清理，准由十一月起每月由該校備據向院領用，至領清爲止。弟 處日出外，此款若仍由 知 領取，必零星浪費，養成 舍下 受累。手諭小學伙益處，爲此專懇。即請

手第指款之處反不致浪費徹

大安

該校領紙應一月一張，方爲合理。查呈文內數月合爲一張，應改

通融更好，否則只可退回更正，一切當照此之了

弟 楊森 頓首 十一月三日

朱铭心（1895—1974年），字镜堂，甘肃靖远人。北京师范大学教育系研究生。任教于北师大附中。1932年任甘肃学院事务长兼教员。1937年4月至次年2月任甘肃学院院长。后任西北训练团教官、粮食部专员、西安直接税总局副局长等职。1950年任兰州大学总务长。后任甘肃省检察委员会委员、政协甘肃省委员会委员等职。本书收录1937年甘肃学院院长朱铭心手迹5件：聘祝堂拟任甘肃学院教育系教授兼主任的聘请信、致高抱诚信、苏振甲辞职由王景槐代理训育主任的谕条、代理训育主任常荫集调任省署科长准其辞职的谕条、致安亭志信。

87

祝堂兄：

好久未通音訊，甚以為念，現況該好吧！

弟以菲才，謬長甘院，殊覺不安！。吾

兄如能時賜 教言，則感甚焉！。

敝院 教育系教授兼主任一席擬於本年七

月一號起請吾

兄担任，其條件：

(1)職務：(a)主持計劃該系訓育及課程

可告明：實際上——現在並無十二小時。請他來時再說，至少總可再減二小時。

川資可增至200元。飛機票因時間關係，請他自己去買。六月十日增批

(1)至少要教十二小時書。

(2)待遇：(a)月薪共280元——雖然為數太少，但在我省特殊情況之下，還是最高待遇，因院長薪俸僅貳百元——以十二月計算。(b)來蘭川資200元。

兄若惠然肯來，則請及早布置，並速通知弟，以便早下聘請書並籌滙川資。想吾兄關懷桑梓，見義勇為，當能慨諾！如萬

一不肯屈就，亦請早日賜覆，以便早爲補救之法，因道遠，稍延，則爲蔣向所不許也！即祝

台祺！

弟銘心拜請 五，廿。

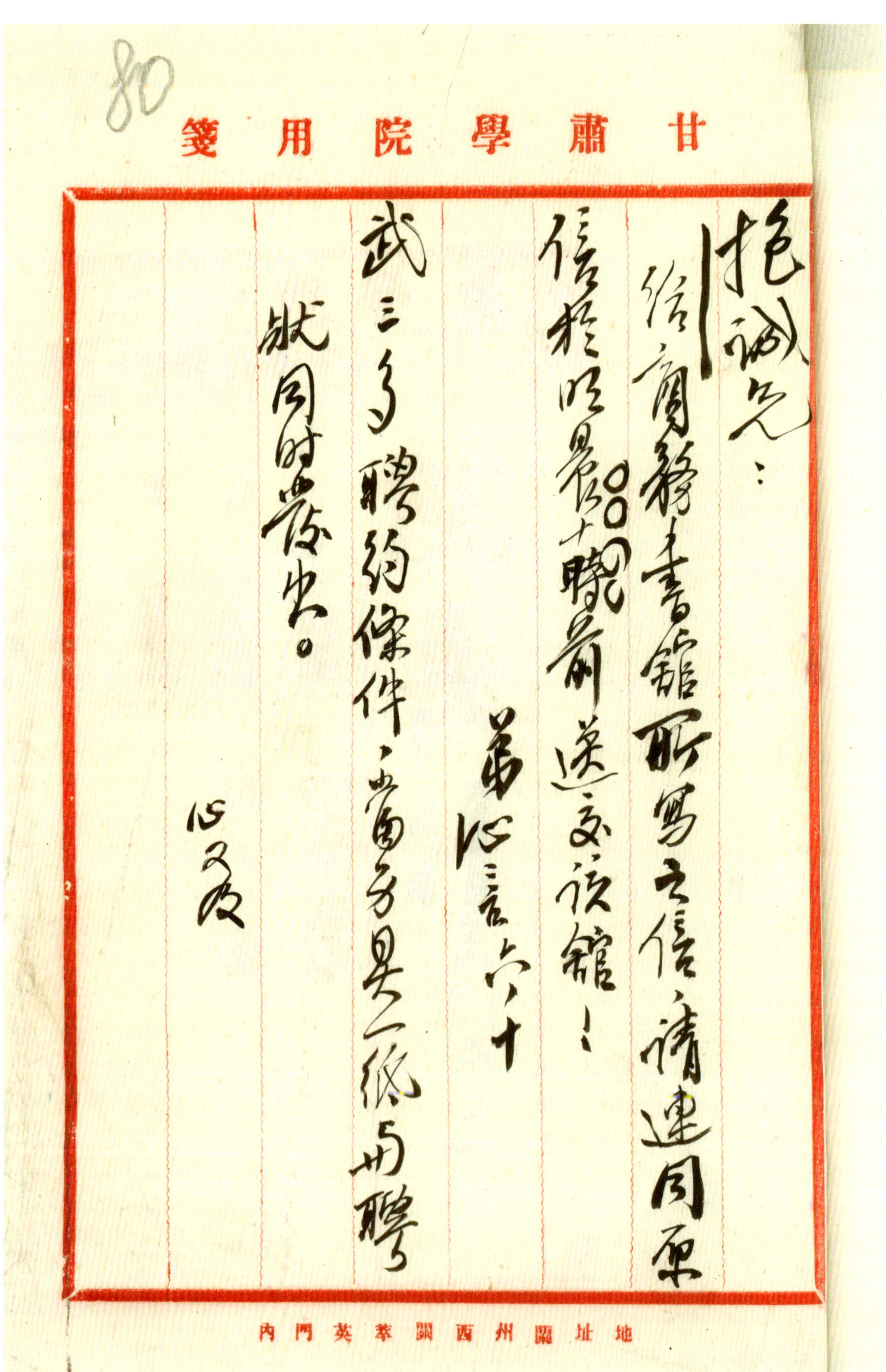

甘肅學院用箋

艳誠兄：

給商務書館所寫之信，請速用原信稿照最近十號前送交該館。

弟心言 六、十

武三多聘約條件，當另具一紙與冊聘狀同時發出。

心又及

地址蘭州西關萃英門內

甘院院長喻條

手喻	院長姓名	使用時間
代理訓育主任蘇振甲因事忙不能兼顧，面請辭職，應予照准。遺缺暫請王景槐先生兼代，不另支薪。請即牌示，並通知各處。此致 秘書室	朱銘心（印）啓	中華民國二十六年十月七日

95

甘院院長喻條

手喻	院長姓名	使用時間
省府秘書處函奉主席諭：主席函調本院代理訓育員常蔭集先生為建設廳第三科科長，原有職務不能兼顧，貴院應准予常氏辭職。至原任課程，仍特請常代兼任。現常氏已辭代理訓育員職務，應照准。速擬示。此致秘書室。	朱銘心（印）啓	中華民國二十六年十月七日

心史吾兄足下：

楊宗宜女士，無若何嗜治背景，曾在前社教學院圖書館學系畢業，且已實際服務於圖書館，臺灣大學需要此類人才，請予錄用為禱。專致

敬禮

弟朱家驊書 十二、十六

委派為館員，月薪壹伯叁拾元，附楊君履歷一紙

十二、十四 楊仁

1938年

王自治（1890—1965年），字立轩，甘肃宁县人。北京大学毕业。历任平凉一中校长、陕西省泾阳县县长、甘肃省教育厅科长、上海难民收容所主任等。1938年至1940年任甘肃学院院长。后任甘肃省水利局副局长等。1953年任甘肃省文史研究馆副馆长。本书收录王自治手迹7件：1938年延聘顾颉刚为甘肃学院特约讲座的延聘状存根，延聘邓春膏、周戒沉、郭维屏、赵元贞、宋子安为甘肃学院教授的延聘状，延聘李恭为甘肃学院高中部教员的延聘状，函聘杨永年为甘肃学院医科特约讲座的聘任状，延聘赵石萍为甘肃学院教育系教授、张雪宾为讲师的延聘状，延聘蒋镇、慕寿祺为甘肃学院文史系讲师，陈光世为教育系讲师，岑士龙为高中部教员的延聘状，延聘杨向奎为甘肃学院文史系讲师的延聘状。

特字第壹號

存根

甘肅省立甘肅學院延聘狀 特字第壹號

茲延聘

顧頡剛先生為本院特約講座此狀

院長王自治

中華民國二十七年二月六日

46

延聘：

鄭春膏先生為本院教育系教授

周戒沉先生為本院教育系教授

郭維屏先生為本院教育系教授

趙元貞先生為本院教育系教授

宋子安先生為本院教育系教授

講師

三月五日

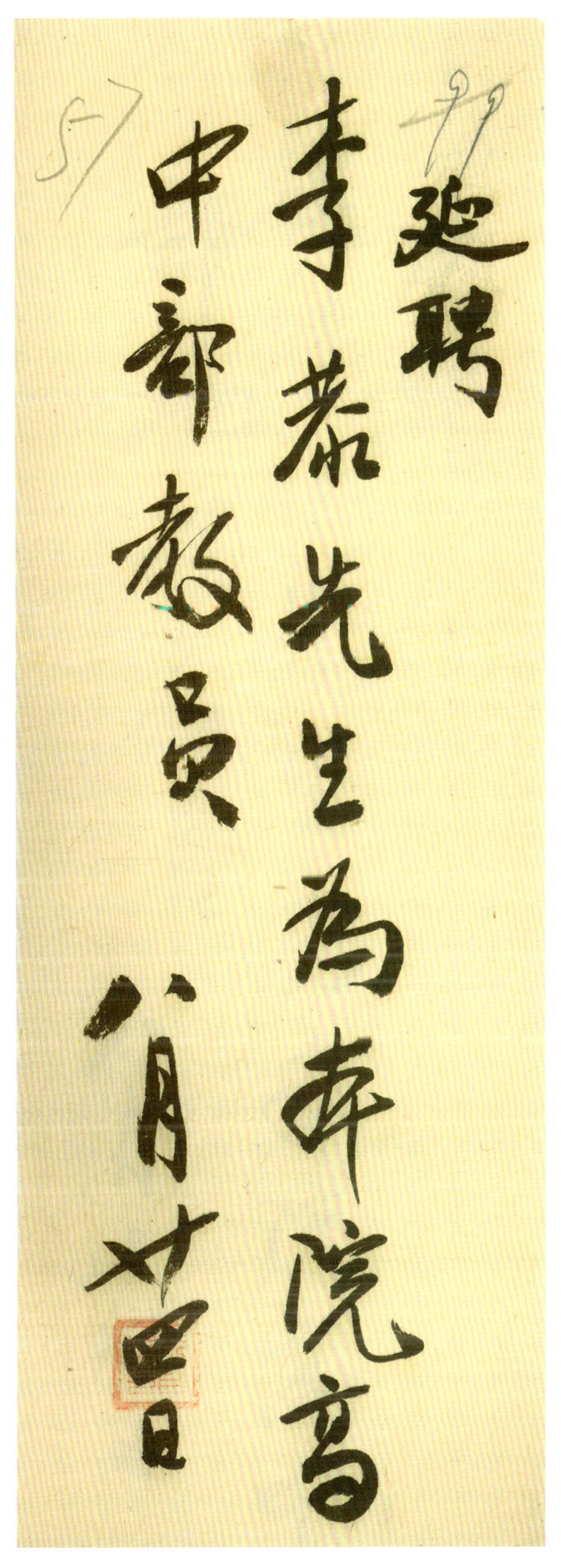

延聘
李恭先生為本院高
中部教員
八月廿四日

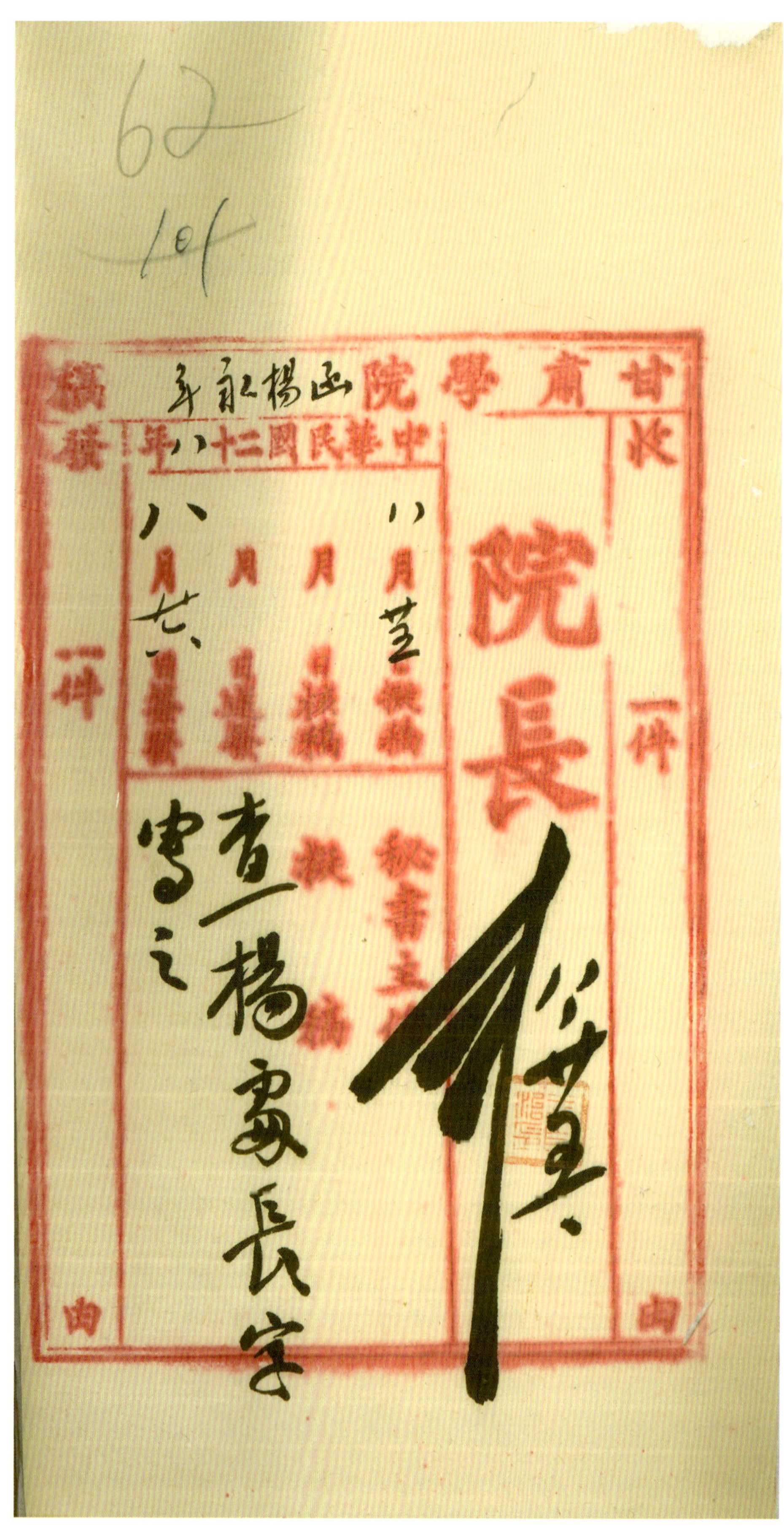

62

101

甘肅學院 函楊永年

收 院長 一件 由

中華民國二十八年

八月廿日收稿 八月 日擬稿 八月 日繕發 八月廿六日發

秘書主任 擬稿

查楊處長字雪之

發 一件 由

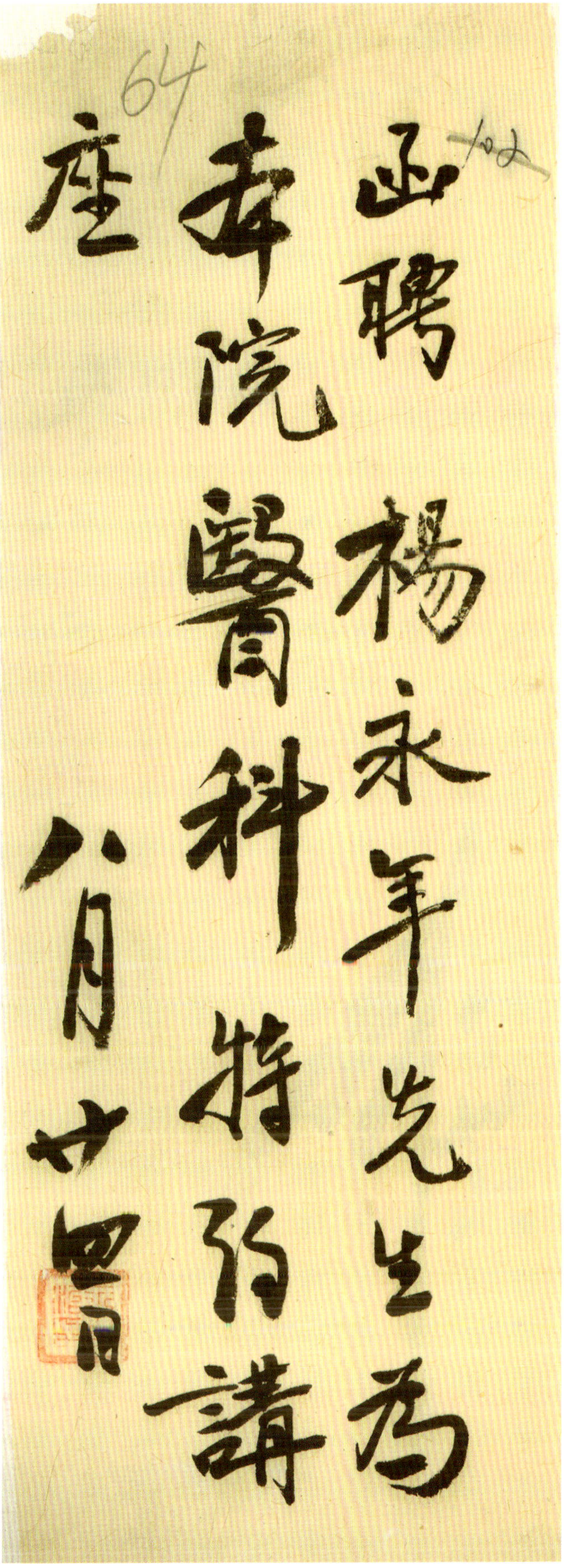

函聘 楊永年先生為
本院醫科特約講
座
八月廿四日

茲延聘

趙石萍先生為本院教育系教

授

張雪賓先生為本院講師

三六、

延聘：

蔣鎮先生為本院文史系講師

慕壽祺先生為本院文史系講師

陈光世先生為本院教育系講師

岑士龍先生為本院高中部教員

三月廿六日

延聘
楊向奎先生為本院文史系
講師
40
五月九日

陈体诚（1896—1942年），字子博，福建闽侯人。美国加基钢铁学院桥梁工程专业毕业。历任闽江工程局、京汉铁路局工程师。参与津浦铁路黄河大桥修建工程。后任北京大学教授、浙江省公路局总工程师、全国经济委员会公路处处长等职。1938年任甘肃建设厅厅长。本书收录1938年甘肃省建设厅厅长陈体诚手迹2件：关于农业改进所所长、副所长人选安排给甘肃省政府主席朱绍良的签呈，建议由农业改进所副所长杨著诚兼代所长给朱绍良的签呈。

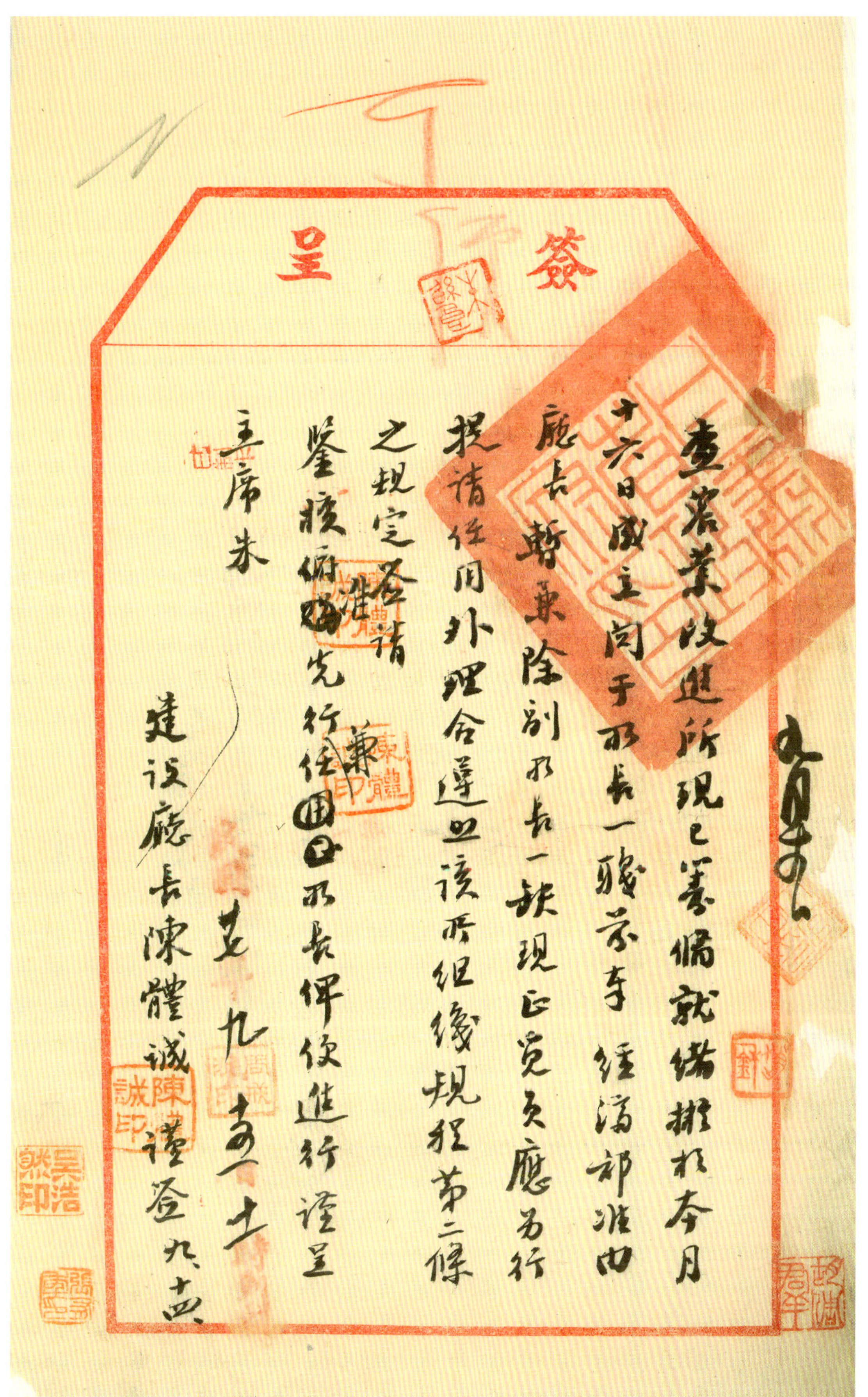

签呈

查农业改进所现已筹备就绪拟于本月十六日成立关于所长一职前奉经济部准由厅长暂兼除别所长一缺现正觅员应另行提请任用外理合遵照该所组织规程第二条之规定签请鉴核俯赐先行任用所长俾便进行 谨呈

主席朱

建设厅长陈体诚谨签 九、十四

廿九 九 十五

准

兼

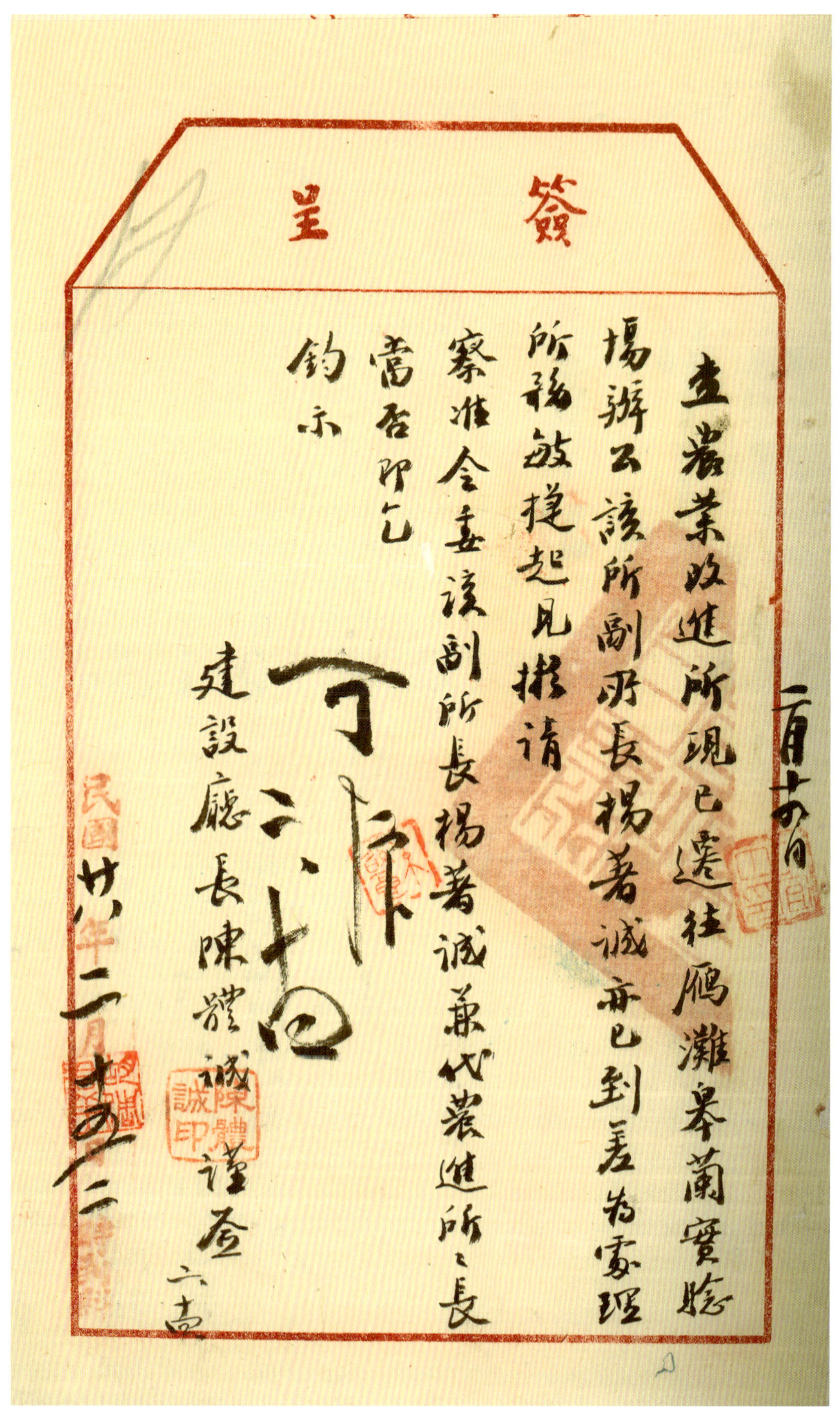

簽呈

查農業改進所現已遷往雁灘畢蘭實驗場辦公，該所副所長楊著誠亦已到差，為處理所務敏捷起見，擬請
鈞察准令委該副所長楊著誠兼代農業改進所所長，
當否，即乞
鈞示

二月廿五日

可

二、十四

建設廳長陳體誠謹簽

陳體誠印

民國廿八年二月廿五

1940年

苏振甲（1900—1970年），字鼎三，甘肃靖远人。北平中国大学西洋文学系肄业。历任省党部执行委员兼宣传部部长、甘肃民国日报社社长、甘肃学院事务主任、西北技艺专科学校秘书兼教员、甘肃省临时参议会参议员、国民党参政会参政员、立法院立法委员等。1951年任民革兰州市主任委员等。本书收录苏振甲手迹3件：因当选国民参政会参政员而不能兼顾省参议员呈报议长张维准予辞职的辞呈，自具履历，苏振甲收到省临时参议会公函两件、政状两件的收条。

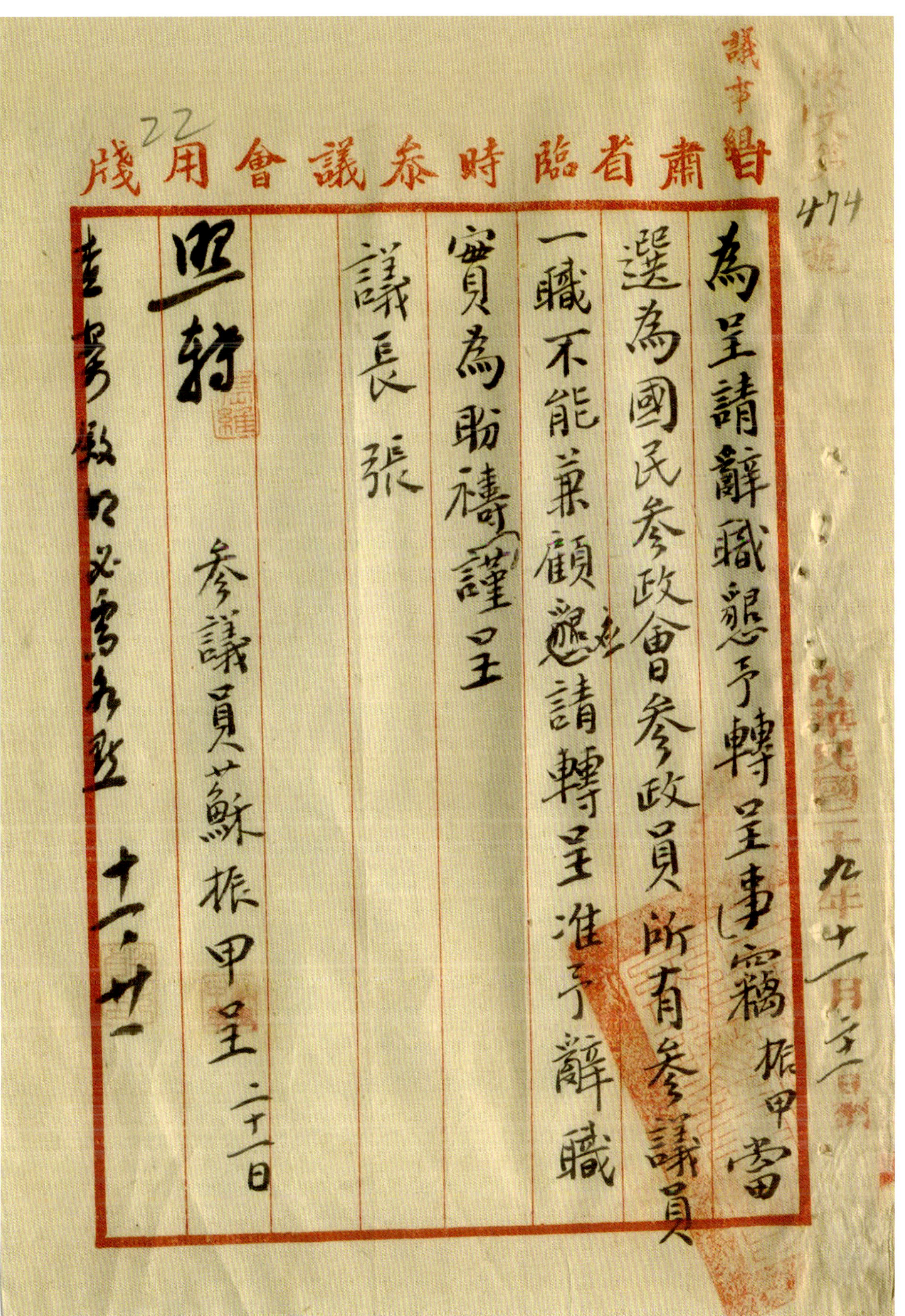

議事
甘肅省臨時參議會用箋

為呈請辭職懇予轉呈事。竊振甲當選為國民參政會參政員，所有參議員一職不能兼顧，懇請轉呈准予辭職，實為盼禱。謹呈

議長 張

參議員蘇振甲呈 二十一日

照轉

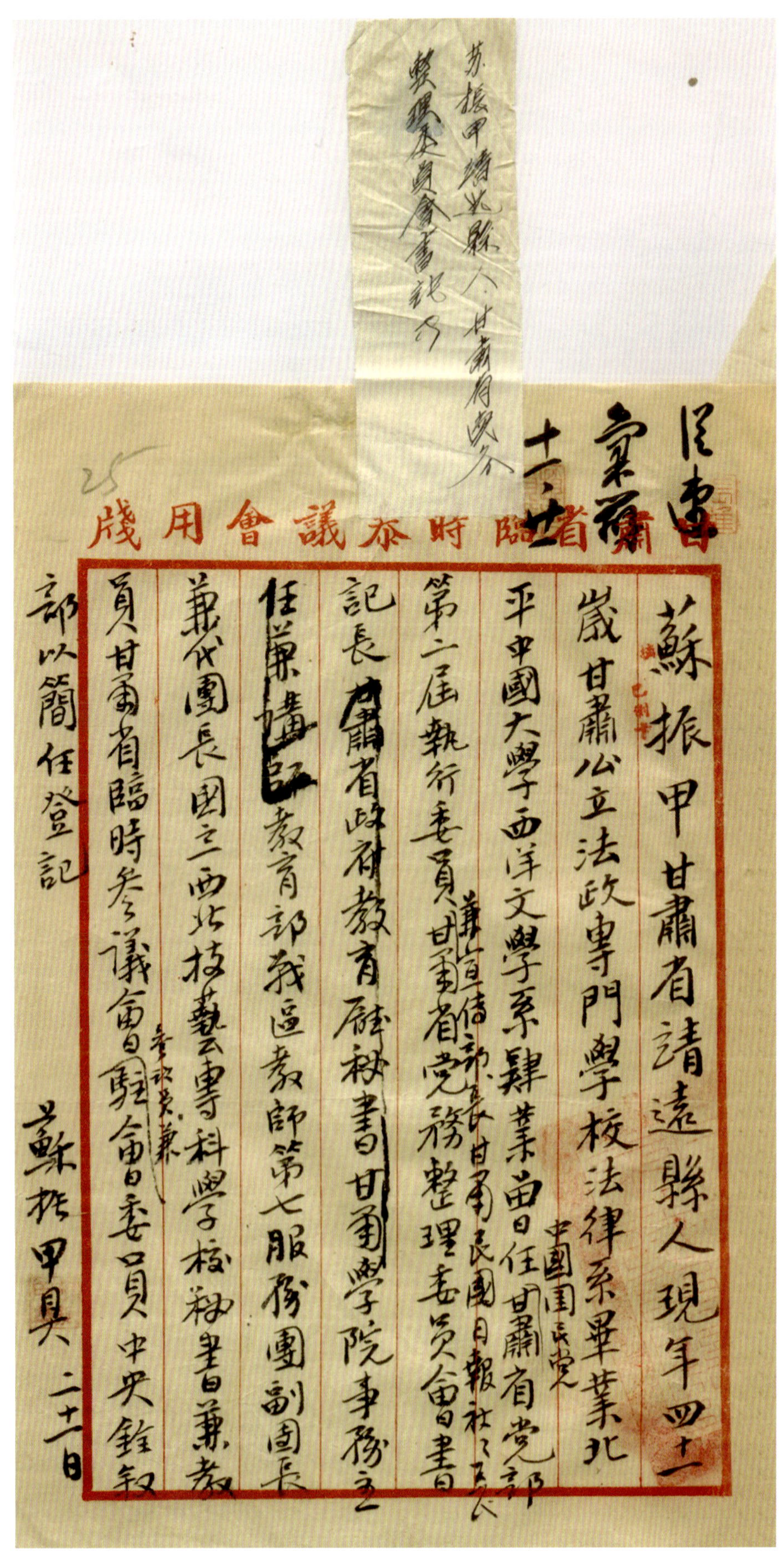

蘇振甲 靖遠縣人 甘肅省政府參議
甘肅臨參會書記長

呈悉
案存
十一、廿一

甘肅省臨時參議會用箋

蘇振甲 甘肅省靖遠縣人 現年四十一歲 甘肅公立法政專門學校法律系畢業 北平中國大學西洋文學系肄業 曾任甘肅省黨部（中國國民黨）第二屆執行委員（兼宣傳部長、甘肅民國日報社社長） 甘肅省黨務整理委員會書記長 甘肅省政府教育廳秘書 甘肅學院事務主任兼講師 教育部戰區教師第七服務團副團長兼代團長 國立西北技藝專科學校秘書兼教員 甘肅省臨時參議會（參議員兼）駐會委員 中央銓敘部以簡任登記

蘇振甲具 二十一日

25

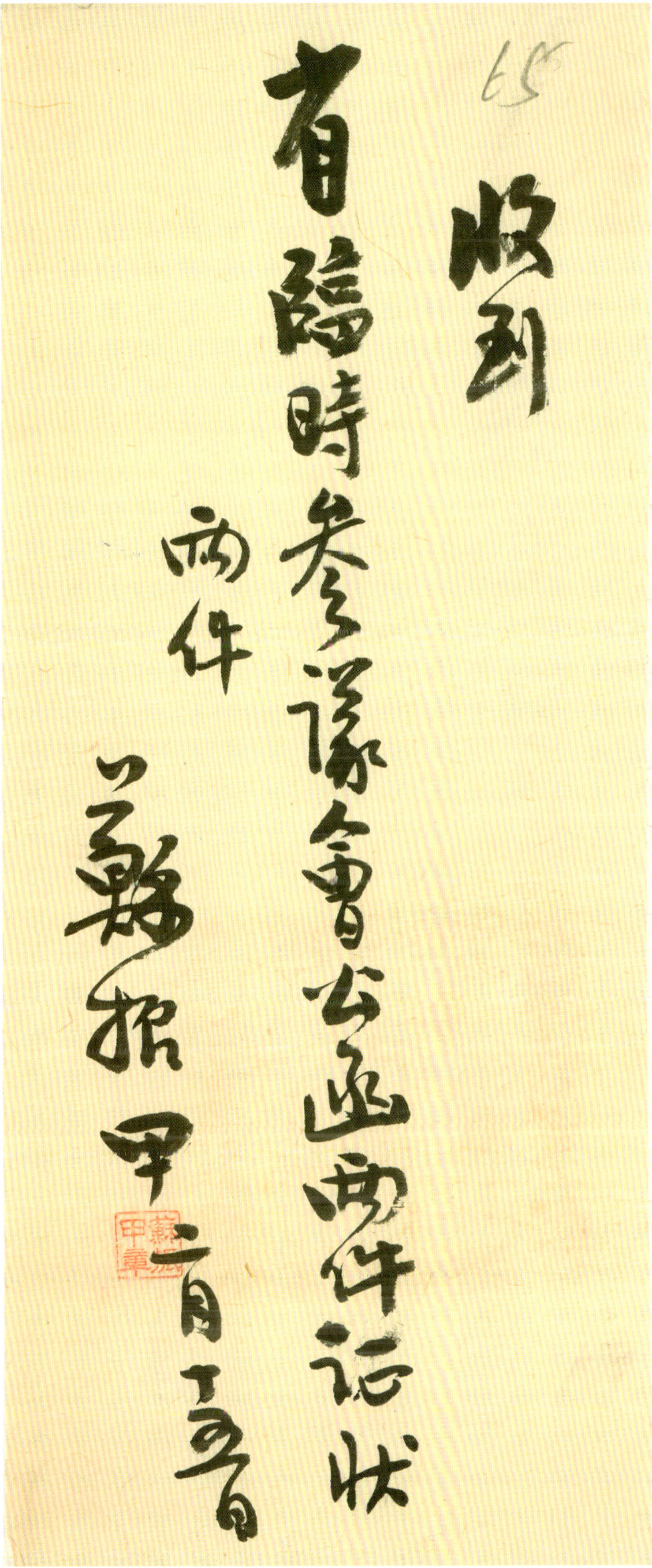

收到
省臨時參議會公函兩件訴狀
兩件
口蘇振甲 二月十五日
蘇振甲章

王新令（1904—1965 年）字鼎若，号楚青，甘肃天水人。江苏南通师范毕业。历任新一军秘书长、监察院监察委员、甘宁青监察委员行署主任委员、“国大”代表等职。中华人民共和国成立后，历任民盟甘肃省委员会秘书长、省政协委员等职。本书收录王新令手迹 1 件：致函俊卿，希望俊卿提携成全担任武都地方法院书记官的陈显烈到兰州工作。

俊卿老兄惠鑒 武都地方法院書記官陳顯烈君蘭大畢業青年有為志願深造蘭州環境請益就教比較便利擬懇

惠予提挈成全其志無任感禱 專此

敬請

勛祺

弟 王新令拜啓 十一月廿日

監察院甘寧青區監察委員行署用箋

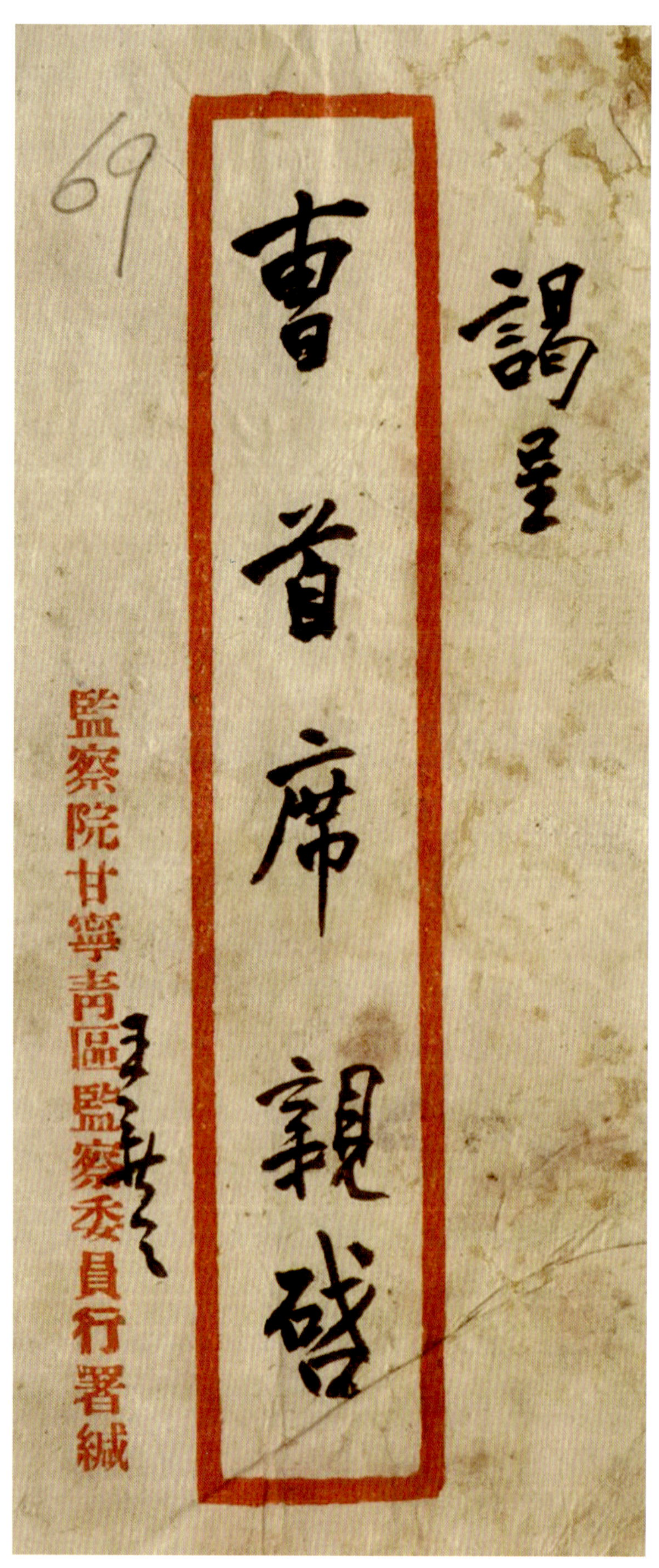

69

謁呈

曹首席親啓

監察院甘寧青區監察委員行署緘

王□□

1941 年

张　维（1890—1950 年），字维之，号鸿汀，甘肃临洮人。甘肃优级师范学堂毕业。宣统拔贡。历任甘肃省议会议长、甘肃省政务厅厅长、甘凉道道尹、甘肃省财政厅厅长、甘肃省图书馆馆长、甘肃通志局协纂、兰州中山大学教授、兰州大学教授、甘肃省党部主任委员等职。著有《陇右金石录》等。本书收录张维手迹 4 件：为广播台葛豫夫夫人因案被押患病，愿具铺保，致甘宁青监察使高一涵的信函；复建设厅厅长张心一，赞成甘肃水利林牧公司聘请技术人员的信函；复甘肃水利林牧公司总经理沈君怡，赞成聘用郭则溉等人的信函；复甘肃水利林牧公司总经理沈君怡，赞成聘用江叔逵为营业部经理的信函。

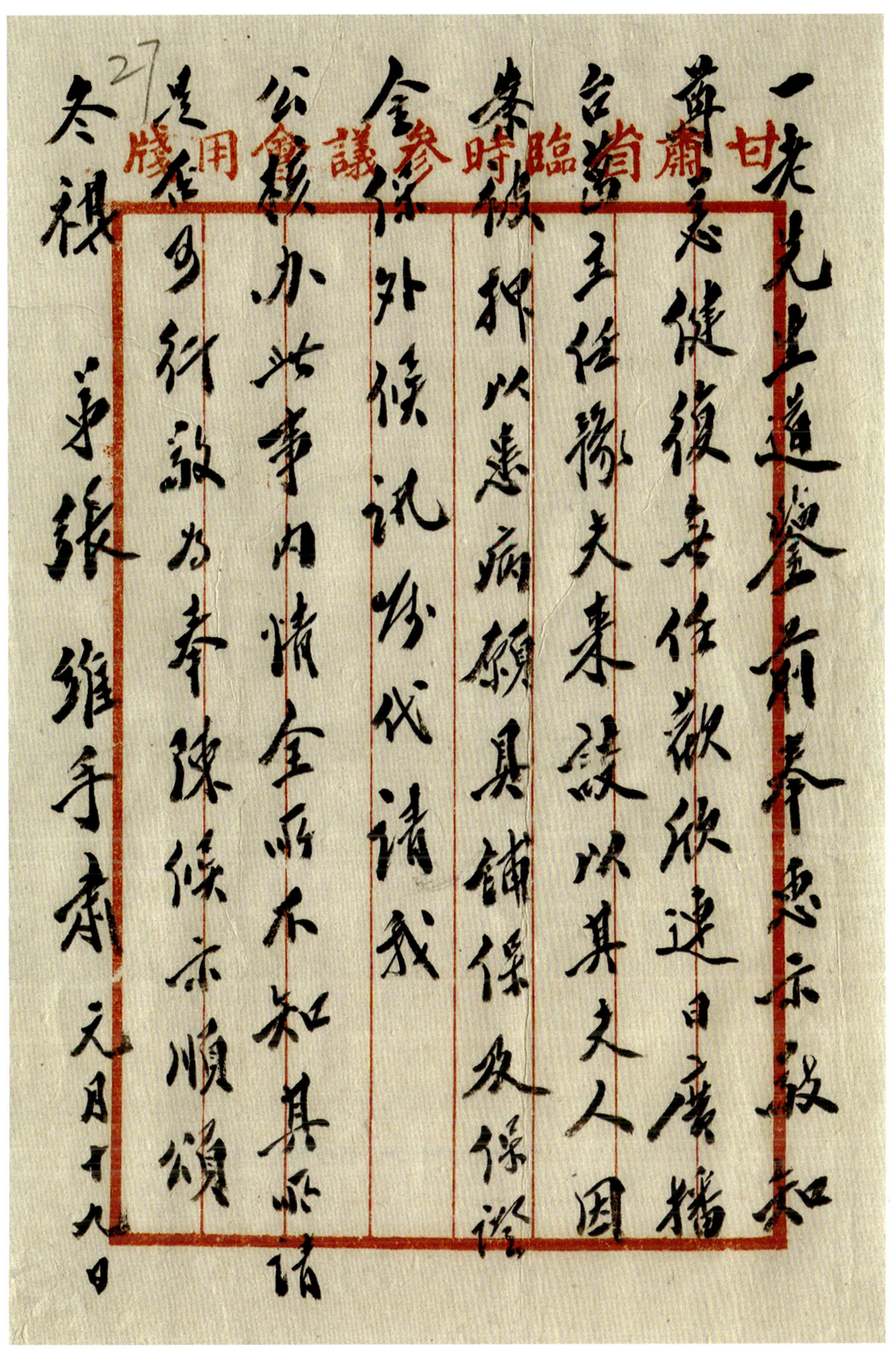

甘肃省临时参议会用笺

一老先生道鉴：前奉惠示，敬知
尊恙健复，安佳欣欣。速日广播
台遣主任豫夫来谈，以其夫人因
案被押，以速病，愿具铺保及保证
金保外候讯，嘱代请我
公核办。此事内情全不知，其所请
是否可行，敬为奉陈，候示。顺颂
冬祺
弟张维手肃 元月十九日

28
即陳
高監察使勛啓
甘肅省臨時參議會緘
張鴻汀

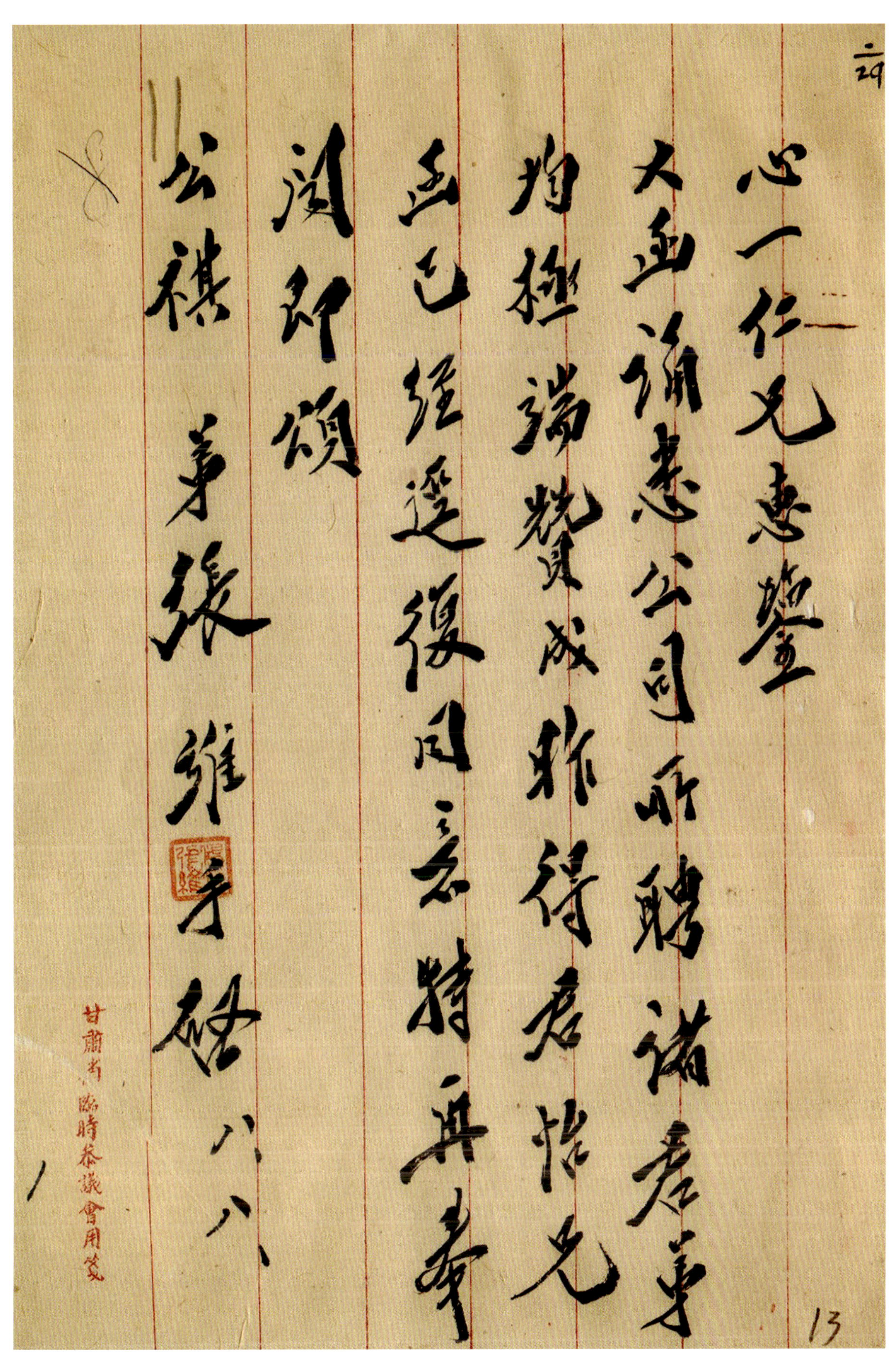

心一仁兄惠鑒
大函誦悉公司所聘諸君弟
均極端贊成非得君皆允
函已經遝復因之特再奉
聞即頌
公祺 弟張維手啓 八 八

甘肅省臨時參議會用箋

君怡仁兄總經理勛鑒：頃奉

大函推荐郭則溉君為本公司協理，提聘

郭協理兼水利部經理，鄧叔群君為森林

部經理，黃異生君為畜牧部經理，周禮君為

水利部總工程師各節，俱敬誦悉。所聘各君

弟均極端贊成，特復

查照。順頌

公綏

弟張維謹啟

八月八日

甘肅省臨時參議會用箋

00005

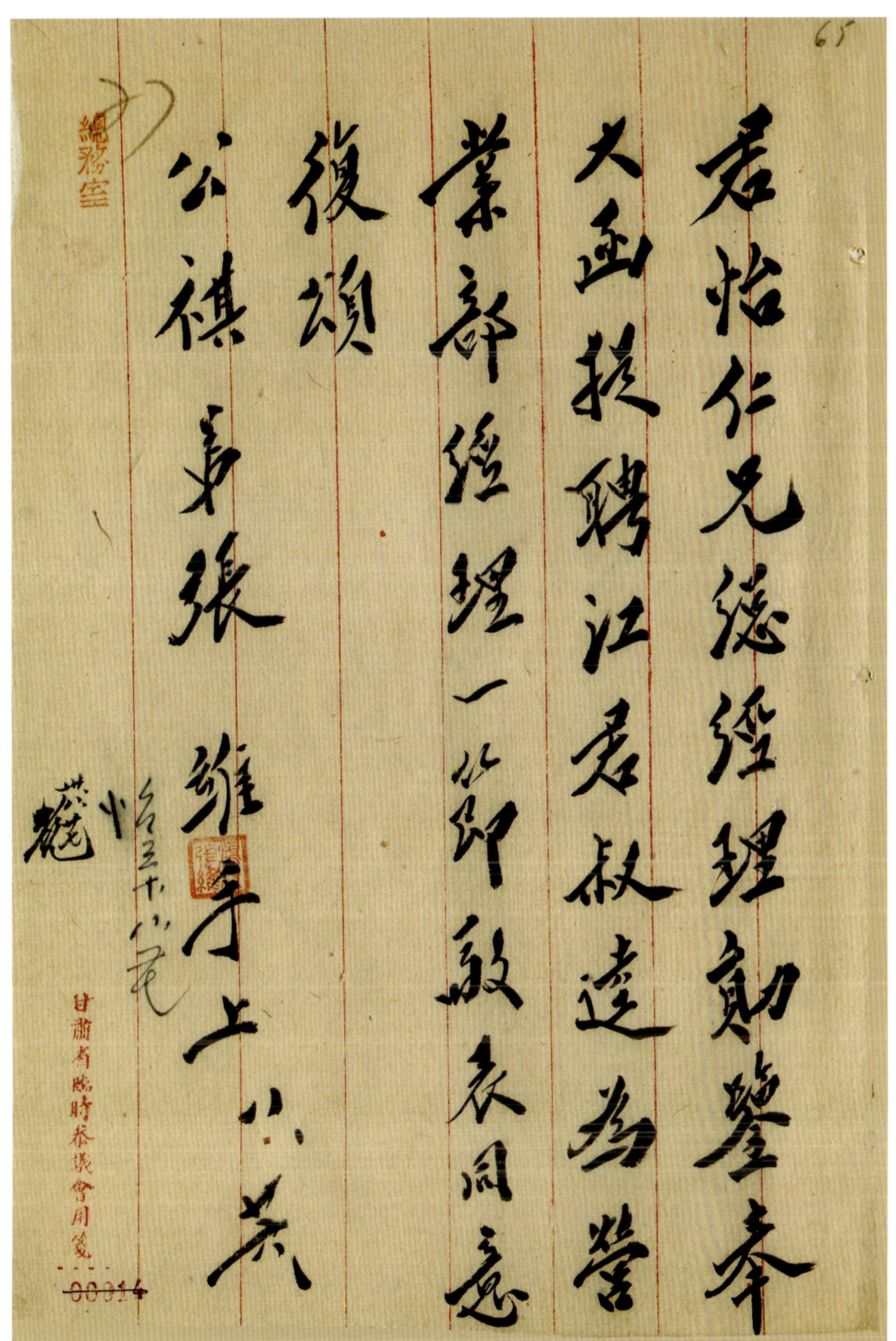
君怡作允總經理勗鑒奉
大函敦聘江君叔遠爲營
業部經理一節即敬表同意
復頌
公祺　弟張維手上　八、八

總務室
甘肅省臨時參議會用箋

沈　怡（1901—1980 年），字君怡，以字行，浙江嘉兴人。德国德累斯顿工业大学工学博士。历任任汉口工务局工程师兼设计科长、上海工务局局长，兼任上海市市中心区域建设委员会主席等职。1946 年 11 月一 1948 年 12 月，调任南京特别市市长，兼任南京市都市计划委员会主任委员。曾当选中国工程师学会会长、中国土木工程学会理事长及中国市政工程学会理事长。1941 年任甘肃水利林牧公司总经理兼董事长。后任行政院水利委员会委员、交通部政务次长，南京特别市市长。1949 年任联合国亚洲远东经委会防洪局局长。后移居美国。著有《黄河年表》等。本书收录沈君怡手迹 2 件：1941 年聘江鸿堉为营业部副经理兼财务室主任的聘任书、1945 年辞去甘肃水利林牧公司董事长的辞职书。

營業部副經理江鴻增先生
財務室兼主任江鴻增先生
與以上諸君除提請董事會
聘任外請先行到職
怡平 六、三十

15

呈阅

甘肃水利林牧公司总管理处收文

来文机关	事由	拟办	决定办法
沈董事居怡	请辞西北林业公司董事长由	主办 会办 存查并提会国[illegible]常务经理梅任 六十一	
文别：函			
附件			

收文三函字2401号

收到日期 34年11月5日

89

11

前承西北林業公司董事會以
謬膺董事長一席適其時服役蘭
州遂勉致馳驅今春移職陪都本
已不遑兼顧比又奉命前赴東北相距
益遠勢難再事負責當已運向董
事會請辭此奉達至希
察照為荷此致
甘肅水利林牧公司

沈怡拜啓 三五 六 五

90

邓叔群（1902—1970年），福建闽侯人。中国科学院学部委员（院士），美国康奈尔大学植物病理学博士。历任中央大学农学院教授、中央研究院动植物研究所研究员。1941年任甘肃水利林牧公司森林部经理。后任中央研究院院士。1950年任东北农学院副院长。后任中国科学院学部委员、中国科学院应用真菌研究所副所长、中国科学院微生物研究所副所长等职。著有《中国高等真菌》等。本书收录邓叔群手迹4件：1941年致甘肃水利林牧公司总经理沈君怡，应张心一聘自重庆赴兰州工作，运送书籍仪器事宜的信函；致沈君怡，为洮河林场雇用铁匠、木匠事宜的信函；致沈君怡，关于拟遣袁义生、姚开元赴天水调查森林资源的信函；致沈君怡、铁梅，关于挽留辞职农政所技佐张保、陈桐芳在甘肃工作的信函。

國立中央研究院動植物研究所

去信　字第　號　第　頁

君怡先生大鑒運輸事仰仗
大力得以順利解決至為欣感弟因心一兄又來
函催行已定於本月十日携眷飛蘭八号當在敝
所專候　敎甫先生書籍儀器等定于十二日由敝所
臧家康及吳顯之兩君押送至渝不誤臧君与
崧齡兄曾已會面故可直接接洽弟並擬介紹
臧君与趙先生面談領教故物件起運時弟当
不在渝當不致發生困難也茲奉上中研院及廿

年　月　日

所址　四川北碚　電報掛號四四九六(究)轉

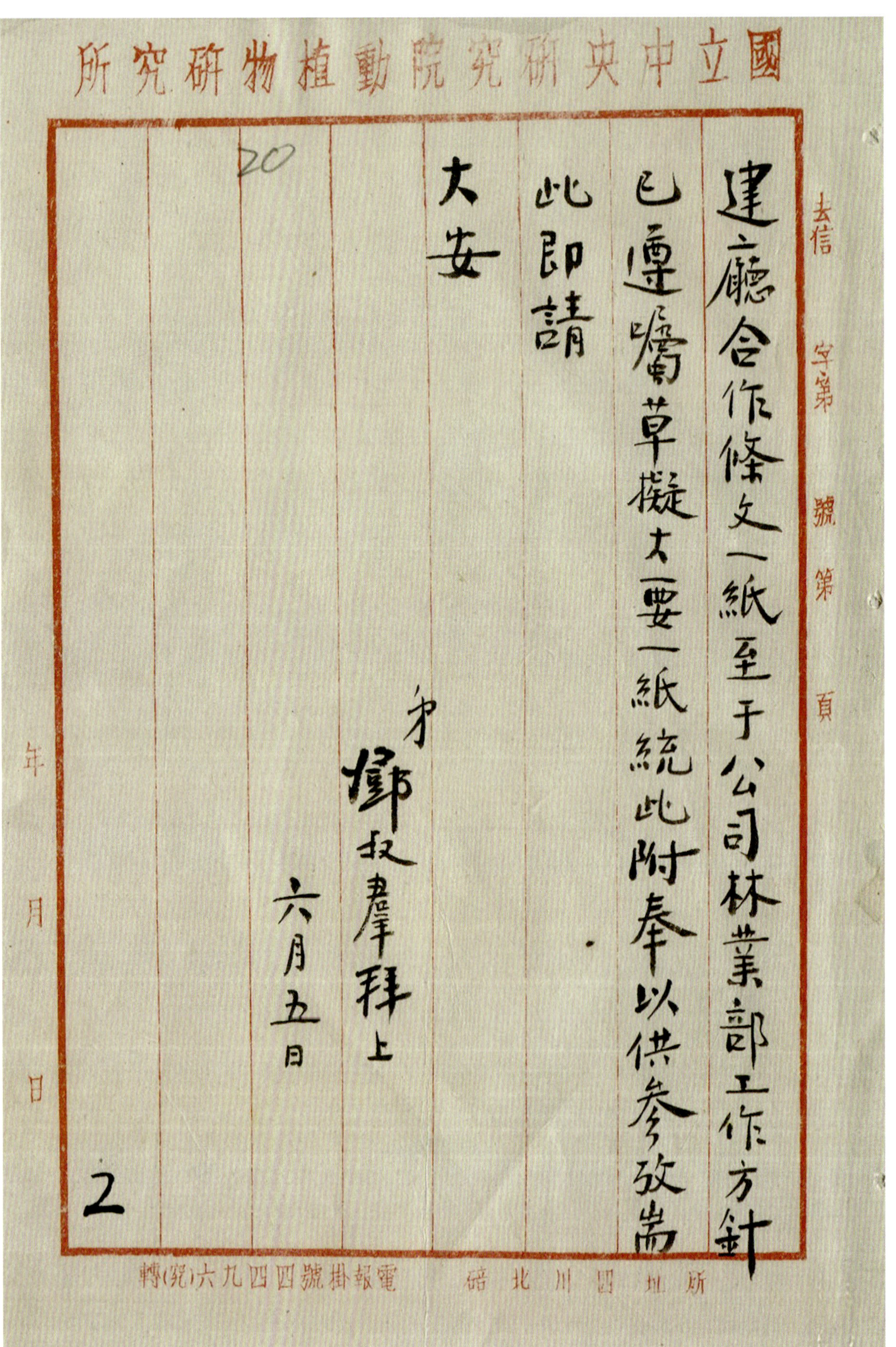

國立中央研究院動植物研究所

去信　字第　號第　頁

建廳合作條文一紙至于公司林業部工作方針

已遵囑草擬大要一紙統此附奉以供參考耑

此即請

大安

弟

鄧叔羣拜上

六月五日

年　月　日

20

2

所址四川北碚　電報掛號四九六(究)轉

26

代擬函件　三十九年　請先生代擬稿

君怡先生大鑒：前奉一電，諒邀

尊鑒。現正在此租房，籌劃並準備赴卓尼，行具一俟

就緒，即刻溯河西上。此時雜務紛繁，而會計庶務

人員迄今尚未找到，前拜託代為介紹，不知結果如何，

甚以為念。近數日在此間探詢，得悉洮河森林甚廣

良好，目前木商大量採伐，想公司開發前途或頗

有希望。惟現時林權多散落於村落之手，將來必須

進行收買，聞該帶交易悉用白洋，間可用布匹等

9

27

磚瓦二者開蘭市平價處可購得，而白洋收換不易。日後一時需要較大數目，以急不湊手，此事亦甚費 神在銀行方面預先設法。再者此間鐵匠木匠手段亦甚差亦笨，且亦難催，另意公司必須有一批長於可靠之技工，如能託人在豫陝催鐵木工各五六名最所感盼，蓋在任何情形之下，十餘名鐵木工皆所必需，而多數時間許此則不得不早日進行也。岷縣現在物價上漲亦劇，所需物品又須運達

10

28

擴置，請再派五萬元以備隨時應用。專此一併奉

達，敬頌

時祺

弟 鄭叔屏 拜啓

八、廿九、

公司各種章程，請各檢寄一份以資參攷。附收款甫

英生二元五角一件，煩轉交本局工及

11

甘肅水利林牧公司森林部用箋

君怡總經理吾兄大鑒調查天水森林事弟因此間事務殷繁不克分身若再遲延又恐有誤公事擬遣袁義生及姚開元前往渠等於下月十日前即可動身請即轉請省府令飭天水胡專員協助辦理以利進行爲此

敬請

勛安

弟 鄧叔羣拜上 三月二十七日

再者頃奉司字第1098号大札並各項規章惟所云借旅規則迄未收到請再案查賜寄爲禱又供給職員生活用品辦法因此間情形與蘭垣稍有不同擬酌予更改現正重擬第一林區管理處職员須知稿就當再奉閱 羣又及

甘肅水利林牧公司森林部用箋

君協、鐵梅吾兄大鑒：茲有張傑、陳桐芽兩員，係國立西北農學院森林系畢業，前充甘肅省農業改進所技佐，目前因渠等由天水來蘭，已脫離農改所，在天水候車擬赴陝西服務。該弟以兩君青年有為，既已脫離農改所，勢必他往，甘肅正缺乏工作人員，何能任其轉徙他省。弟為甘省實業前途計，為森林界保持工作人才計，當即電促兩君即日來岷工

年　月　日

00015

18

甘肃水利林牧公司森林部用笺

作特俊峯先生勋鉴

台签聘为森林部帮技师支第十九级薪（壹百贰拾元）

津贴如规定所有由天水赴岷县旅费亦请

准许报支，首荷。将来农改所如有误会，希

将详情告知心一兄（次据之），当告。此顺请

勋安

弟 邓叔群 拜启

[邓叔群]

十二月廿七日

00016

张心一（1897—1992 年），原名张继忠，甘肃永靖人。美国康奈尔大学经济学硕士。曾任教于金陵大学。历任立法院农业统计科科长、中国银行农贷稽核兼经济室副主任。1940 年至 1945 年任甘肃省建设厅厅长，主持农林、水利、工矿、交通建设，多有作为。1950 年任中央人民政府财经委员会计划局农业处处长，后任农业部土地利用局副局长、中国农学会专职副理事长等职。著有《中国粮食问题》等。本书收录张心一手迹 7 件：致甘肃水利林牧公司总经理沈君怡，通报商洽由交通等四银行入股该公司的信函；致沈君怡，关于暂不办马场的信函；致甘肃水利林牧公司，询乘该公司汽车巡视河西应支付汽油款数额的信函；致洮河林场场长叶维熙，关于筏运原木到兰州的信函；致铁梅，关于黄异生在岷县调查牧场事宜的信函；1947 年 3 月 3 日致董事长，辞去代理甘肃水利林牧公司总经理的信函；委焉寿先为总务处处长的委任状。

甘肅省政府建設廳用箋

君怡兄：廿二日示敬悉。

一、承新務請勸駕，弟當再請谷主席電促來甘。

二、鄧叔群定本月二十日飛蘭，因其儀器尚未自渝起運，不能放心，現仍留蓉。請即電鄧君將儀器託手交由郵局運蘭，彼自己及家眷趁乘机飛蘭，弟當另電鄧君。

三、本省增加水利借款事，弟已向聯四行口頭表示，當時交通行經理即稱：「似不必由四行共同入股，免得借款麻煩」。弟表

甘肅省政府建設廳用箋

文黄、四三六号

君朴吾[illegible]之奶牛種牛事，三復示，早計劃，悉彼別人買數，請示成都中大農學院畜牧系陳之長教授函商。

示一自無不可。但此事當與中行先作接洽。弟以為（一）倘此處四行要求加股，假定撥款增為四千萬元，省府不再入股，而由各行投資，條件與中行同，則省方當表歡迎。中行無理由反對。（二）倘各行加入，各行當局能否如中行同樣開明，若無中行宋霖東諸先生之目光氣魄，則頭太多，恐得不償失。（三）此處各行經理雖有入股熱心，但其各總行未必核准。總看以上所述，省方歡迎各行參加，但參加後所得之方便未必能抵償附帶之不方便。倘有此議時，中行必須先表示意見，此種表示或贊成或反對，請西民兄表意見先示節。倘能斷定各行無此魄力，則不妨運籌速成，以示大方；倘斷定各行有參加可能，則必須在股權人事上提出條件，以免推進事業時困難。此事請乞與西民兄之細商端示。兄之行踪請隨由行內電示。

弟屆事即與相[illegible]負責進行。

弟心一 五、廿五、

7

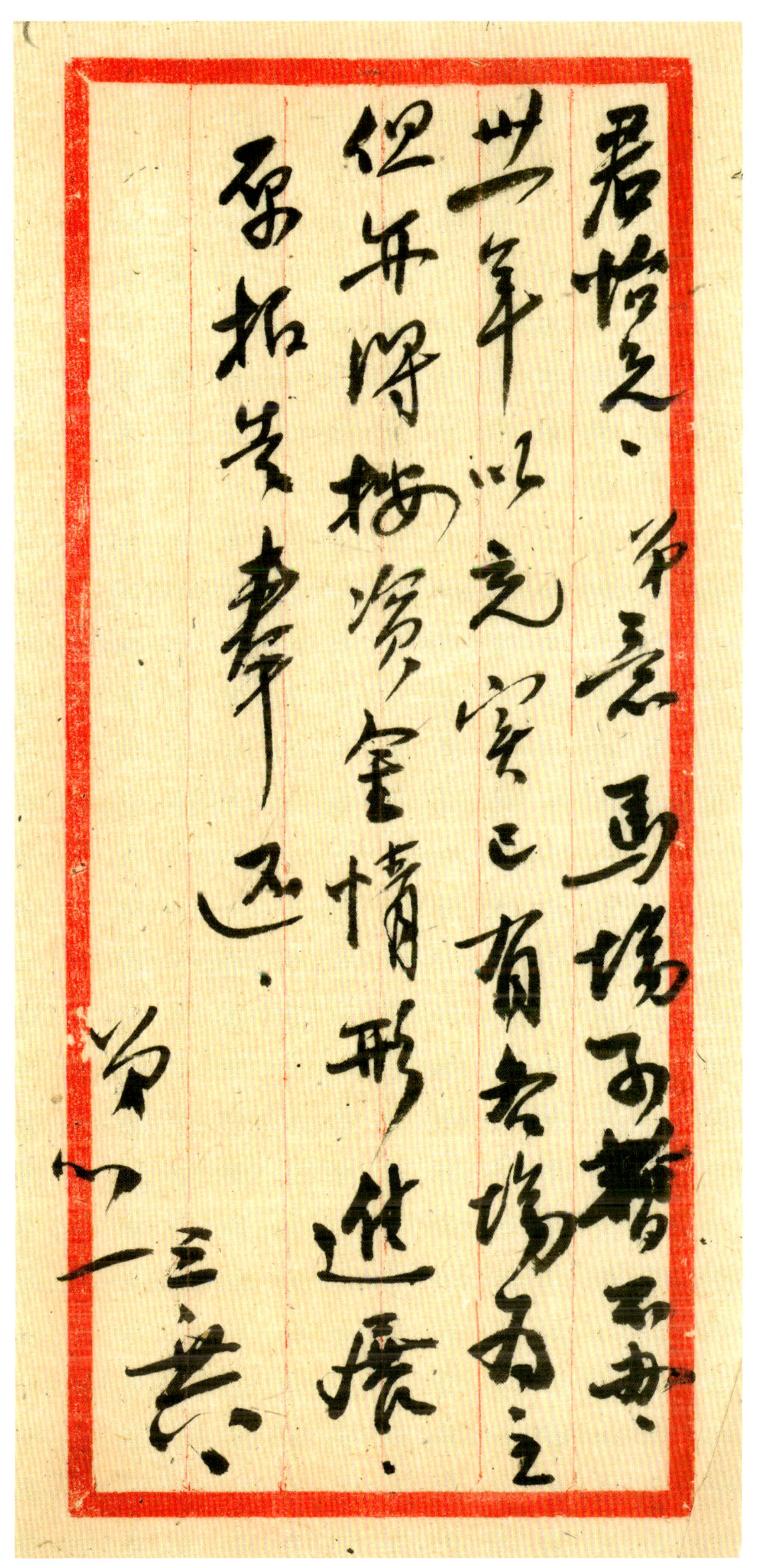

君培兄：弟意馬場可暫不要。卅一年以前實已有去場為之，但毋得接資金情形進展。函招先生奉還。

弟　卅一　三　六

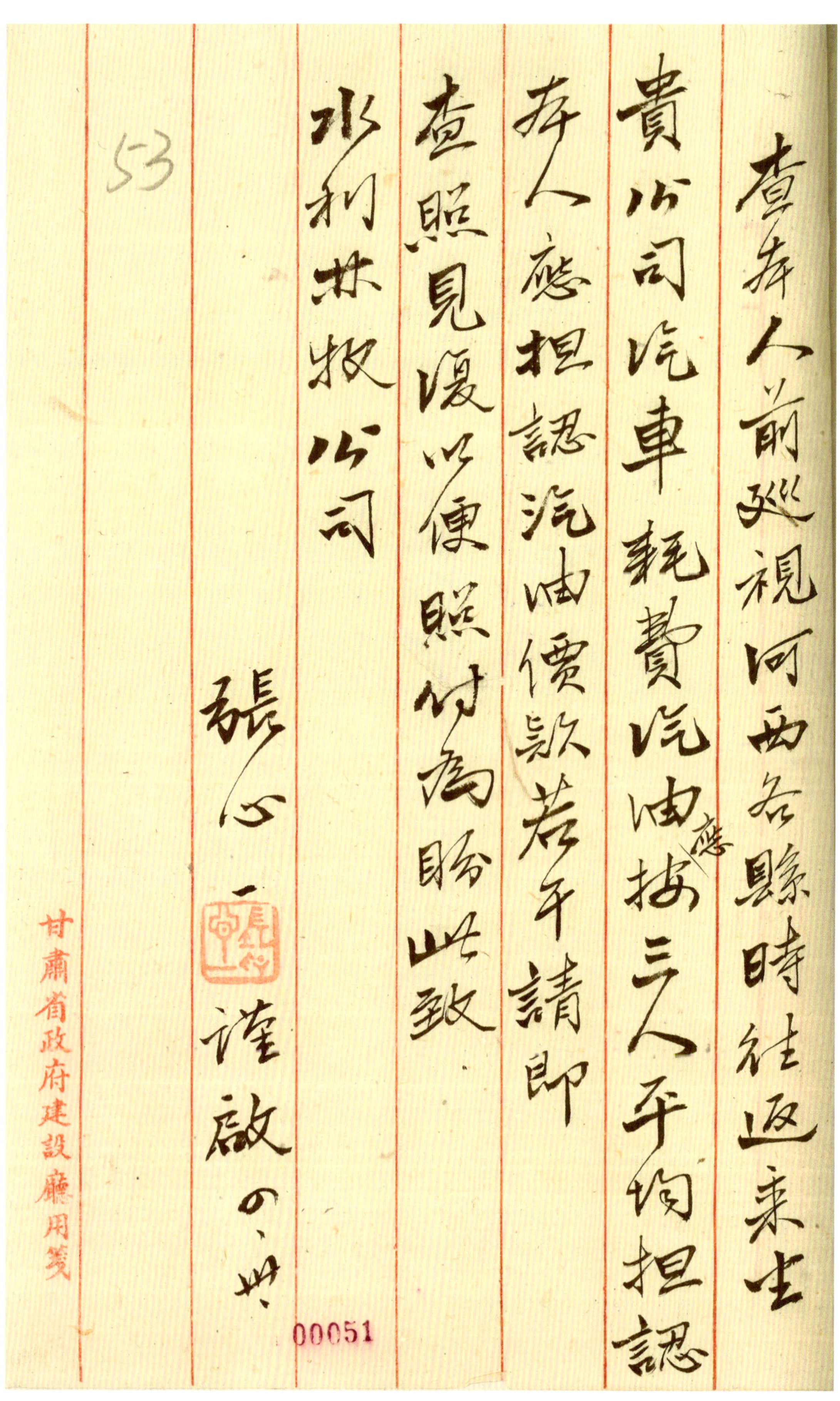
53

查弟人前巡視河西各縣時往返來甘

貴公司汽車耗費汽油按應三人平均担認

弟人應担認汽油價款若干請即

查照見復以便照付為盼此致

水利林牧公司

張心一謹啟 四、卅

甘肅省政府建設廳用箋

00051

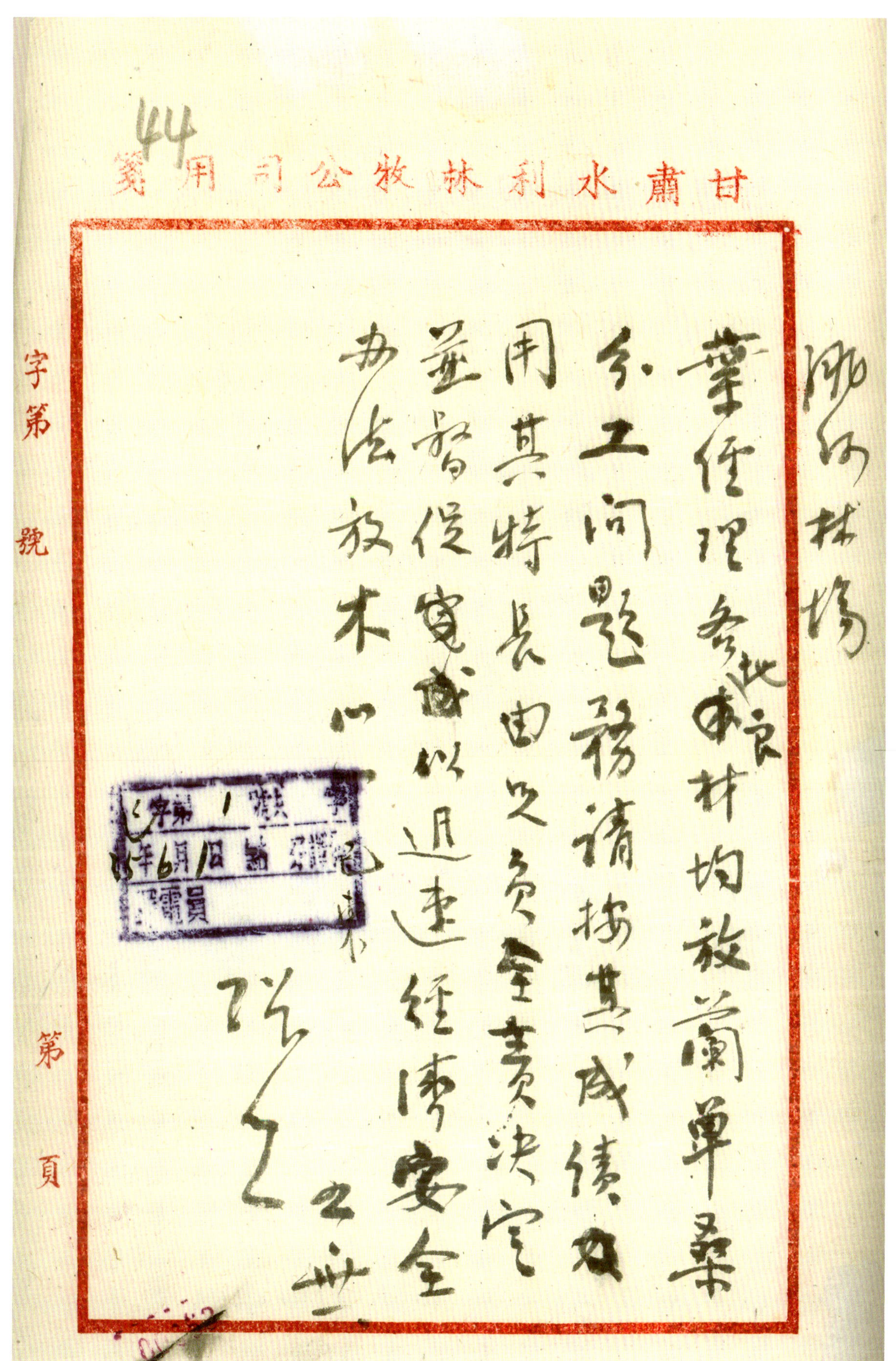

甘肅水利林牧公司用箋

洮河林場

業經理參議林均赦蘭單桑

分工問題務請按其成績以

用其特長由先負全責決定

並督促寬域以迅速經濟安全

办法放木

心一

張

五卅

字第　號　第　頁

31.6.27. 張心一函

甘肅省政府建設廳用箋

錢梅兄：附電係黄異生（公司畜牧部擬請之經理）自岷縣拍來。黄君正在岷縣一帶調查牧場地点，可否匯款請其先購材料，請裁酌速覆。電可請中國銀行轉。順頌

大安

弟 張心一

00001

啟之自卅三年九月奉 令代理其昌

水利林牧公司總經理職務二年以來

另有他務不克繼續代理理合聲請

准予辭去代理職務即祈

核示俾資遵照

董事長孔

弟 吳 謹啓

之

51

水利林牧公司用箋

德符兄：司長去，兼代長去，鑒壽
先由唐兼代管賬，壽去
為德之友兄處去月薪400元
自五月份起。
王元

字第　號　第　頁

袁敦礼（1895—1968 年），字志仁，河北徐水人。美国哥伦比亚大学教育学硕士。任教于北京师范大学、西北联合大学等。中华人民共和国成立后，任中华全国体育总会副主席、全国政协委员等职。1939 年至 1953 年袁敦礼任西北师范学院任教授兼体育系主任，1956 年任西北师院体育科主任，1958 年任兰州体育学院副院长，1961 年任甘肃师范大学副校长兼体育系主任。著有《体育理论》等。本书收录袁敦礼手迹 5 件：关于召开军事管理委员会的通知；关于生活指导委员会委员董守义离校以王梧峰递补的通知，上有院长李蒸批示手迹；关于召开世界学生服务社救济中国学生专款管理委员会救济委员会的通知；关于召开卫生委员会的通知；关于甘肃省党部书记长赵清正改任甘肃省粮食管理局局长，由杨集瀛接任书记长的通知。

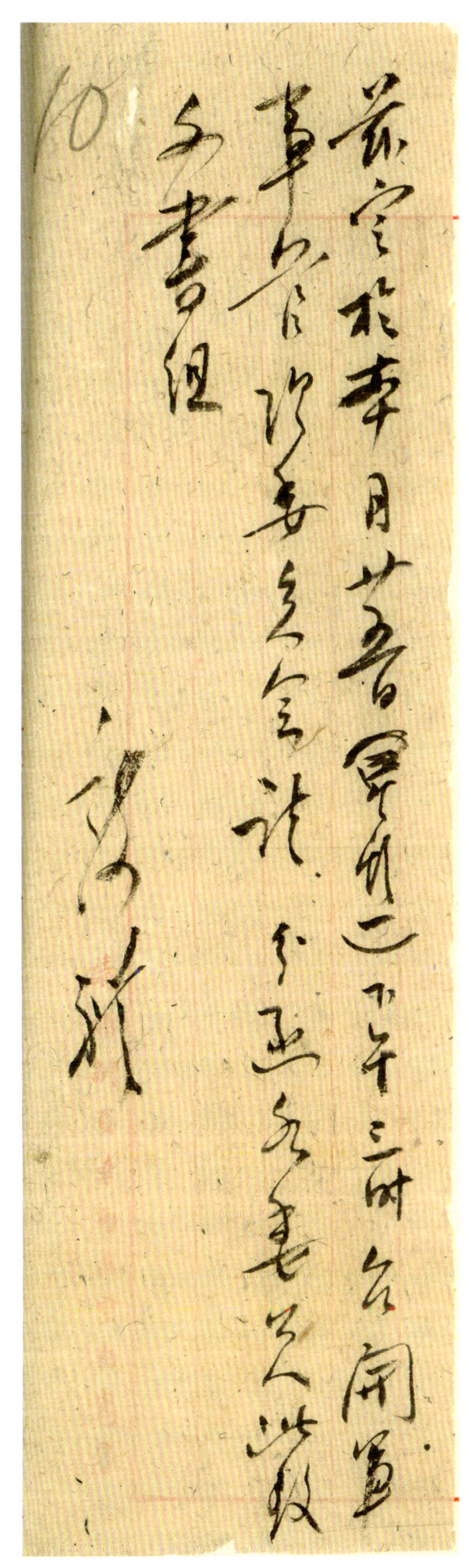

10

兹定於本月廿五日（星期三）下午三時召開董
事會暨評議委員會議，請
分函各委員。此致
秘書組

[illegible]

查體育指導委員會委員董守義先生
請假離校其委員職務可否以候補委
員王□□先生逕行遞補請
核定分別通知此上
院長
孫科 三、十

照辦由秘書組查明照達 [illegible] 三、十

67

兹定於十四日（星期三）下午三时开世界学生服务社救济中国学生专款管理委员会救济委员会，请你函各委员（郭、李、杨）。[左训[illegible]]

（陕西公会）

此致

之书兄

寿新

二、十三、

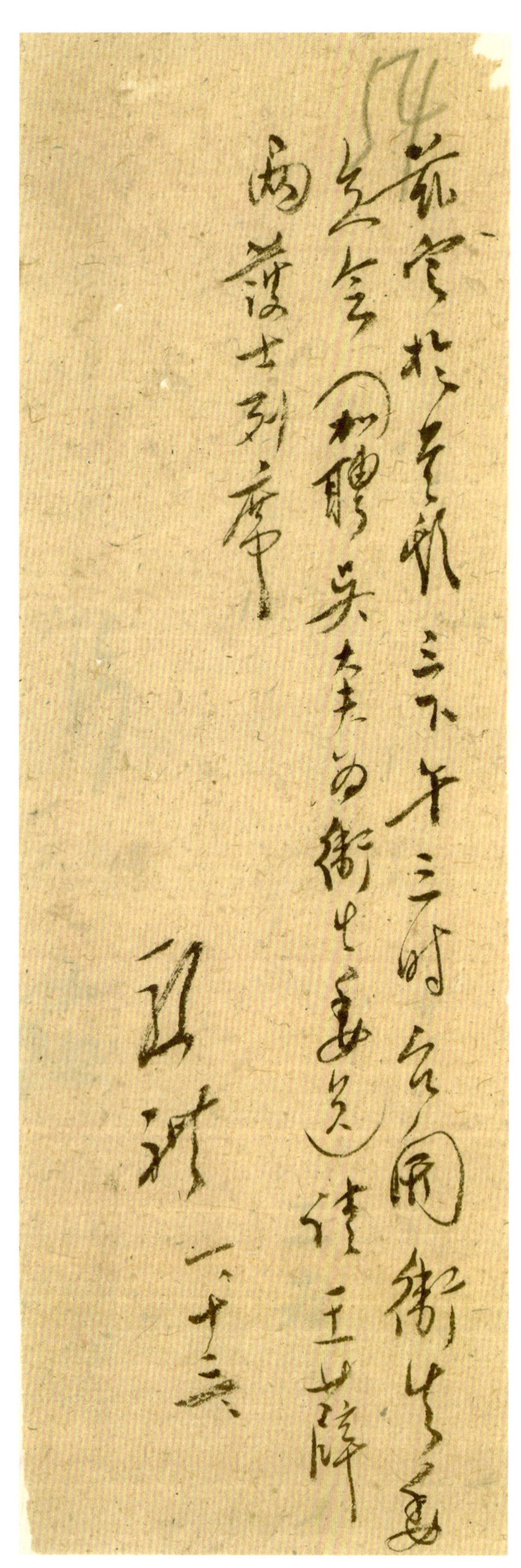

54

茲定於星期三下午三時召開衛生委員會（如聘吳大夫為衛生委員）請王、薛兩護士列席

[illegible]

一、十六

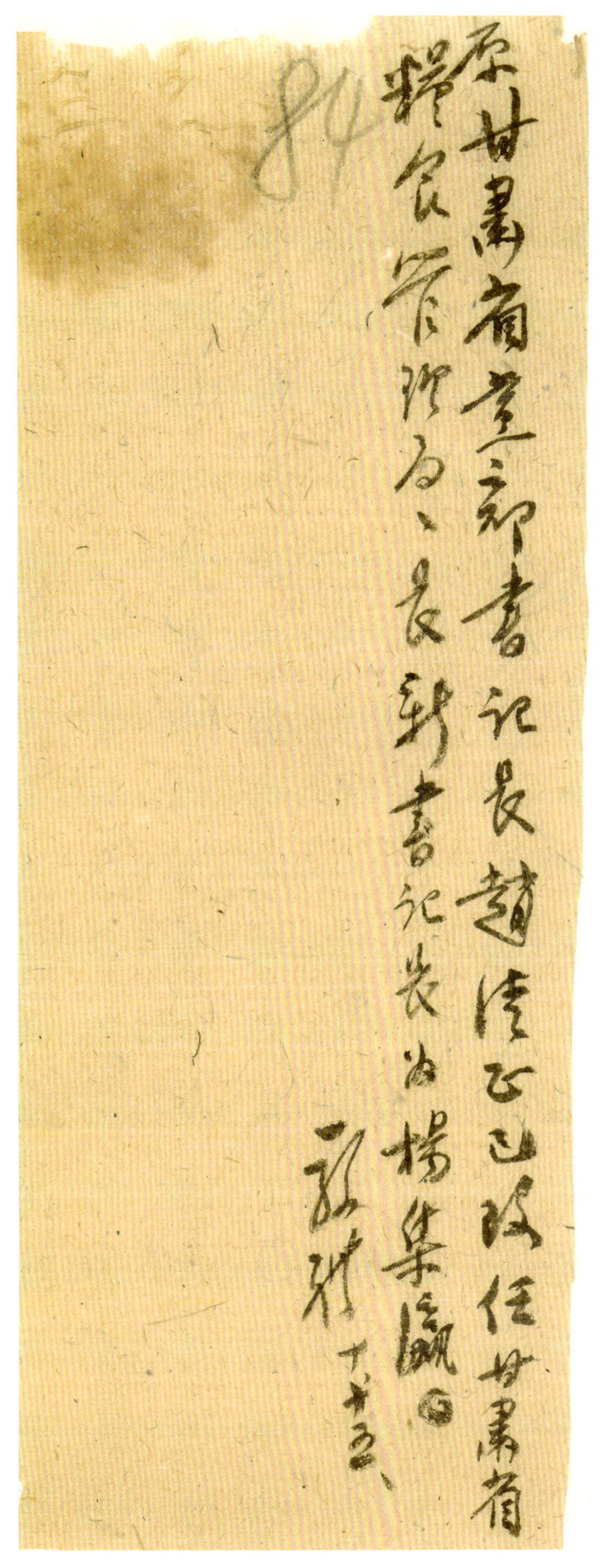

陝甘寧邊區党部書記長趙清正已改任甘肅省糧食管理局局長新書記長為楊集瀛

張繼 十、十五、

沈百先（1896—1990年），名在善，字百先，浙江湖州人。美国衣阿华大学工程研究院科学硕士。历任太湖流域水利工程处处长、江苏省建设厅厅长、导淮委员会秘书处处长、中国水利工程学会会长、水利部次长等职，曾在河海工科大学等单位任教。抗战胜利后被派往台湾接收水利事业。晚年定居美国。著有《中国西北水利考察报告》等。本书收录沈百先手迹2件：致甘肃水利林牧公司总经理沈君怡，推荐法国留学水利的吴岩霖在该公司任职的信函；致沈君怡，推荐水利工程师林震全在该公司任职的信函。

導淮委員會

15

字第　　號　　第　　頁

30.6.5. 沈百先函

君怡我兄台鑒茲有中大農業學
生吳巖霖君曾赴法國留學畢
業後歷任河南各工程機關工作現任
浙江大學教授學驗俱深擬從事於
實際工作以
兄赴甘辦理水利工程可以延用致
為介紹隨附履歷一紙至祈
惠察并即

中華民國　　年　　月　　日

13

會址　四川綦江莱壩水雲村　電報掛號三二三二
駐渝辦事處　重慶中二路紀明坊三號　自動電話二七七六

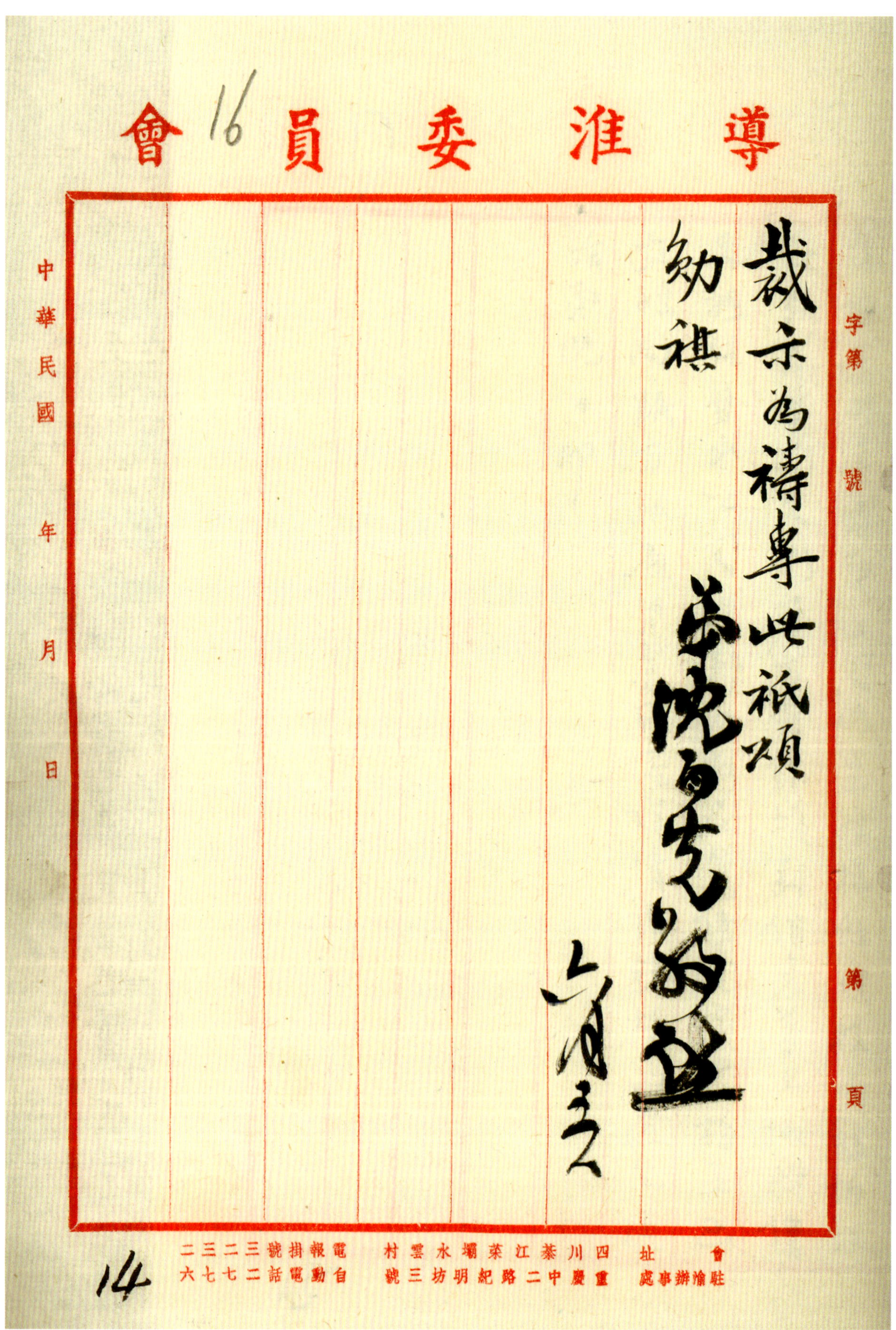

16

導淮委員會

字第　　號

第　　頁

裁示為禱專此祗頌

勛祺

弟沈百先敬啟

六月廿八

中華民國　　年　　月　　日

會址　四川綦江菜壩水雲村　　電報掛號三二三二

駐渝辦事處　重慶中二路紀明坊三號　　自動電話二七七六

14

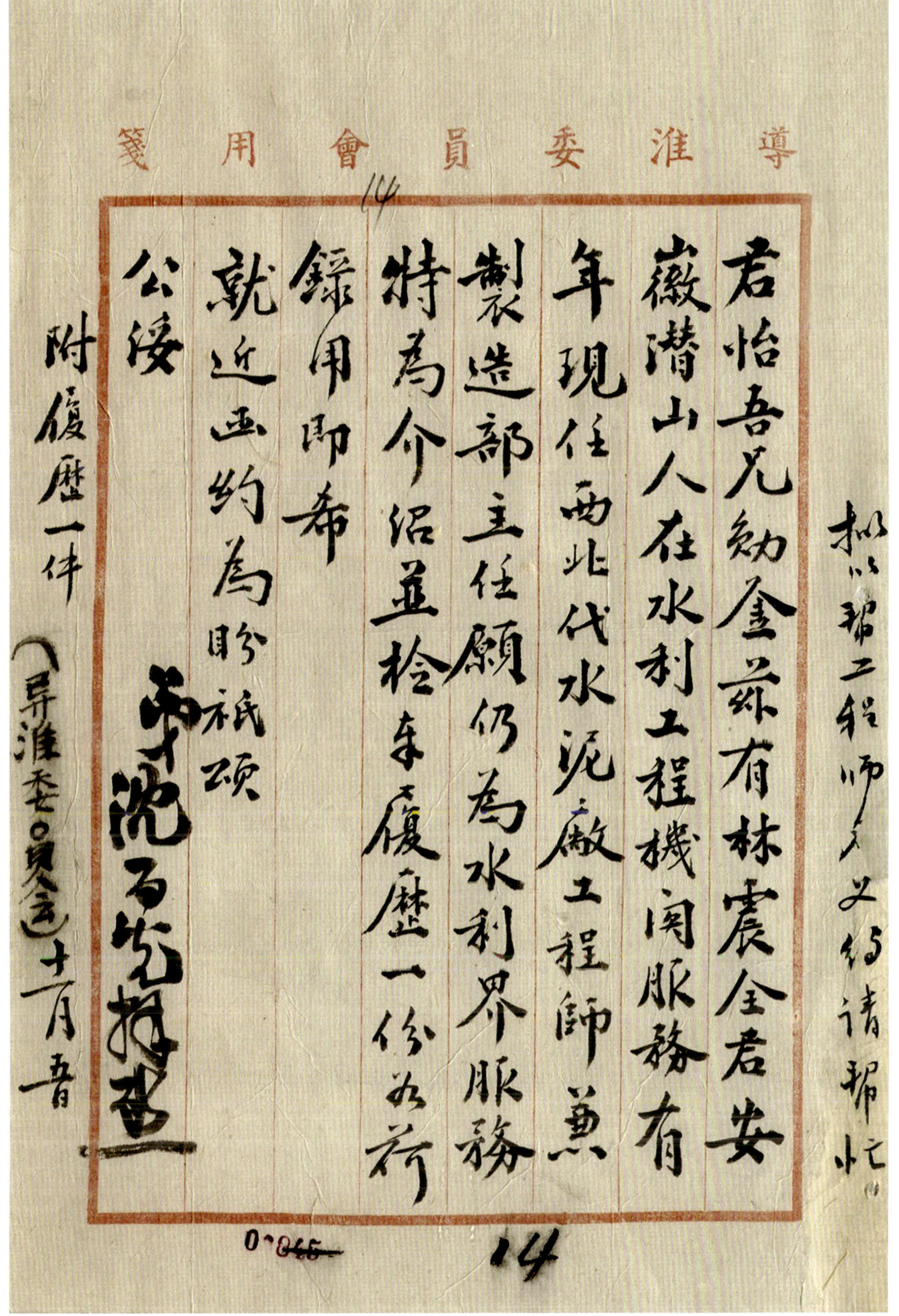

導淮委員會用箋

14

拟以帮工程师名义约请帮忙

君怡吾兄勋鉴：兹有林震全君，安徽潜山人，在水利工程机关服务有年，现任西北代水泥厂工程师兼製造部主任，愿仍为水利界服务，特为介绍，并检奉履历一份，如荷录用，即希就近函约为盼。祗颂

公绥

弟沈百先拜上

附履历一件

（導淮委七〇員八六）十一月五日

0-045

14

沈滋兰（1910—1999年），女，字润轩，甘肃榆中人。北京师范大学地理系毕业。创建甘肃省立兰州女子中学（兰州市第二十七中学前身），任校长。中华人民共和国成立后，历任兰州市第一中学、兰州市女子中学、兰州市三十三中学地理老师。任民革甘肃省委常委，省政协第四、五届常委，省妇联委员，中国地理学会兰州分会理事等。本书收录沈滋兰手迹1件：致议长张维，因公立学校校长为公务员，担任省参议会参议员不符行政院规定，呈请辞去省参议员职务的信函。信函上有议长张维批示手迹。

甘肅省立蘭州女子學用箋

鴻汀議長鈞鑒頃准甘肅省政府二月二十一日函
略以蘭現任省立女子中學校長與行政院二
十七年十二月灰電「公立學校校長為公務員
不准提充省參議員候選人」之規定不符
等由茲除即函覆
省政府外特此呈請辭去參議員職務以符
法令尚希謹請
公綏

沈滋蘭 謹上 二月二十三日

教育
省政
府查

黄异生（1900—1972年），四川资中人。任教于南京中央大学、无锡教育学院、江西省农业院等。抗战时赴兰州，在西北羊毛改进处、水利林牧公司从事畜牧兽医工作。1950年任西北行政委员会畜牧部畜牧处处长。1955年任新疆畜牧兽医研究所副所长、八一农学院教授兼畜牧兽医系主任。曾任全国政协委员等职。本书收录黄异生手迹4件：致张心一，在岷县寻觅牧场的信函，上有张心一批示手迹；致沈君怡，建议扩大奶牛饲养、发展养蜂业、改良绵羊提升羊毛质量的信函；致沈君怡，为陇南牧场催款的信函；领取兰州牧场职员印鉴的会单；关于请省府开证明以便购买车票的信函。

農林部西北羊毛改進處用箋

君始兄：此函係吳翼生自岷縣來者，特轉陳
核奪。所籌公帑，已由總處寄吳議長楚匯一千元。弟叔之 三、卅。
三、卅

心一吾兄：
弟於五月十四日離蘭，以沿途路爛山崩，車行極其困難，直至十七日始抵岷縣，并在木寨嶺上露宿一宵。弟本訂今日赴野人溝，以天雨未果。弟在野人溝最多住三四日，即返岷縣，然後即出發為水利林牧公司覓場址。弟原訂計劃，擬以臨潭為中心四出察覓，自到岷後，經與各方面商談，并參照隴南一帶實地情形。弟認為水利林牧公司畜牧部份之經營，應以畜產

6

農林部西北羊毛改進處用箋

字第　號第　頁

品之貿易（收購、加工、運銷）為主。以實地經營畜牧場所為副。如以畜牧場所為主，大規模經營，則投資過多。周轉不易。殊為危險。以貿易為主。則投資較少。周轉易而快。同時逐漸擴充畜場所之經營。如此。似較穩妥。如依照上項原則進行。則交通之便利與否。實為最重要之問題。如總辦事處及畜牧場設臨潭附近。收貨較便利。草原或較豐富。與外界市場相隔過遠。產品出

岷縣籌備處中山街一六一號

口不易。各方面之聯絡亦較困難。糧食之徵購運輸亦難。同時氣候過寒，一年工作之分配不能均匀。而將來所繁殖之雜種牛隻恐亦不易適合於東南或西南之氣候。因此各種環境。甚現時計劃。擬以武都為中心。尋覓場址。開武都一帶氣候溫和。農業發達。由武都運銷四川極易。如總辦事處、畜牧場、以及加工製衣廠等。皆集中武都。則祇在拉卜楞及靠近番

農林部西北羊毛改進處用箋

字第　號第　頁

地之適當地點。多設收貨處。同時組織一強有力之運輸隊。除運輸本公司物品外。并經營商運。如此辦法。似於各方面皆較妥否。不識吾　兄以為然否。吾　兄有何高見。請盡量示知。俾便遵循。因此等事必須在事前考慮周詳。不然一經決定。再來更改。則貽害無窮矣。云長所云之純種小公牛。吾認為無論將來公司如何進行。何人主持。此時皆值得全數訂購。自於訂購。吾擬

岷縣籌備處中山街一六一號

先匯之長一千元。不足再續匯。此款暫由廳墊付。想無問題也。吾對於公司事。完全出於一片至誠。總希此事能成功。至於此事是否由吾主持。到無關宏旨。希望吾　兄亦本此旨出全力協助。不然吾等積極進行為爭取時間之目的恐不易達到。今年恐錯過。實為可惜也。再者。吾此次出發勘場址。請本處藍先生同行。純為幫忙性質。能一鼓氣作下去。最好。不然事事遷延。日子一長。各方面

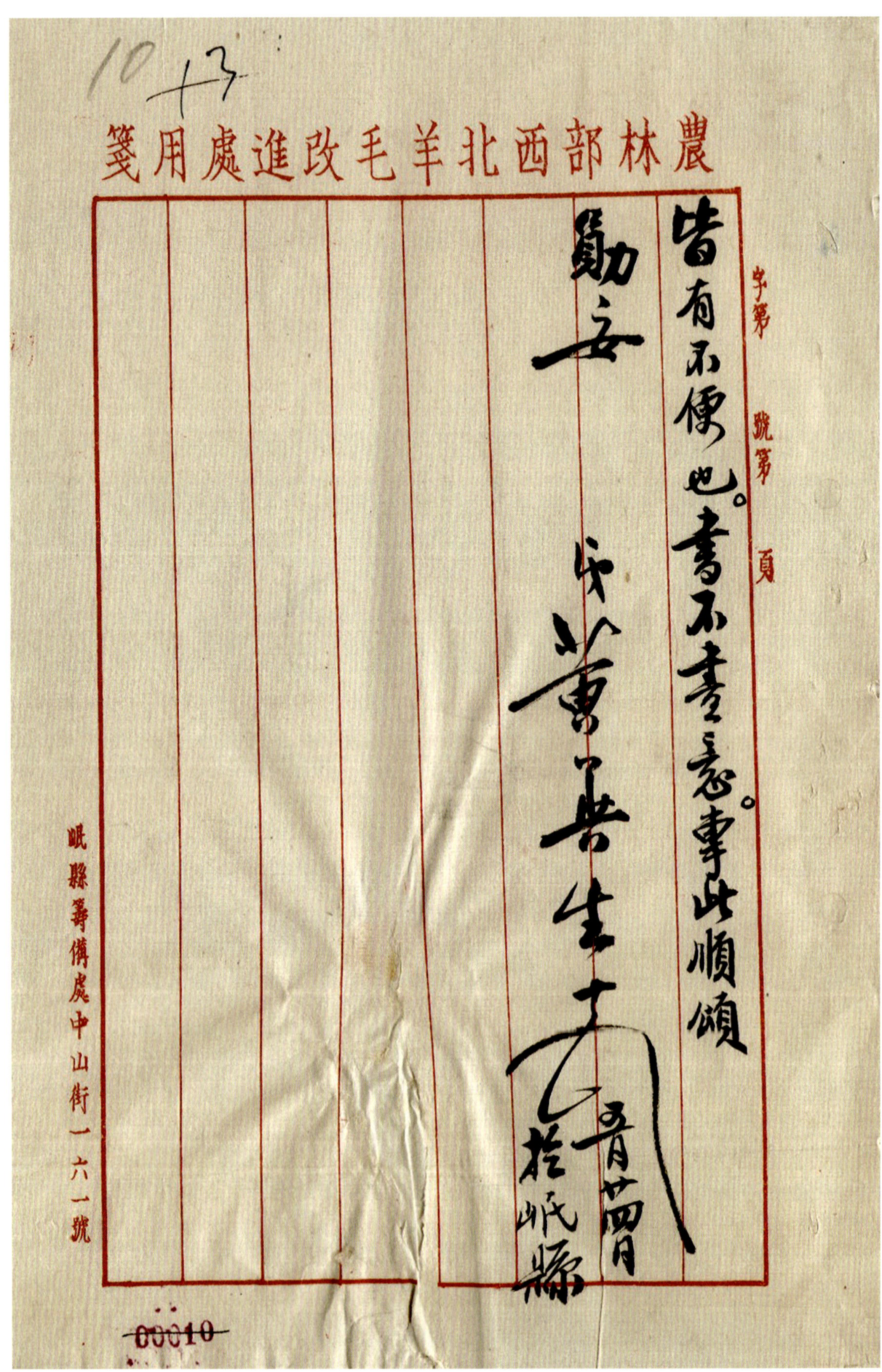

10 13

農林部西北羊毛改進處用箋

字第 號第 頁

皆有不便也。書不盡意。專此順頌

勛安

弟 黄異生 上 四月十二日 於岷縣

岷縣籌備處中山街一六一號

00010

1024

1027

甘肅水利林牧公司隴南畜牧場用箋

字第　號　第　頁

君怡吾兄。關於公司今後畜牧事業之進行。
甚願引已與心一兄談過。蘇角力　兄暨陳之
與個人認爲今後應仍以乳牛事業爲主。①大事擴大牛奶製
造。利用其收入以維持全部業務之進行。②大事擴大
奶牛飼養。重質與改良雜種奶牛。其利益之收穫必
須待若干年以後。除乳牛事業外。仍極力進行養蜂③
事業。所需資金較少。短期間即可見效。至於毛用
羊。以前弟並不主張舉辦。最近沈部長程司長等由

年　月　日

岷縣小南門外電報掛號三六八號

00126

2 85

甘肅水利林牧公司隴南畜牧場用箋

字第　號　集　頁

新疆弄到一千餘頭優良種羊。再大部作為公羊。④如本公司能消化利用一部份，則綿羊事業本公司前可着手經營。上列四事，如能有充分經費充裕時間，努力經營，前途應有相當把握。照上與心一兄商酌，在冀多多努力，務必弄到若干資金創事業本也。航空已回雷，承認四十元兌撥三十萬，公司正式向航空要求六十元兌撥三十萬之公函。航空尚未回覆。總之四十元兌撥三十萬當不成問題。專此　當安　鉄

（現存之酵素，僅四十三二一斤。現正設法北運甘肅中。）

年　月　日

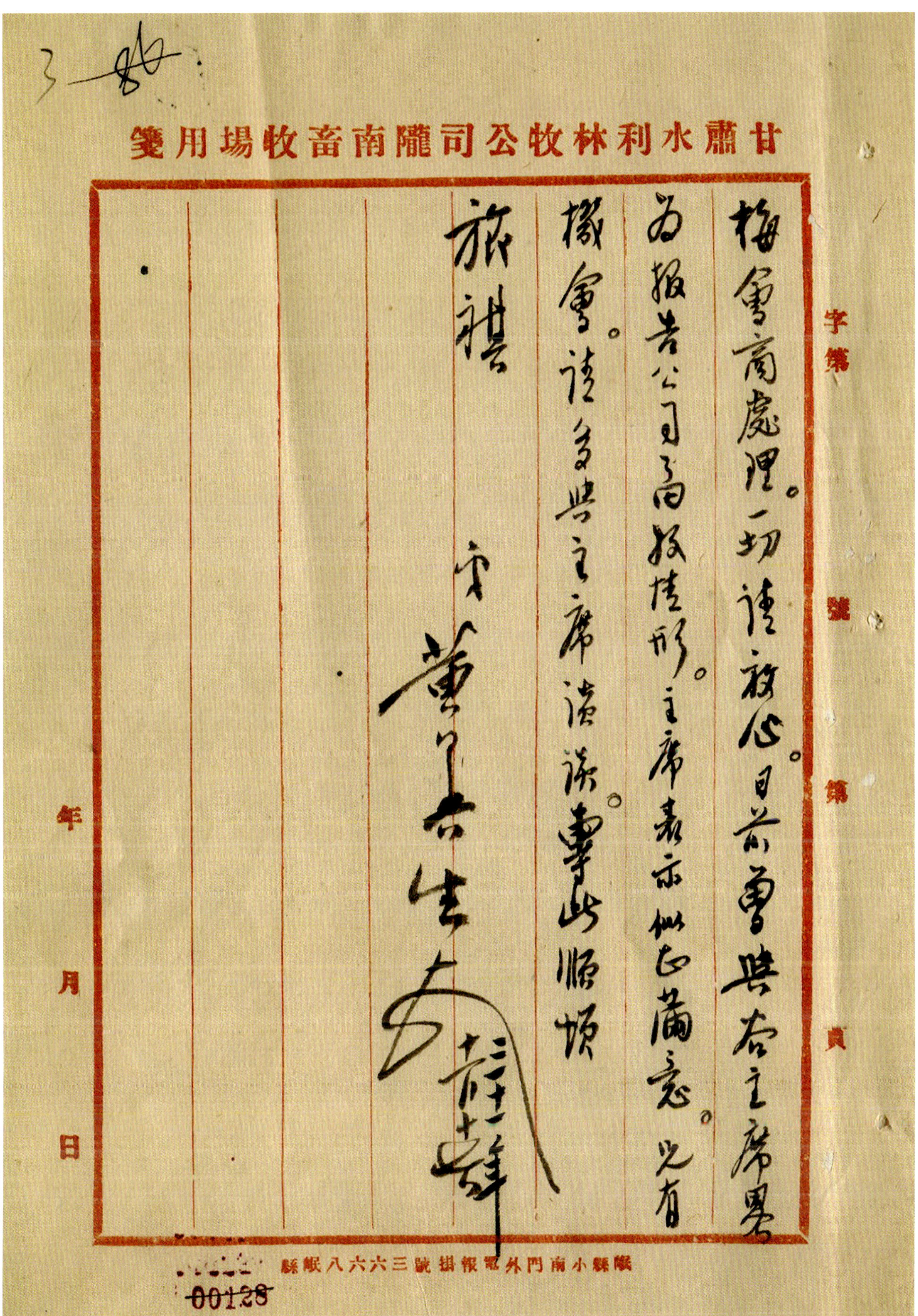

3—80

甘肅水利林牧公司隴南畜牧場用箋

梅會商處理。一切請放心。目前曾與谷主席晤面報告公司各項情形。主席表示似甚滿意。又有機會，請多與主席談談。專此順頌

旅祺

弟 黃[illegible]吉生 [illegible]
[illegible]

字第 號 第 頁

年 月 日

隴縣小南門外電報掛號三六六八縣

00128

1027

甘肅水利林牧公司隴南畜牧場用箋

字第　號　第　頁

君怡吾兄賜鑒　奉讀三月十五十七兩　手示謹悉一切關於航院貨款曾於十九日電請滙十五萬至夏滙十萬來岷務請早日滙出實為感荷昨接夏廠信云白銀已漲至六十五元矣鳳云在夏祗私德尚可作事尚規矩而已并非了不得之人物今既蒙有府及公司嘉獎自應感奮業已專函鳳君勉其繼續努力勿負嘉獎之至意敝南畜牧場大計前在蘭時已蒙吾　兄指示注重

年　月　日

岷縣小南門外電報掛號三六八岷縣

~~00131~~

甘肅水利林牧公司隴南畜牧場用箋

字第 號 第 頁

奶牛事業集中人力財力發展業務（夏廠）今後自應本此原則做去許協理既已到蘭資金問題不久想可決定務盼吾 兄將商討結果先示知一大概 弟 即可將岷縣一切先佈置妥貼然後赴蘭一直轉夏今年即可不用來岷不然 弟到蘭後或須同返岷一次在時間上雖不經濟如何祈示

土匪現集中渭源漳縣一帶岷縣附近暫時尚平安西路上仍不好走最近有羊毛改進處同事三人冒險

年 月 日

岷縣小南門外電報掛號三六八岷縣

00132

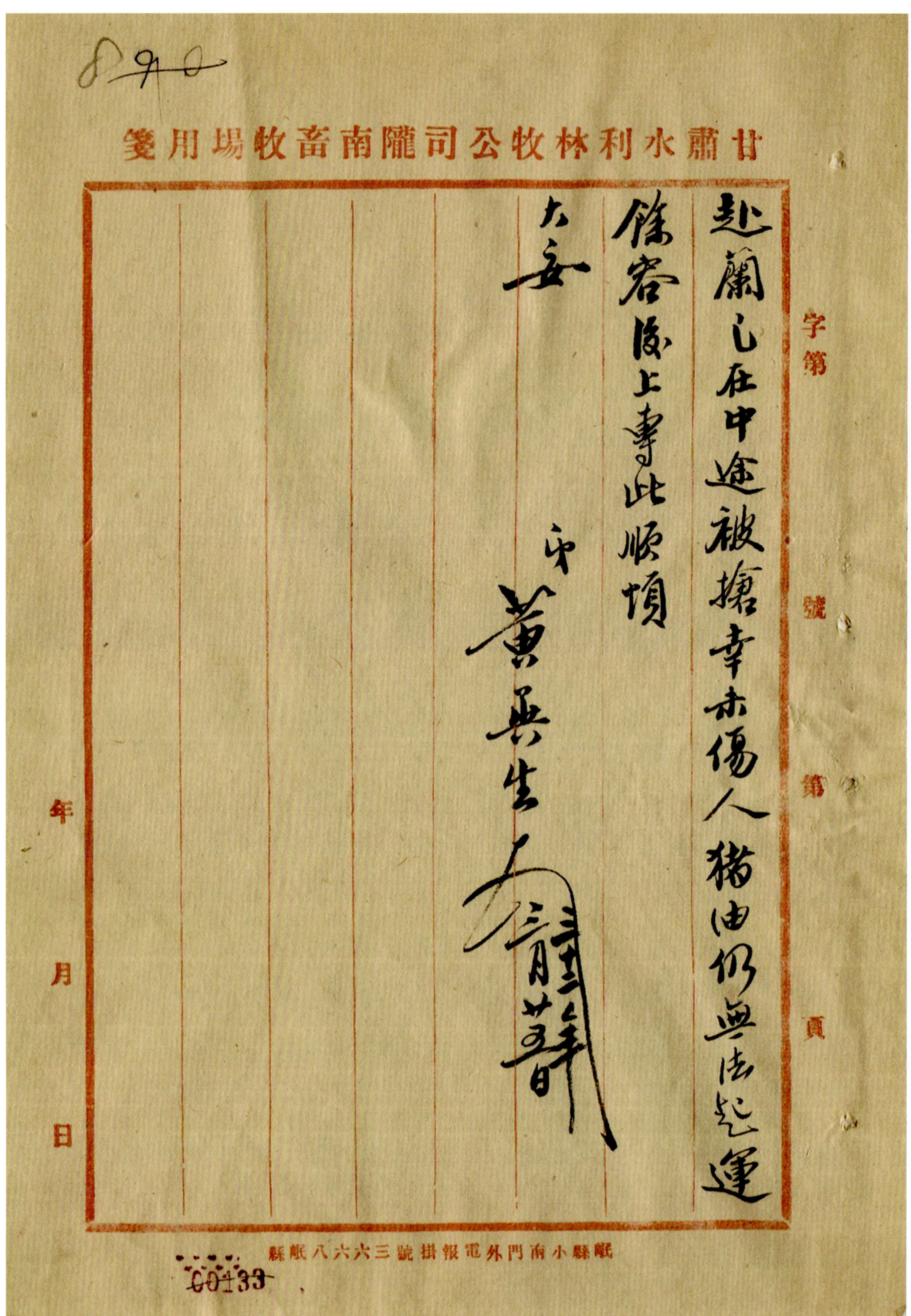

8~~9~~0

甘肅水利林牧公司隴南畜牧場用箋

字第　　號第　　頁

赴蘭已在中途被搶，幸未傷人，豬由仍無法起運，

餘容後上。專此順頌

大安

弟 黄異生

三月廿五日

年　月　日

~~00133~~

13

甘肅水利林牧公司蘭州牧場用箋

00013

字第　　號第　　頁

審核，如妥當其他手續亦請總務處代辦為感。再者，如該由公司函請省府再為証明，則購票更有把握。弟前年赴渝時即係請省府代辦購票，毫無問題，如何之處，祈酌奪。專此，順頌

籌祺

弟 曹岳生 [illegible]

十二日下午

中華民國　　年　　月　　日

地址：蘭州西郊周家莊十七號　電報掛號一一六八蘭州

郭福金（1873—1958 年），字南浦，回族，宁夏金积堡人。秀才出身。历任甘肃省政府参议、顾问，甘肃省临时参议会参议员、“国大”代表等职。1949 年 9 月受中国人民解放军第十九兵团委托，作为赴银川和谈代表之一，促成宁夏和平解放。后任甘肃省人民政府委员、省民族事务委员会委员等职。本书收录郭福金手迹 1 件：1941 年致甘肃省临时参议会，关于赴海原、固原、隆德、庄浪、静宁、化平等县视察报销膳宿费的信函。

39

查本席赴海原固原隆德莊浪靜寧化平等縣視察縣政照章每日支膳宿費洋六元共計往返三十七天應支膳宿等費洋貳百貳拾貳元整惟因預算所列此次視察縣份祇三十之日已在會內預支膳宿費洋壹百玖拾捌元在案故此次應支之數均在預算數內樽節開支不另支款以昭實在合具膳宿費壹百玖拾捌元領據是實

參議員郭福全（印：郭福全印）

廿年九月十五日

甘肅省臨時參議會用箋

任承统（1898—1973年），字建三，山西忻县人。金陵大学林科毕业。1940年任黄河水利委员会林垦设计委员会常委兼总干事，主持建成中国第一个水土保持试验区——陇南水土保持区。1943年在农林部天水水土保持实验区工作。1950年任西北军政委员会农林部土地利用科科长。后任中国农业科学院西北分院土壤肥料研究所研究员。著有《甘肃水土保持问题之研究》等。本书收录任承统手迹1件：1941年致函沈君怡，汇报在天水开展水土保持工作取得成效并请求贷款信函。

黃河水利委員會林墾設計委員會用箋

接信後以為即時來蘭故遂未復
條例後　十於三六六の

君怡仁兄閣下：台從去春初天水把晤，暢聆
教言，佩慰無量。前聞
台駕抵蘭，并於全甘水利林牧之計，想
宏猷懋著，
籌祺迪吉，至深頌祝。弟在此推動會務，所未敢
懈。關於天水南河堤工程，經本會十閱月之勘察設
計，甲種方案早已草就，前於
台駕過秦時曾予奉

20

0 863

24

黃河水利委員會林墾設計委員會用箋

閻嗣因　台駕赴渝議遂中擱本會去西
安集會經各工程師商討決以護堤穩固為主
餘擬乙種計劃以利進行現該計劃正在設計中
不久即可完成依照該項計劃全部經費之僅五
拾餘萬元較前擬甲種計劃可省一半經費就目
前觀尚屬經濟至此項計劃擬在上部以柳籬排
灘保土下部築堤護坡築堤材料前在查地
質乃一種綠色黏土與砂礫結合硬度尚大經

在室內實行實地試驗，確有效果。除並於日前在天水梁家溝呂二溝口冲勢最大處築一試驗小堤，結果未遭破壞，似此就地石材費少功多，即地方官紳對此亦極贊同，且已咨交天水縣縣長保護並負責協力推廣矣。現本會並調工程司來秦專測水文，前夜豪雨，水勢太漲，據當地稱為六十年來所未有，本會當已將該溝之流速、流量及含沙量測有確實數字，並在呂二溝內設置木炭屑柱試

黃河水利委員會林墾設計委員會用箋

測得河床沖刷深度結果，得劃出但二十天，河床沖刷深度七十二生的之甚。現依照各種實驗綜合設計式，尚不甚完善。茲本會與中行商定辦法（貸款），天水官紳聯負償還全責，并已商有成議。本會既負責設計，於始之擬辦，悉力完成，於後擬於本年大汛後即行開工。

閣下以為專家，主持全甘水利，對此當邀

贊同，而擬於此種計劃圖案草定後，乘便攜赴

21

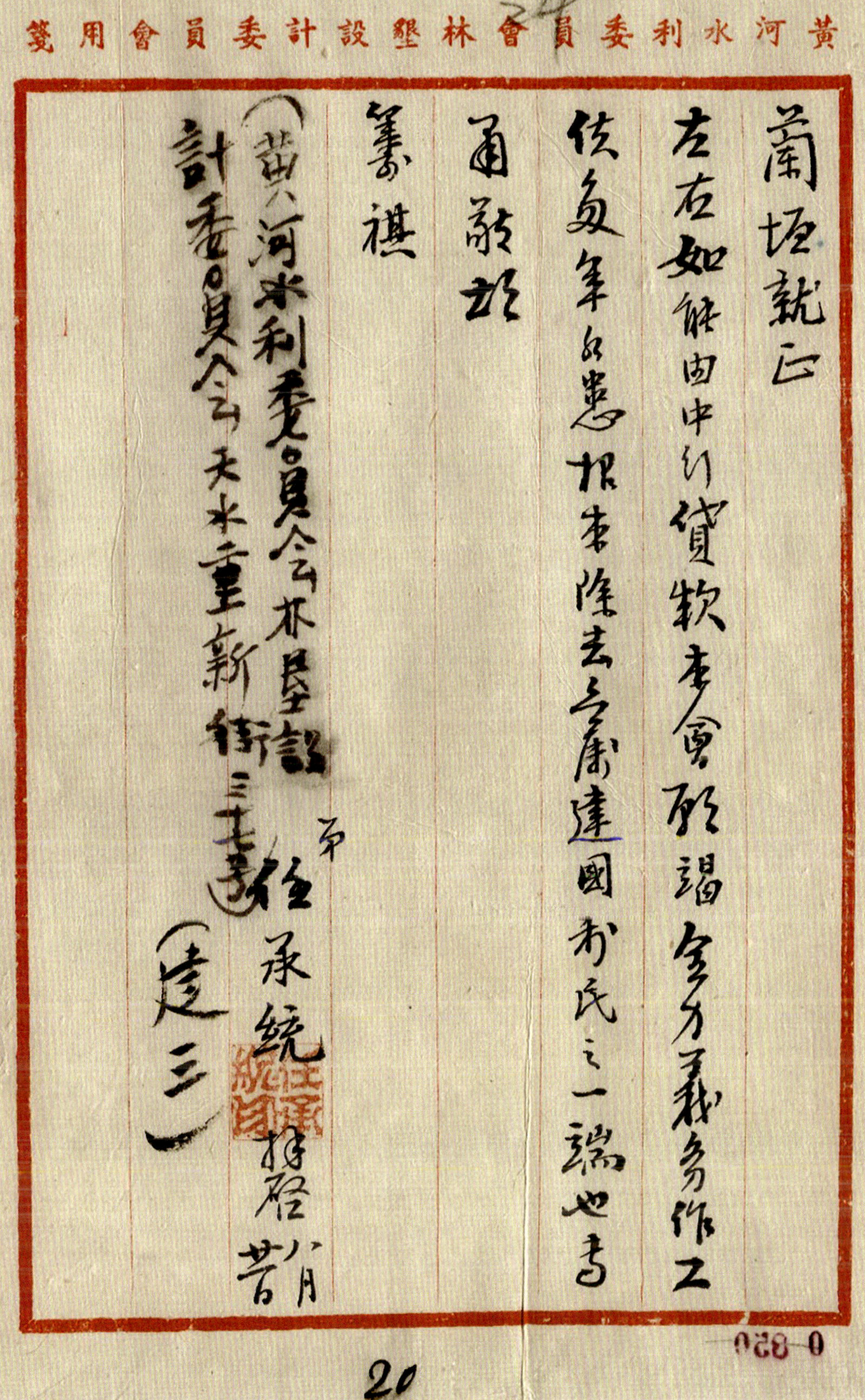
黄河水利委员会林垦设计委员会用笺

蘭垣兄（？）就正
左右如能由中行贷款来会所谓金（？）分义务作工
依奥年以患根本除去之康建国利民之一端也专（？）
肅颂
筹祺
弟 任承统拜启 八月廿日
（黄河水利委员会林垦设计委员会天水重新街三十七号）
（速三）

20

0-820

李　蒸（1895—1975 年），字云亭，河北滦县人。美国哥伦比亚大学哲学博士。任教于北京大学、北平师范大学、中央大学等校。1939 年至 1945 年任西北师范学院院长，后任立法院立法委员等职。1949 年 1 月任国民党谈判代表。中华人民共和国成立后，任政务院参事、民革中央委员、全国政协委员等职。本书收录李蒸院长手迹 3 件：1941 年聘孙之淑为图书仪器委员会委员、王非曼为社会教育推行委员会委员的聘任书；成立预算委员会，聘黎锦熙、袁敦礼等 6 人为委员的手谕；加聘袁剑雄为校舍建筑委员会、图书仪器委员会委员的聘任函。

72

函請　加聘

孫之溆先生為圖書儀器委員會委員

王非曼先生為社會教育推行委員會委員

愈　卅六、廿六、

茲定設計委員會配給常費每月支

給編輯費（及先修班）及其他補助費請左列六

位同委員

汪如川先生（全年）黎錦熙先生袁敦禮先生

李建勛先生 孫一青先生

陸呂齋先生 高鳴圓先生

箋之 三.三

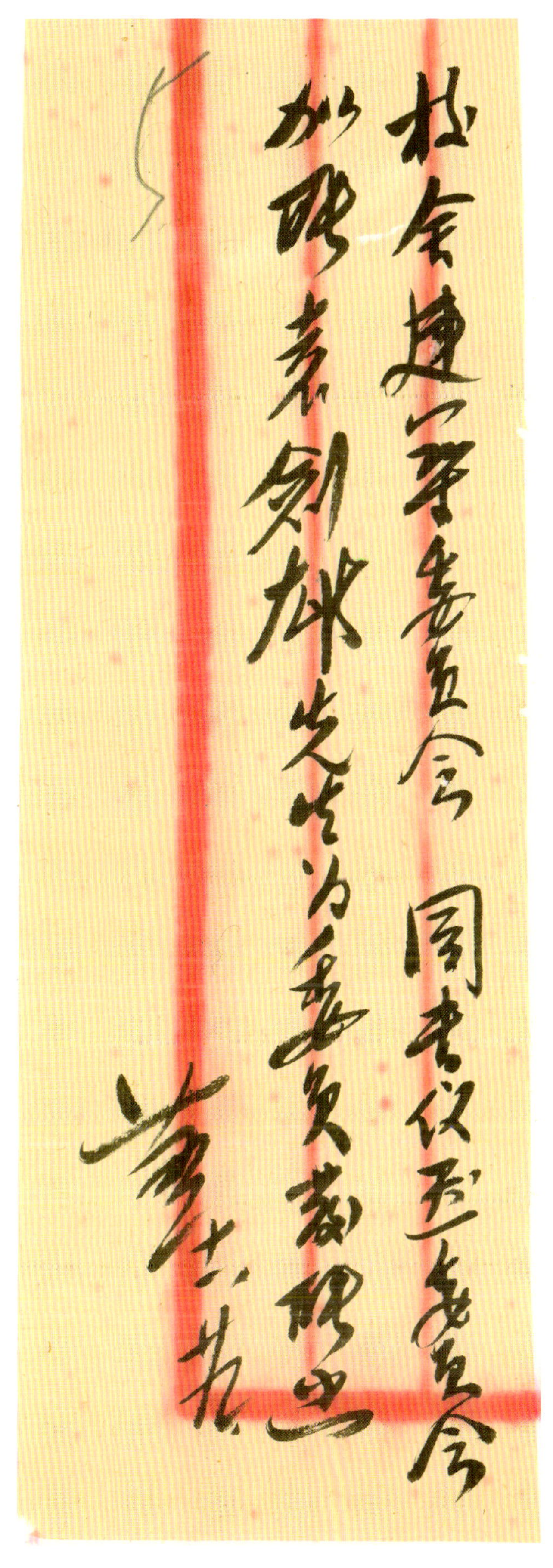

校舍建筑委员会　同意议送委员会
加聘袁剑雄先生为委员　敬希照办
萨　廿六、廿九

1942 年

郑肇经（1894—1989 年），字权伯，号衡庐，江苏泰兴人。德国萨克森工业大学毕业。创建中国第一所现代水利科学实验研究机构——中央水利试验所，创办中央大学水利系。任河海工科大学教授等职。后任中央水利实验处处长、水工仪器制造厂董事长。中华人民共和国成立后，历任同济大学、华东水利学院、河海大学教授等职。著有《河工学》等。本书收录郑肇经手迹 1 件：1942 年复甘肃水利林牧公司总经理沈君怡，保存该公司暂放在重庆中央水利试验所的材料及银箱安全无虞的信函。

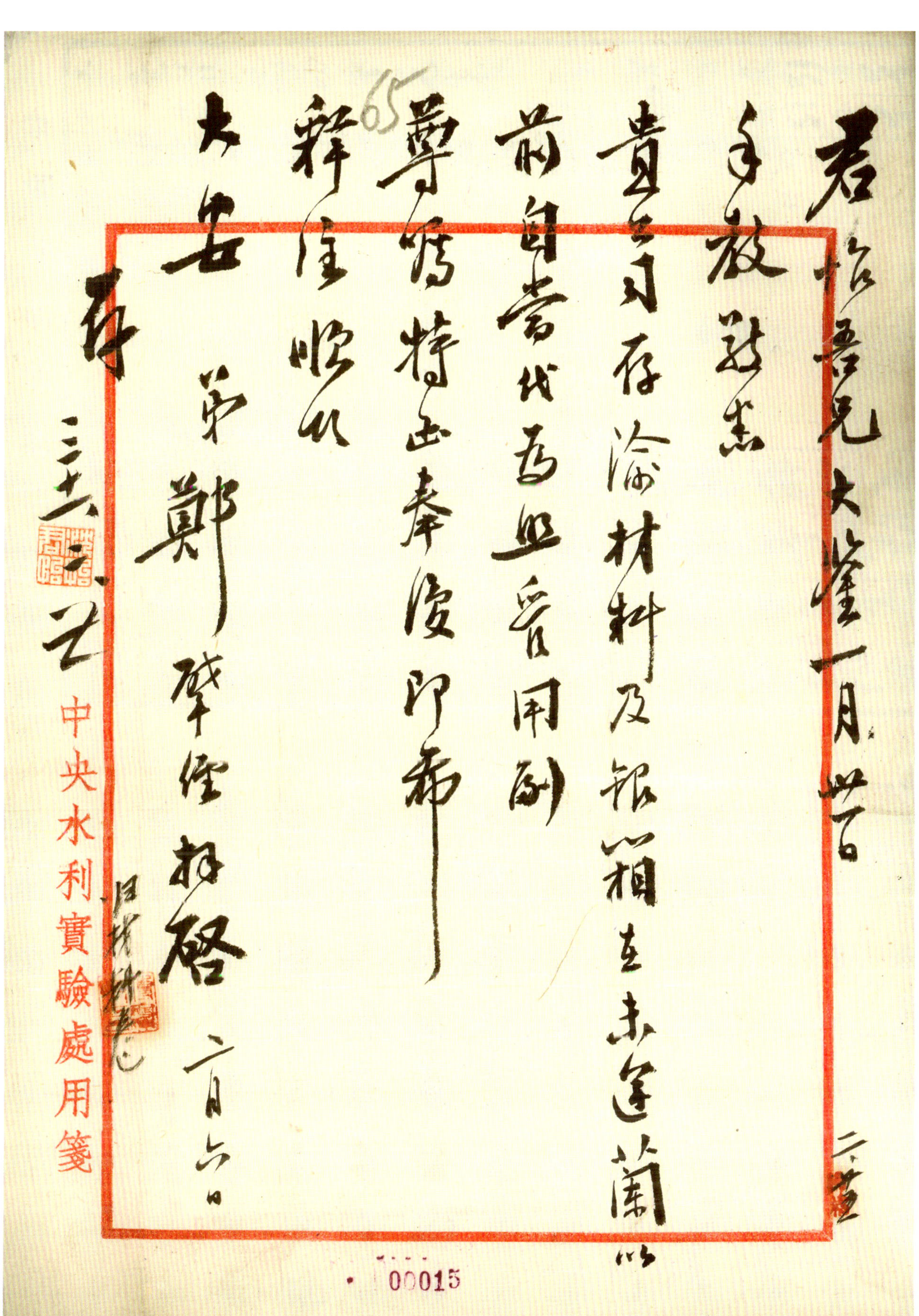

君怡吾兄大鉴：一月廿日

手教敬悉。

贵处寄存渝材料及银箱在未迁兰以

前自当代为照管，用副

尊嘱，特函奉复，即希

释注，顺颂

大安

弟 郑肇经 顿启 二月六日

存 三十六、二、廿

中央水利實驗處用箋

00015

宁恩承（1901—2000 年），辽宁辽中人。留学英国牛津大学，专攻财政金融学。历任东北大学秘书长兼代理校长、华北四省税务局局长、财政部顾问、中国农业银行总稽核、沈阳世和公银行总经理等职。后居美国。本书收录宁恩承手迹 1 件：致甘肃水利林牧公司总经理沈君怡，交涉解决该银行查阅水贷账册遭拒绝一事的信函。

18

君怡吾兄大鑒 頃奉 敝總經理交下
尊函並附
貴公司致甘肅建設廳函稿一件 祗誦種切
敝行派駐稽核人員因查閱水貸有關帳册
時遭拒絕一節
貴公司既謂並非事實 則其中不無誤
會之處 惟望此後能彼此相諒 消弭
爭端 以利事業之進行 幸甚禱甚 专

中國農民銀行總管理處

0-848

18

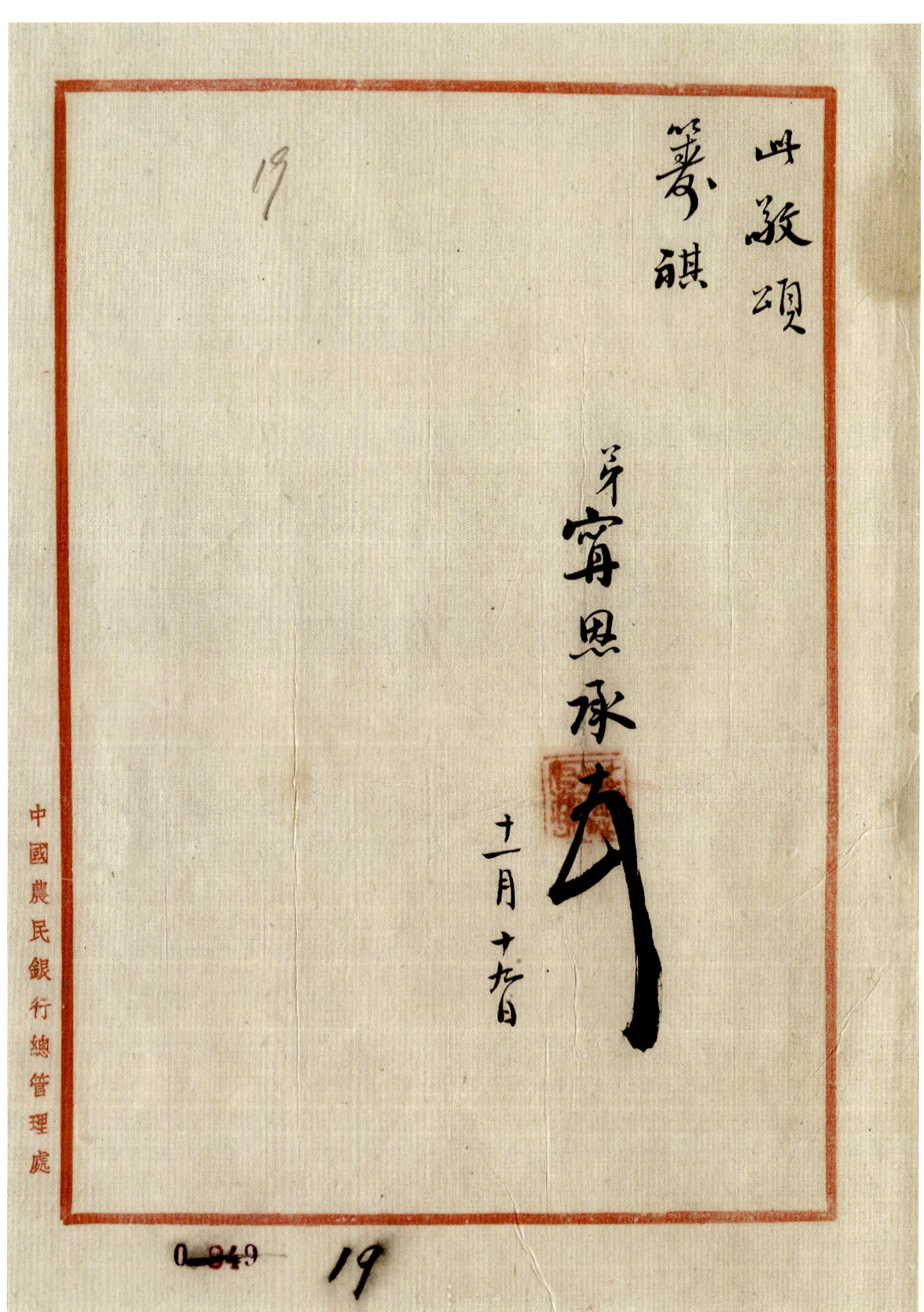

此致敬頌

籌祺

弟 甯恩承 啟

十一月十九日

中國農民銀行總管理處

0-049 19

1943年

高一涵（1885—1968年），原名永浩，别名涵庐，安徽六安人。日本明治大学政治经济系毕业。新文化运动代表人物之一，《新青年》杂志的主要撰稿人之一。历任中国大学、中山大学教授等。后任监察院委员、两湖监察使。1940年至1947年任甘宁青监察使。中华人民共和国成立后，历任南京大学法学院院长、江苏省司法厅厅长、江苏省政协副主席、江苏省民盟副主委、全国政协委员等职。著有《政治学纲要》等。本书收录高一涵手迹4件：致甘肃省银行为该行蔡静浦担保的担保书，附保证人和被保证人所填的表格；出巡期间由李锡五代行署务并报监察院手谕；因出席“国民代表大会”，巡视计划变更，派原佑仁等调查手谕；为兰州市夏季运动会优胜者题赠“自强不息”条幅。

40

信

逕覆者接奉　月　日

来函詢及敝號人所保之

貴行練習員蔡靜涵君現任　職務是否繼續擔保等因查　前

具之保証書敝號人仍願繼續有效擔負完全責任相應函覆即希

查照為荷此致

甘肅省銀行總行

對於蔡君永久担保不必再為麻煩

（此處請親自署名簽章須與原保證書相符）

高一涵啓

卅二年六月　日

42

保證人

個人担保	廠店担保	
姓名及字	廠店字號	高一涵
籍貫	代表股東經理姓名	安徽六安
職業職務	營業種類	甘寧青監察使
服務處所地址	開設地址	蘭州
住址	代表股東經理住址	蘭州曹家廳三號
與所保行員之關係		友誼
保證人財産信用情况由調查員在此欄内註明並簽註意見有無保證資格		

被保證人

姓名	蔡靜浦
年齡	四十三歲
籍貫	湖北江陵
住址	本行

審查認可	調查員簽名蓋章

核准備案	常董核閱蓋章

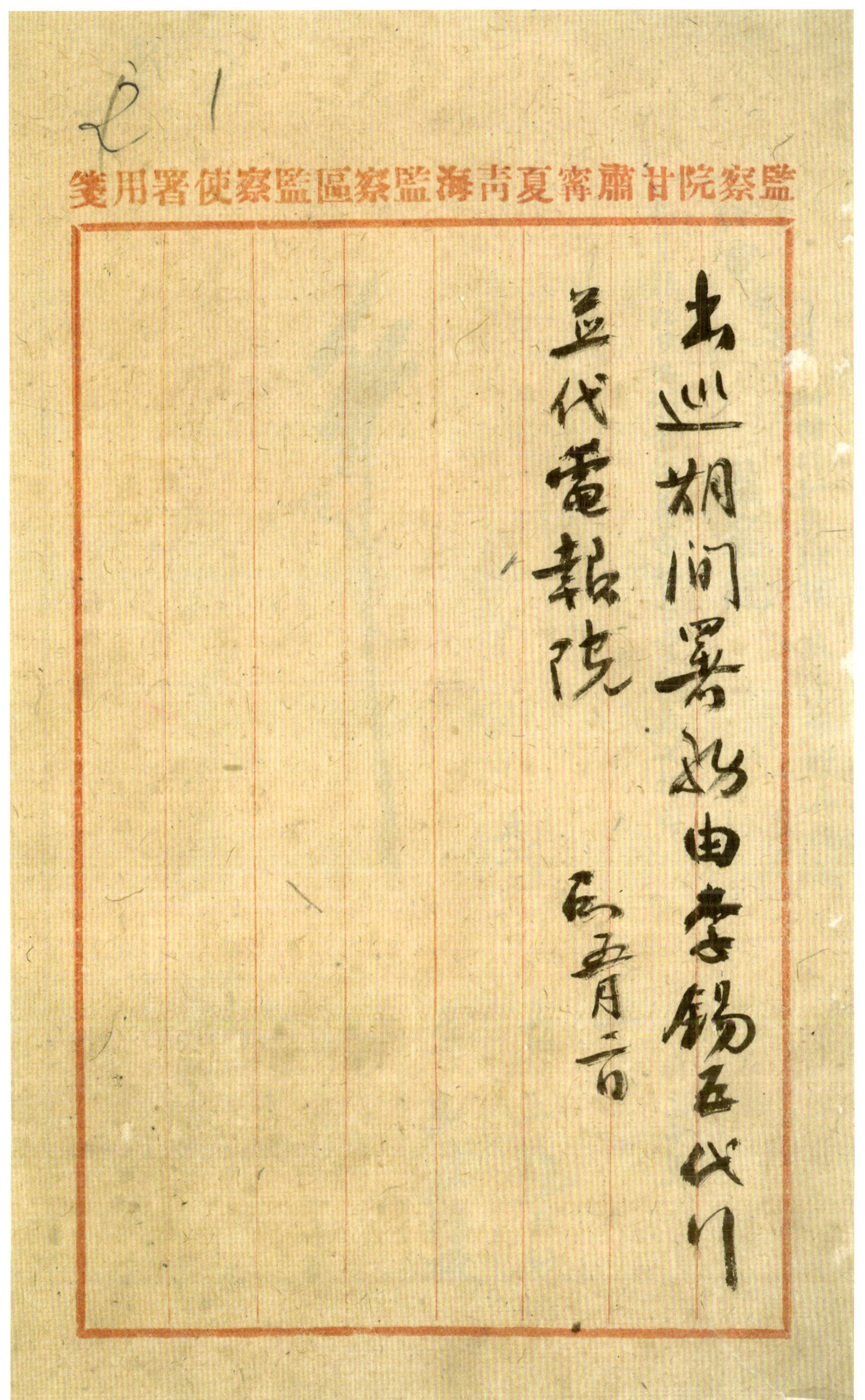

21

監察院甘肅寧夏青海監察區監察使署用箋

出巡期間署務由李錫五代行
並代電報院
高 五月二日

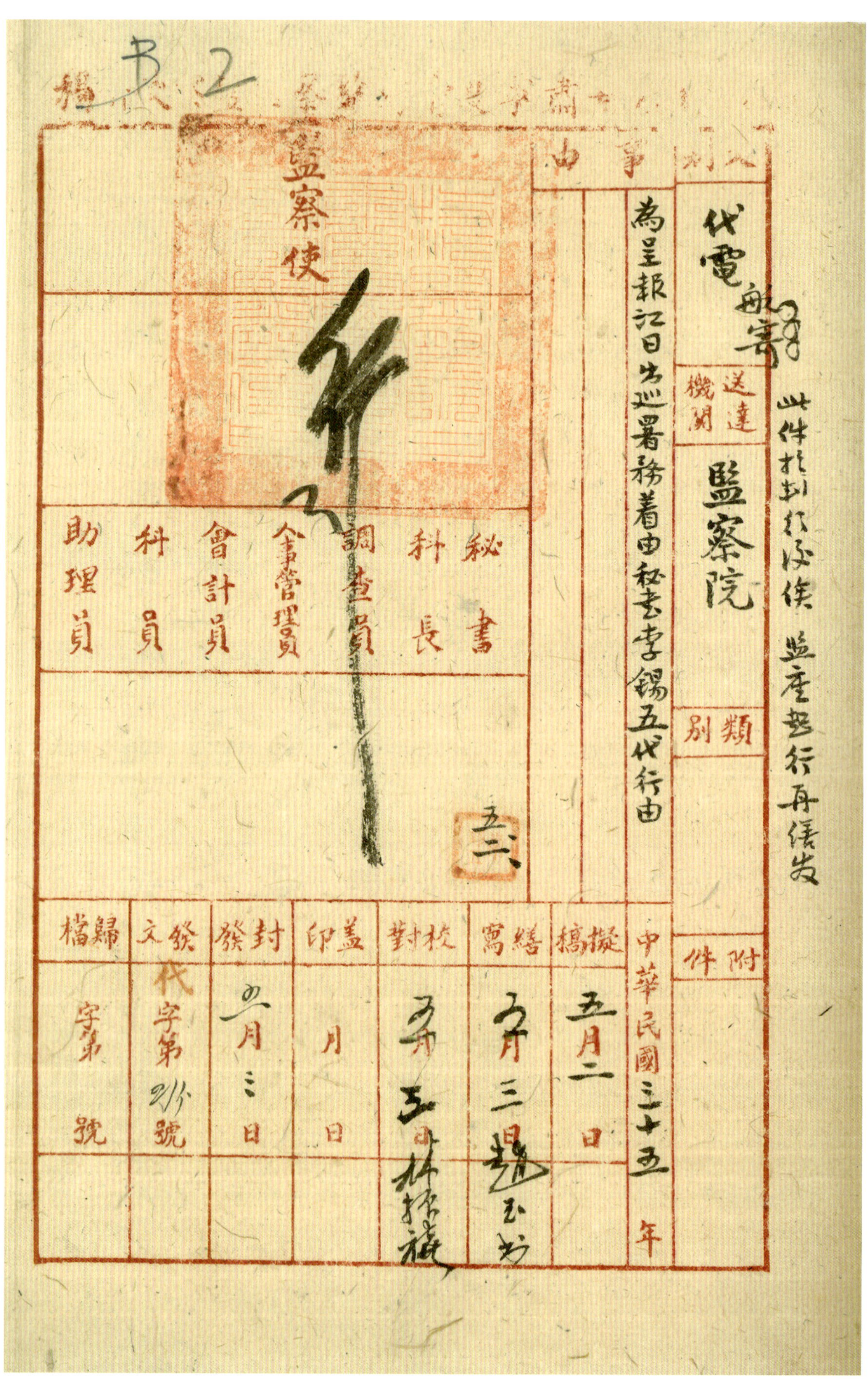

B2

監察使

代電 駐寧

送達機關：監察院

事由：為呈報江日出巡署務着由秘書李錫五代行由

此件擬封存後 監座返行再簽發

類別

附件

五二

擬稿	繕寫	校對	蓋印	封發	發文	歸檔
五月二日	五月三日 趙玉如	五月五日 林振旗	月 日	五月三日	代字第2/5號	字第 號

中華民國三十五年

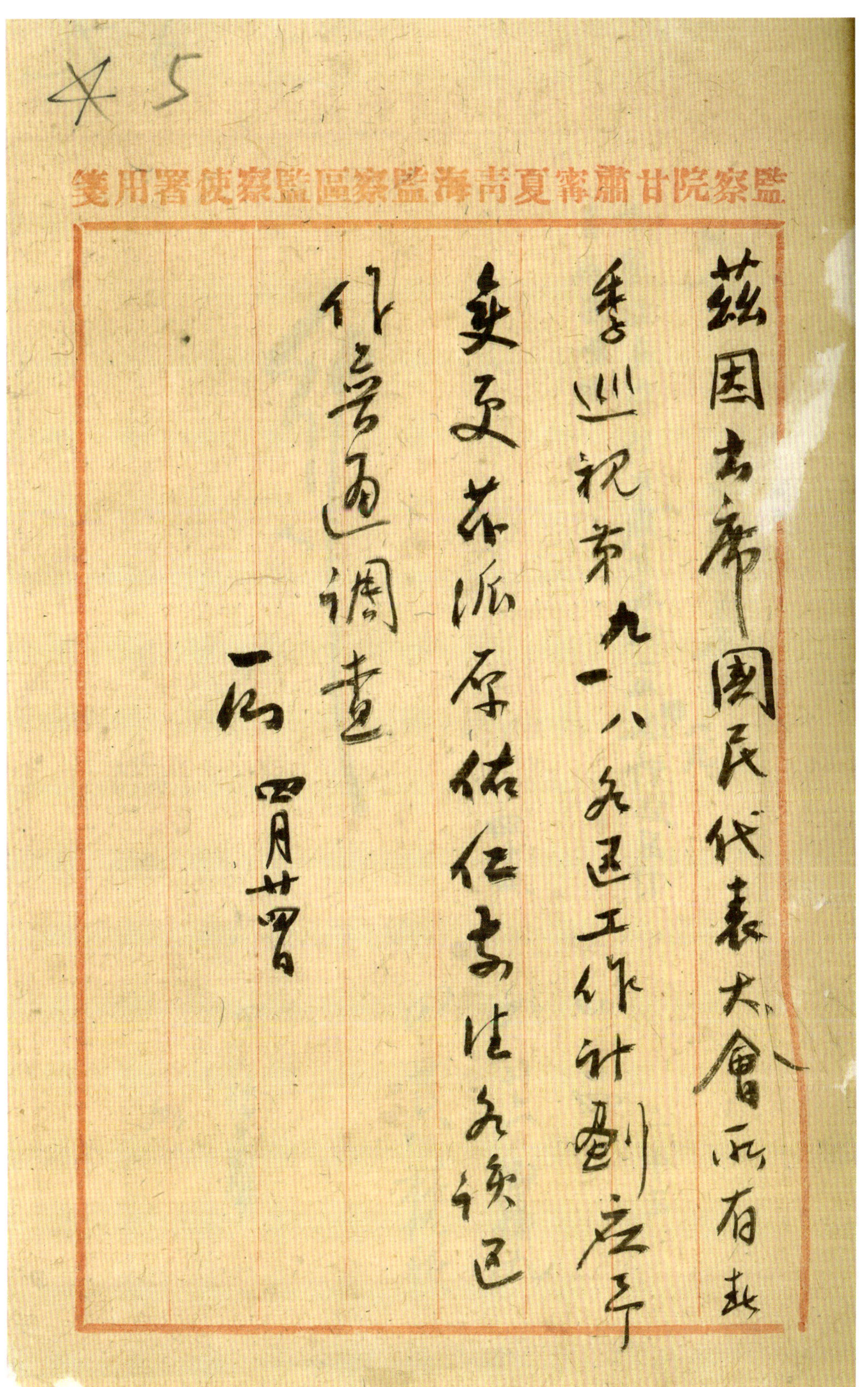

監察院甘肅寧夏青海監察區監察使署用箋

茲因出席國民代表大會所有春季巡視第九一八各區工作計劃應予變更茲派原估任專往各該區作之普遍調查

一丙

四月廿四

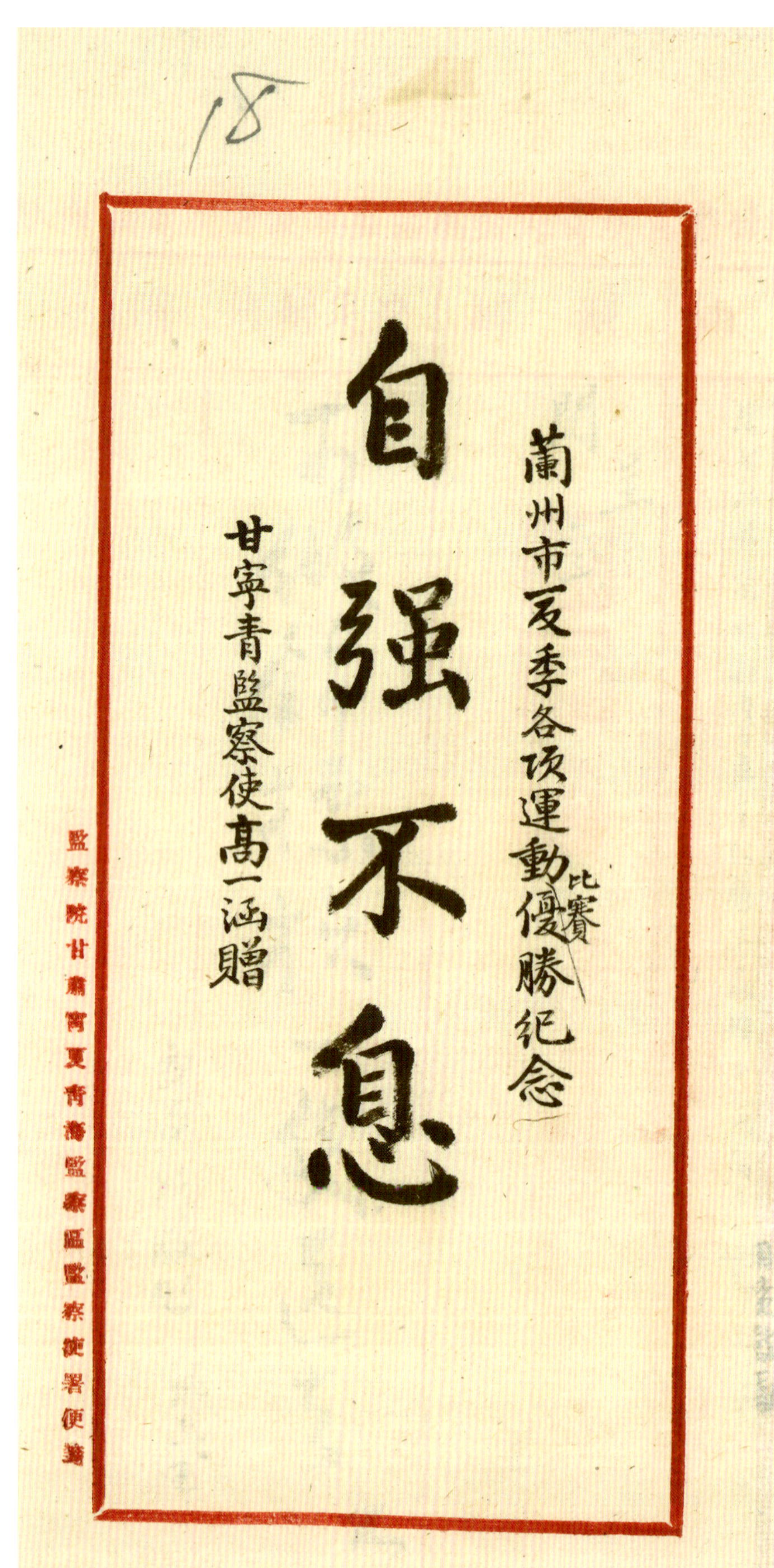
18
蘭州市夏季各項運動比賽優勝紀念
自强不息
甘寧青監察使高一涵贈
監察院甘肅寧夏青海監察區監察使署便箋

水　梓（1884—1973年），字楚琴，号煦园老人，甘肃榆中人。毕业于京师法政专门学堂。历任甘肃省立第一中学校长、甘肃公立法政专门学校教授、甘肃省政府代理秘书长、安徽省政府代理秘书长、甘肃省政府委员兼教育厅厅长、甘宁青考铨处处长、“国大”代表等职。中华人民共和国成立后，历任西北军政委员会委员、民革甘肃省委员会副主任委员、政协甘肃省委常委等职。著有《煦园诗草》等。本书收录水梓手迹1件：1943年致甘肃省银行常务董事王汝翼为赵雪前求职的信函。

甘肅省銀行總行

總經理核辦 翼注八、九、

鷺舟我哥惠鑒 久未暢談

時以爲念 比維

道履健佳爲頌 劉藝圃逝

去後我

兄代董事長職 想公務方面

較前繁忙也 弟 近患疝氣

多未出門 以是 芋春遠來

字第　號第　頁　中華民國　年　月　日

電話西分局七十二十九號

甘肅省銀行總行

尚未趋看陳懶之答以為歉
午前有趙雪前女士係老同學
楊子高內親臨洮前輩曹愚若
先生之子媳也前曾在省行供
職嗣充農行行員昨探葉
子美來譚因伊近來賦閒之意
仍在省行覓一工作特將懇介

字第　號第　頁

中華民國　年　月　日

電話西分局七十十二九號

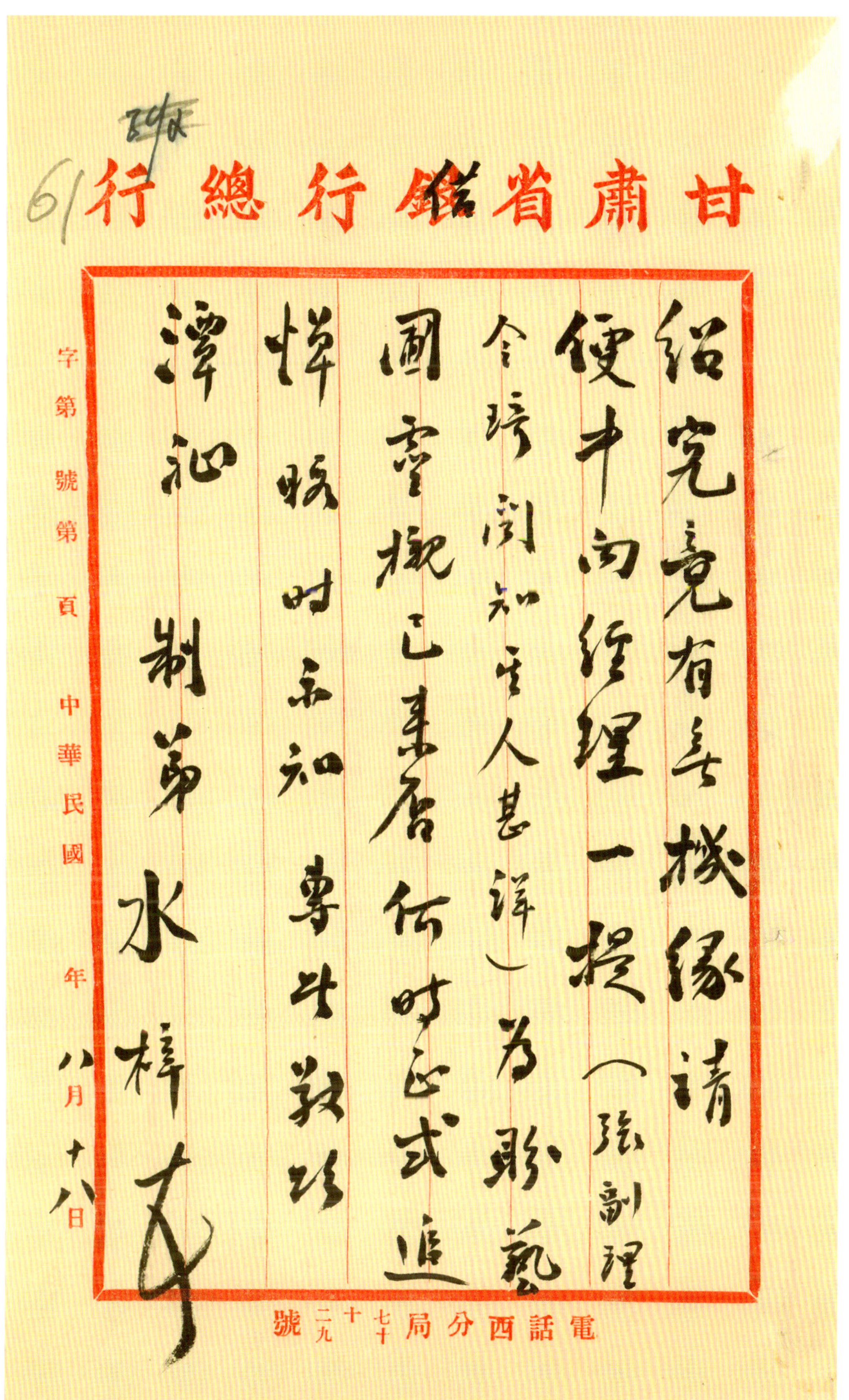

甘肅省銀行總行

紹究竟有無機緣請
便中向經理一提（張副理
令瑋則知其人甚詳）為影藝
圖靈概已集居何時正式追
悼略時示知專此敬頌
譚祉　制弟　水梓

字第　號第　頁
中華民國　年　八月十八日

電話西分局 七十 十 二九 號

郑通和（1899—1985年），字西谷，安徽庐江人。美国哥伦比亚大学教育学硕士。历任大夏大学教授、上海中学校长等职。1938年至1946年任甘肃省政府委员兼教育厅厅长。1949年去台湾，任台湾大学教授等职。著有《中等学校行政》等。本书收录郑通和手迹1件：1943年致甘肃省银行总经理朱迈沧为戴昭求职的信函。

甘肅省政府教育廳公用箋

邁滄吾兄總經理惠鑒：日前介紹戴曙君進省行工作，荷承許可，甚感。茲附上戴君履歷一紙，敬希查收。戴君任事負責，寫作俱佳，如蒙委以助理秘書或經濟研究室專員職務，定能勝任。特為負

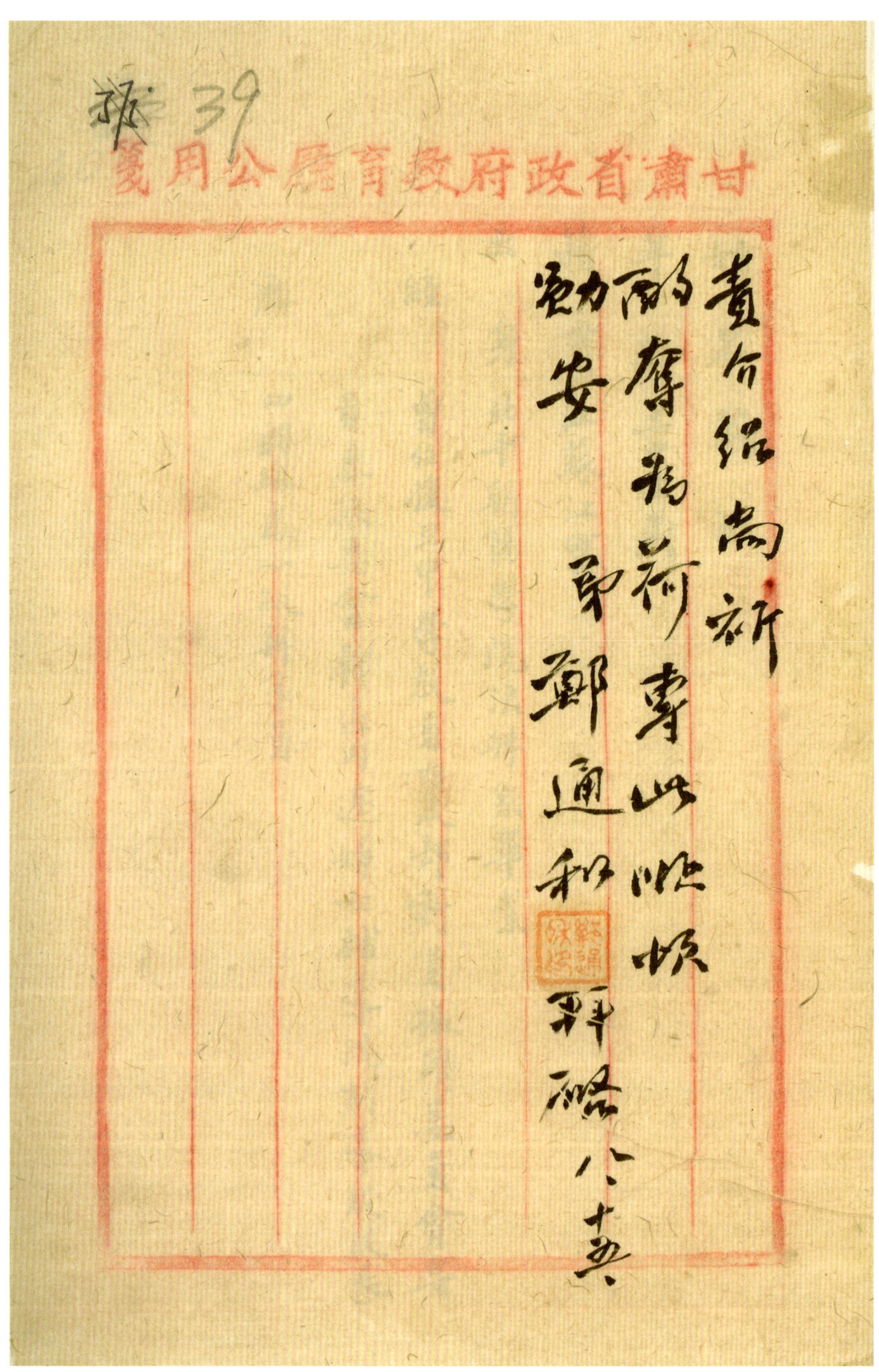

張 39

甘肅省政府教育廳公用箋

貴介紹尚祈

酌奪為荷專此順頌

勛安 弟鄭通和拜啟 八十五

邹秉文（1893—1985 年），字应崧，江苏吴县人。美国康奈尔大学植物病理学学士。历任金陵大学、东南大学教授，中华农学会理事长等职。1945 年任联合国粮农组织执行委员。1956 年回国，任农业部、高教部顾问，全国政协委员等职。著有《中国农业教育问题》等。本书收录邹秉文手迹 1 件：1943 年复沈君怡，请甘肃水利林牧公司农学工作者加入中华农学会推动工作进展及请认缴会费八百元的信函。

中華農學會

君怡吾兄大鑒敬啓者弟承乏中華
農學會事務轉瞬經年幸賴会內外
熱心人士協力贊助各項会務尚能順
序推進堪慰
廑注本年度本會中心工作除繼續編
印通訊會報及農學叢書外農學生獎
金及農學研究獎金亦可依照原定計劃
切實進行關於籌建会所事月內即將動

2

中華農學會

工預計三月中必可遷入亦以此後基礎稍穩當更勉力為我全國農界服務而毋負各方殷切之期望惟事業既形擴展其有賴我農界新生力量之熱烈參與共同策進當更為迫切吾兄主持之甘肅水利林牧公司事業及規模俱臻上乘同仁復多農學碩彥如蒙慨允加入本會為機關會員不僅本會基

3

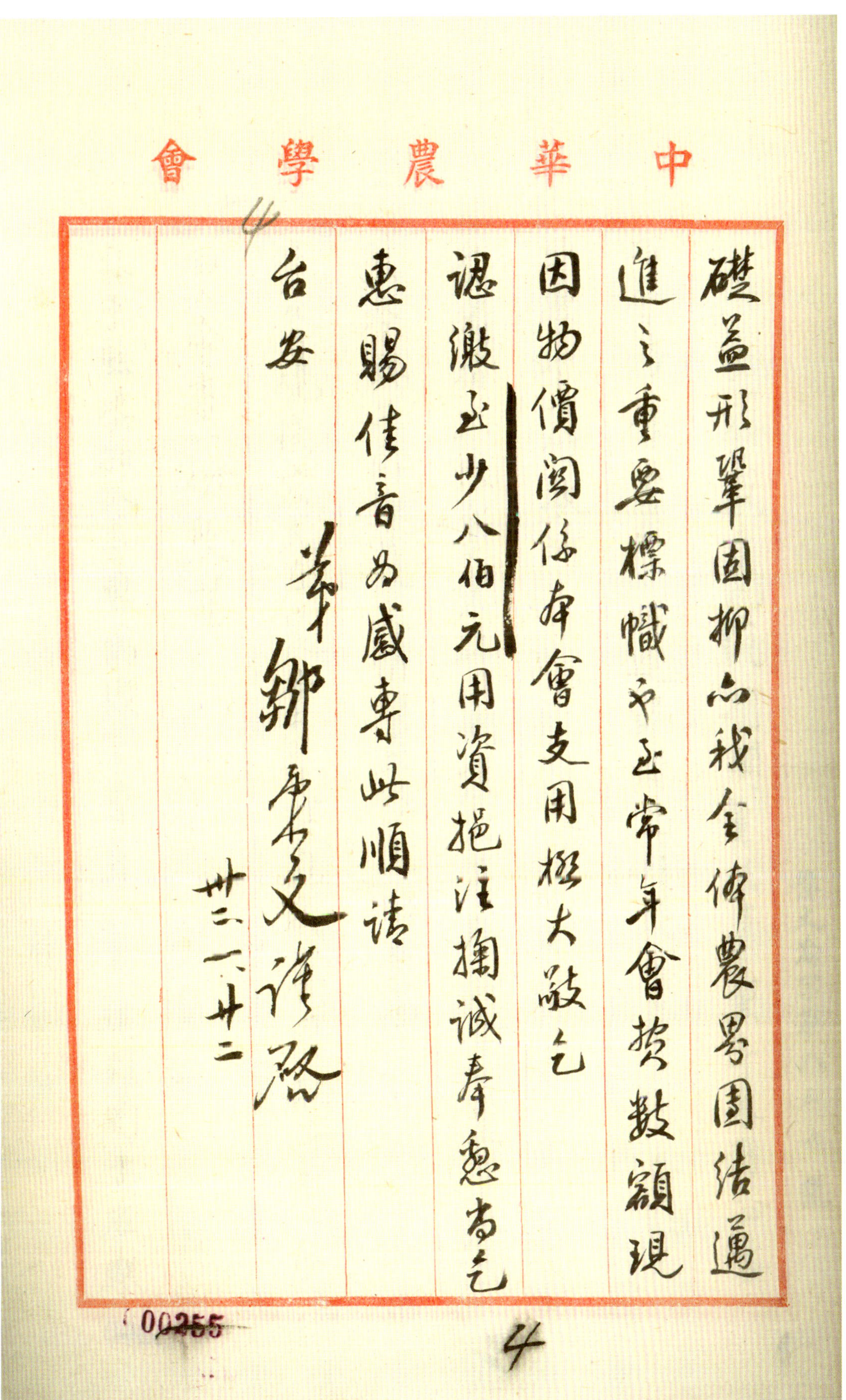

中華農學會

礎益形鞏固抑亦我全體農界團結邁進之重要標幟也正常年會捐數額現因物價關係本會支用極大敬乞認繳至少八佰元用資挹注掬誠奉懇尚乞惠賜佳音為感專此順請

台安

弟 鄒秉文謹啟

卅二、一、廿二

00255

4

傅焕光（1892—1972年），江苏太仓人。毕业于菲律宾大学森林技术管理科。历任东南大学农科秘书兼编辑，孙中山陵园主任技师、园林组长兼设计委员会委员，经济部林业司林科科长。1942年至1945年任农林部天水水土保持试验区主任。1950年任华东农林部林业局副局长。后任安徽省林业厅林业科学研究所副所长等职。著有《水土保持与水土保持事业》等。本书收录傅焕光手迹9件：致农林部部长沈鸿烈催要经费的信函2件、致农林部行骥处长信函6件、致农林部李司长信函1件，内容皆为工作事宜。

字第　號第　頁

重慶農林部部長沈鈞鑒：真滙（100,000.00）元

寒收取，乞迅賜飭滙章會字第（13063）指令

核准之移用開辦費（31,040.00）元及元月份經費

以濟需用，無任感禱。職傅煥光叩刪

印

農林部水土保持實驗區用箋

765

字第　號第　頁

重慶農林部部長沈鈞鑒：職區本年元、二月份經費、去年核發之開辦費31040元尚未蒙撥發，而職區呂二溝試驗場苗圃、河灘造林及總理逝世十八週年植樹紀念等工作已積極開始工作，懇祈迅賜電滙職區經臨各費，以資進行。

職傅煥光叩元印

農林部水土保持實驗區用箋

已稿并函答复 廿六

字第　號第　頁

行驥處長吾兄惠鑒：發次
部座返抵蘭垣，曾奉
惠箋，比患恙痊，
荷蒞渝，值茲年度開始，想
偉抱定與歲月俱新也。承需有無
電台設置，茲有呈
部電報二份，乞

農林部水土保持實驗區用箋

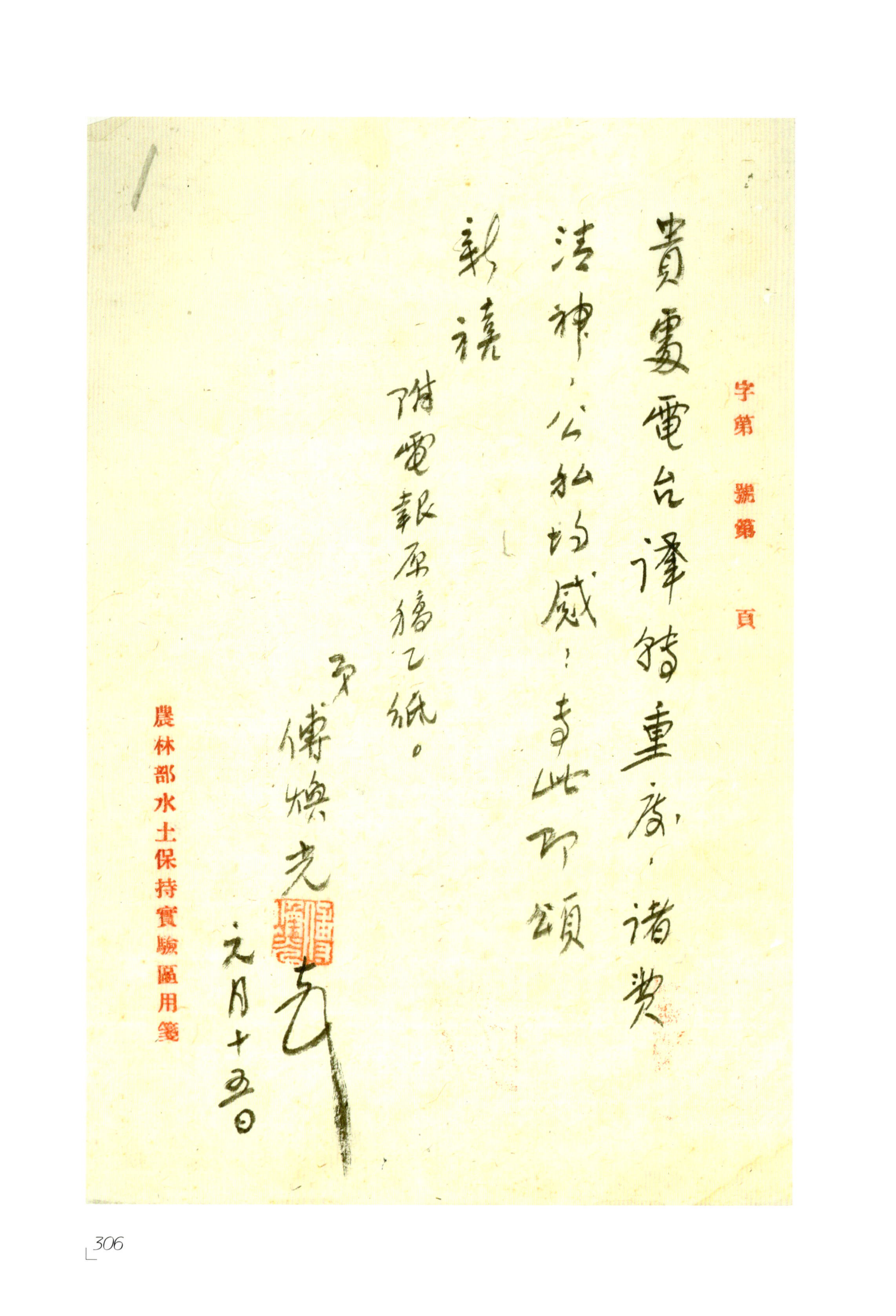

字第　號第　頁

貴處電台譯轉重慶，諸費

清神，公私均感，專此即頌

新禧

附電報原稿乙紙。

弟　傅煥光

元月十五日

農林部水土保持實驗區用箋

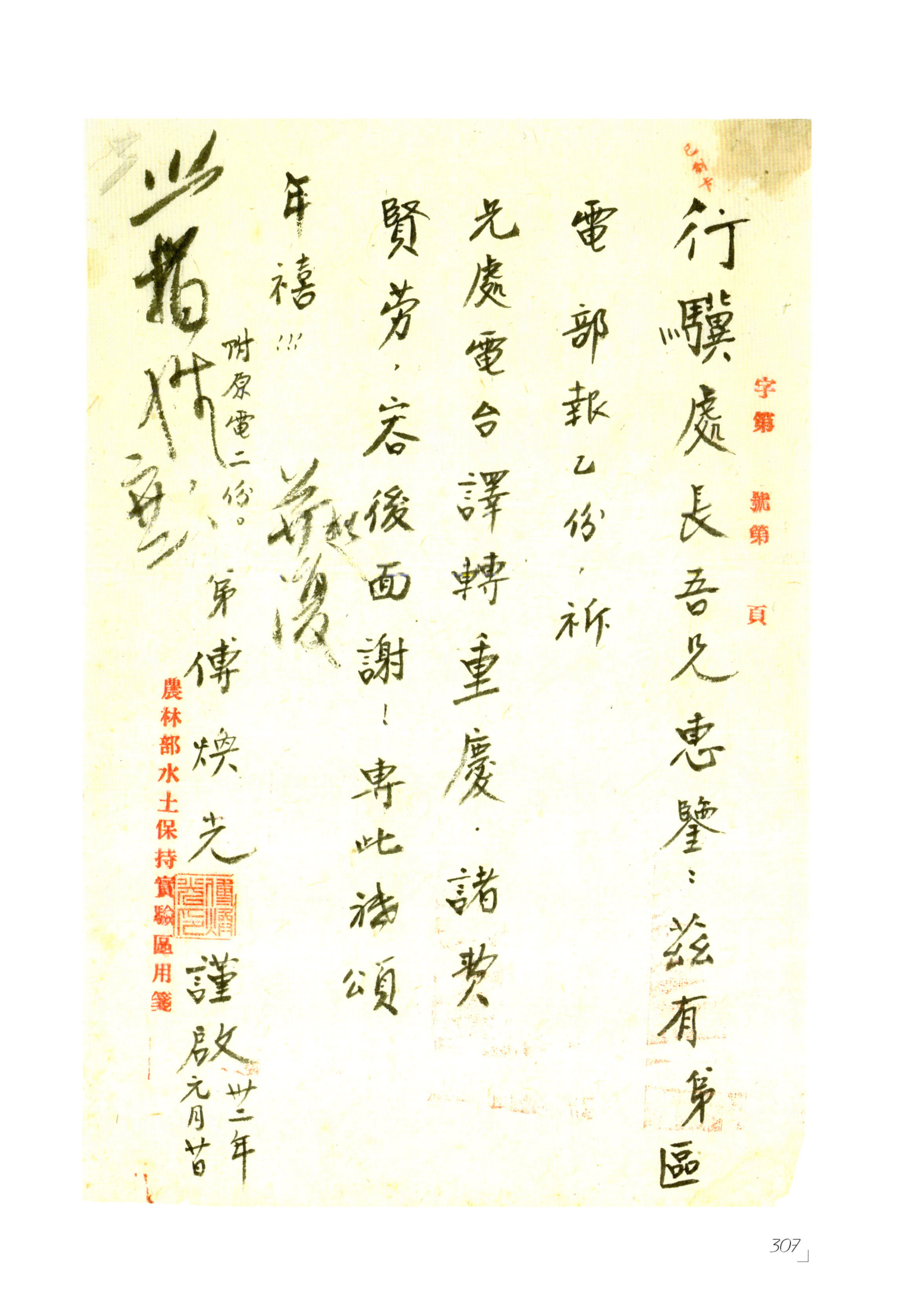

字第　號第　頁

行騏處長吾兄惠鑒：茲有弟區電部報乙份，祈
先處電台譯轉重慶，諸費
賢勞，容後面謝！專此祈頌
年禧！！！

附原電二份。

弟傅煥光謹啟
卅二年元月廿日

農林部水土保持實驗區用箋

以備參覆

字第　號第　頁

行驪處長吾兄勛鑒：前聞
大旆去滬，想對
貴處事業前途，定多進展，返蘭後
諒經旋北，惟百凡佳勝為頌！弟處集
因部款遲延及要公請示，煩請
貴處電台譯轉滬電，謹發

農林部水土保持實驗區用箋

字第　號第　頁

賢勞，心感彌已！茲有呈
部電文乙件，乞煩
貴處電台譯發，有瀆
清神，容後面謝！專此敬頌
儷祺!!!

弟傅煥光（印）謹啟

卅二、二、十二。

農林部水土保持實驗區用箋

字第　號第　頁

行驥處長吾兄勛鑒：茲上蕪箋，并附敝要
呈　部電文，煩請　貴處電台譯發至荷。
敝區自創設以來，諸凡草草，而　部中撥發
經費，每感短絀，誠使人有巧婦難為無米炊
之歎。茲有呈　部催請撥款電文一件，仍煩
我兄迅賜轉請
貴處電台譯發，最近或可來蘭，詳容

農林部水土保持實驗區用箋

字第　號第　頁

勞神之處，容當面謝！專懇即頌

儷祺

弟傅煥光謹啓

廿六、六、廿五。

農林部水土保持實驗區用箋

字第　號第　頁

恭有柏蔭重慶農林部
電文乙件，即乞
費神譯轉，先日內派蘭霞
再面談。
謝忱！此頌
行驥霧長兄之時祉
以譯[illegible]
弟傅煥光拜上　三、廿六

先抄已譯出

農林部水土保持實驗區用箋

行驥先生：秋季凡可作勝而
收者，速寄。即今將論文與羅德民
博士商水土保持工作，已請張一能手
心一意，青中同志論海飛機學術
之多者，經驗不易之。
其功前進將破凱更示，以資
革倡。先生與余至青二十六日到重
慶。又呈羅氏乞。十二日 一龍

農林部水土保持實驗區用箋

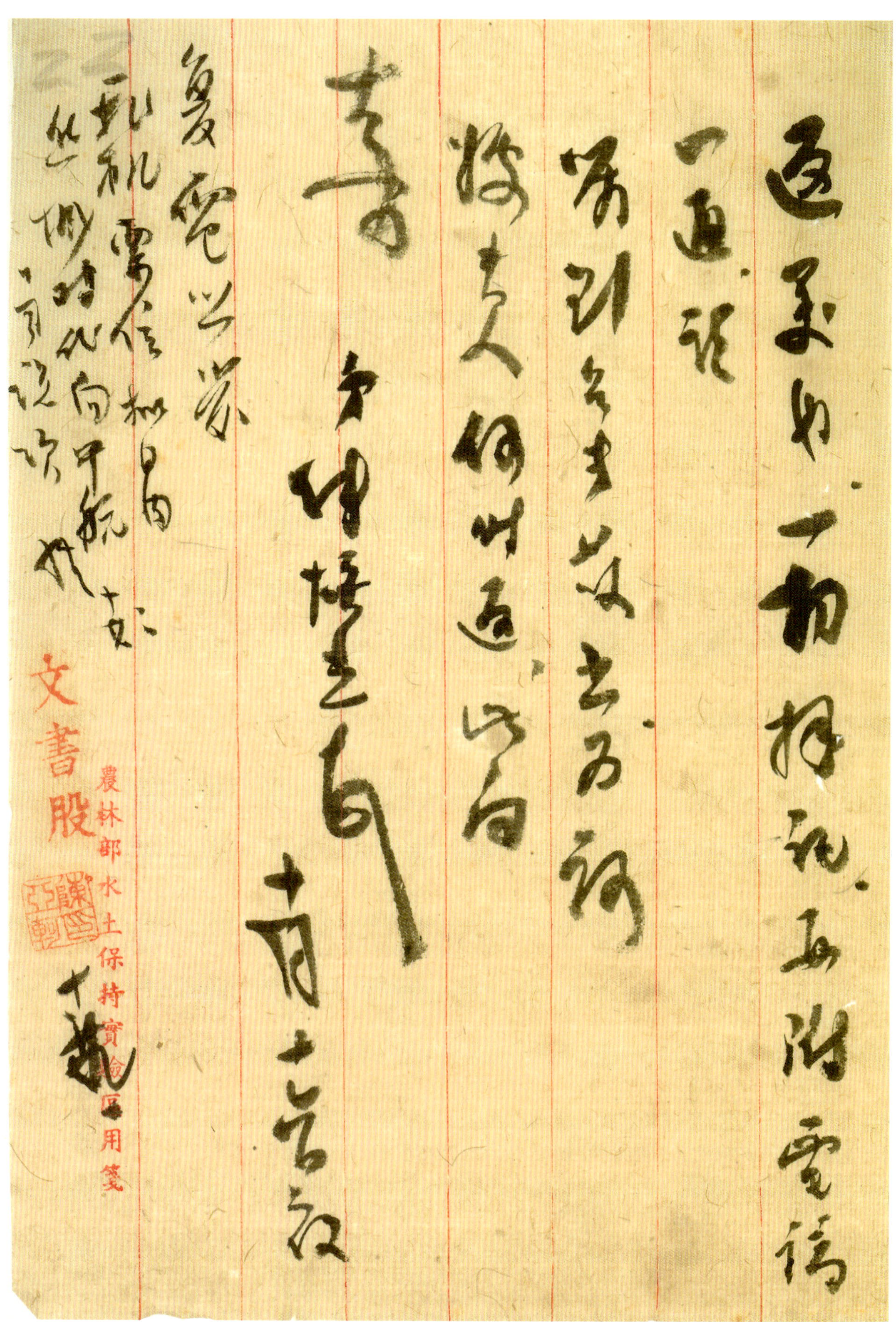

文書股

農林部水土保持實驗區用箋

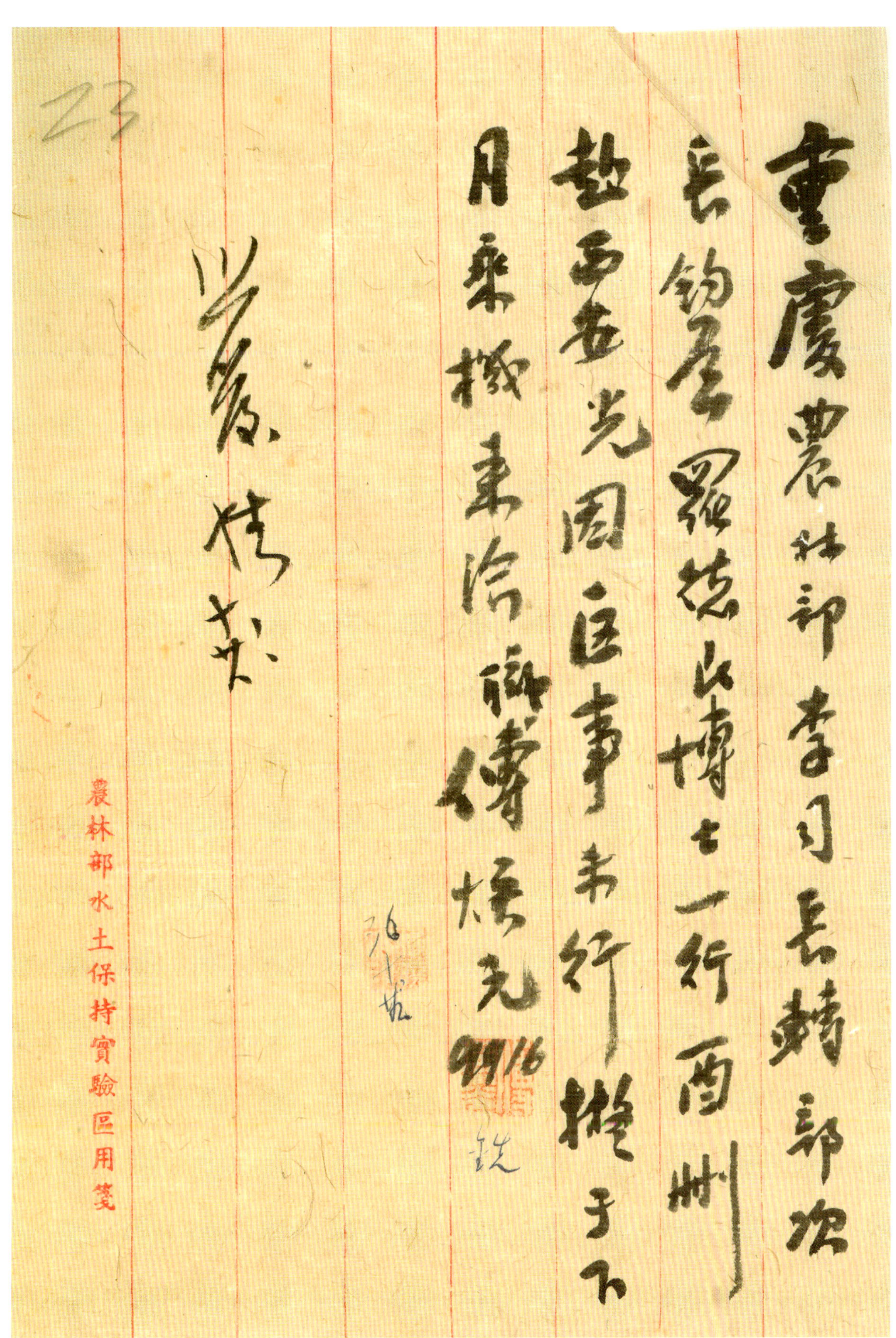

重慶農林部李司長轉郭次長鈞鑒：羅德民博士一行酉卅抵西安，光因區事未行，擬于下月乘機來渝。職傅煥光叩

以後情形

農林部水土保持實驗區用箋

1944年

向　达（1900—1966年），字觉明，土家族，湖南溆浦人。东南大学毕业。曾任北平图书馆编纂委员会委员。1934年至1938年赴欧洲整理、抄录敦煌卷子、吐鲁番出土文书等。后任教于浙江大学、西南联合大学、北京大学等。1942年任中央研究院西北史地考察团考古组组长。1954年任中国科学院历史研究所第二所第一副组长、中国科学院学部委员等。著有《唐代长安与西域文明》等。本书收录向达手迹1件：1944年向达、夏鼐呈甘肃省政府主席谷正伦请省署下令河西各县政府协助考察团调查考古工作的信函，上有民政厅厅长赵龙文批示手迹。

民
第三科

謹呈者去歲國立中央研究院組織西北科學攷察團具地理地質組專注重於新疆之地理地質調查歷史攷古組則於今春命向達夏鼐二人率領赴甘肅河西一帶作調查及發掘工作並由內政部教育部會同發給第八號採取古物執照以為憑證達等茲定於日內即行自蘭州出發逕赴河西先在金塔及敦煌二地工作俟金塔及敦煌之工作告一段落然

民字第4191號

後東歸東歸時沿途在安西玉門酒泉張掖
民勤武威諸地並擬留若干時日從事於歷
史考古之調查或發掘工作今謹將內政部
教育部所發採取古物執照隨函呈
覽伏祈
准予備案並懇
通知上開各地方政府予以協助俾敝組工作
得以順利進行下情毋任感荷之至謹呈

38

34

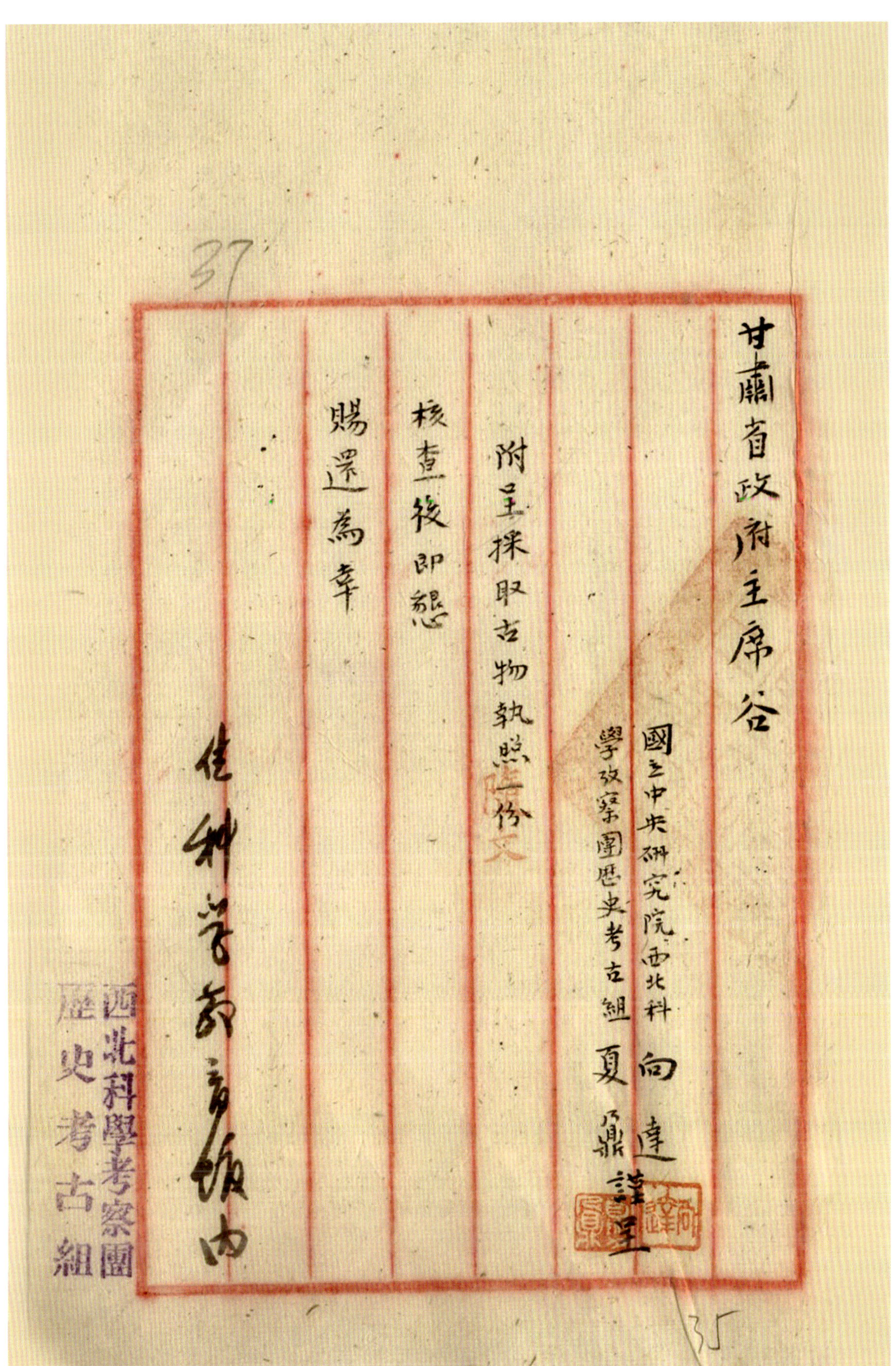

甘肅省政府主席谷

國立中央研究院西北科學考察團歷史考古組 向達 夏鼐 謹呈

附呈採取古物執照一份

核查後即懇

賜還為幸

西北科學考察團歷史考古組

1945 年

翁文灏（1889—1971 年），字咏霓，号君达，浙江鄞县人。比利时鲁汶大学地质学博士。创办地质调查所，任北京大学、清华大学教授。后任经济部资源委员会秘书长、行政院长、中央研究院院士等职。1954 年以来任全国政协委员、民革中央常委等。著有《中国矿产志略》等。本书收录翁文灏手迹 1 件：致杨公兆请求保存礼品的信函。

127

公兆吾兄大鑒：接奉本月二十日
代電，囑於前存蘭州禮品一節，仍
請
兄暫為保存為荷。特復，並頌
大安

弟翁文灝拜啟
十月廿四

經濟部資源委員會用箋

慕寿祺（1875—1947 年），字子介，号少堂，甘肃镇原人。光绪举人。同盟会员。历任甘肃高等学堂教习、甘肃临时省议会副议长、甘肃学院教授等职。创办《拓报》。著有《甘宁青史略》等。本书收录慕寿祺手迹 2 件：致函甘肃学院院长宋恪（秉三），请其将著作《诗训求古》《读经笔语》及证明文件、履历表转呈教育部，以完成甘肃学院教授资格的审查工作，附甘肃学院延聘状存根；致函甘宁青监察使高一涵，请求高以电话通知地方法院检查处同意保释广播电台台长葛豫夫夫人王德贞等。

蘭州拓報社

東三院長台鑒逕啟者教育部所辦大學及獨立學
院教員資格審查一案同人等以弟曾充
貴院文史系教授八年藉審定資格可將著作名目上
達中央免致埋沒等情桑梓愛好之意弟未便推卻因
檢出詩訓求故讀經筆語二種底藁連同文件一本履歷表三
份因照相遲延今晨始取回統呈
台鑒請飭科速辦公事務希今日下午送
冠參政子元轉交實為

字第　號第　頁（覆文時請註明原字第號）

中華民國　年　月　日

仰文
查
速
办
并
之

6870

蘭州拓報社

方便之至所請求者公事月份填六月下旬甘院文史系教員聘狀均遺失請
院長證明是為至盼弟在甘肅教育界服務三十四年亦請
叙明
郭教育長處均此恕未另　弟抱河魚之病未獲趨聆
麈談歉甚履歷表三份其繕寫工整的兩份呈教育部
書兩部審查後請發還為感手此代面順候
早綏
弟慕壽祺拜手　七月二日辰刻

附詩訓求放讀經筆語各一部　证明文件一大本　履歷表三份

中華民國　年　月　日

字第　號第　頁（覆文時請註明原來字第號）

甘肅省臨時參議會用牋

涵庭監察使台鑒 敝友萬豫夫台長其夫人王德貞
暨廣播電台事務科長周光被吳融秘馬正清等
反噬暫被押大業經大華飯店呈請保釋隨傳隨
到而
地方法院檢察處昨日尚未批准由豫夫清楚琴諸
公設法維持外祈
公以電話通知地檢察之處可否乞
卓裁餘面譚順候
荃安
祺叩

24
高監察使台啟
呈
甘肅省臨時參議會緘
慕

袁翰青（1905—1994 年），江苏南通人。美国伊利诺大学哲学博士。历任中央大学、四川大学、北京大学等大学化学系教授。1939 年起任甘肃科学教育馆馆长、西北师范学院教授。中华人民共和国成立后，任文化部科学普及局局长、商务印书馆总编辑、中国科学院学部委员、九三学社中央委员会常委等职。著有《中国化学史论文集》等。本书收录袁翰青手迹 1 件：1945 给甘肃省教育会送《公共守则》文件的批示。

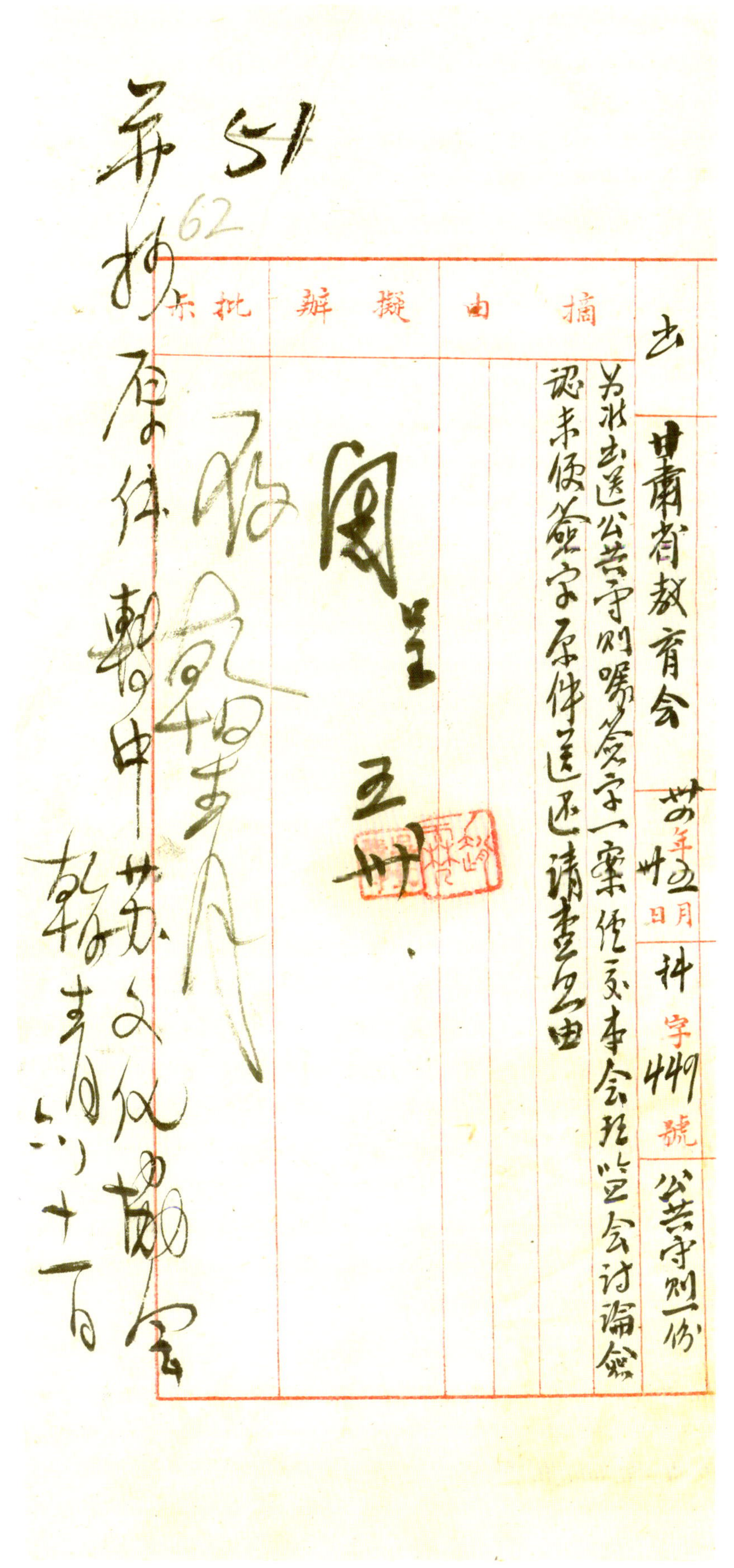

51

62

出 甘肃省教育会

廿年五月廿五日

收 字449號

公共守则一份

摘由：为函送公共守则嘱签字一案经交本会开会讨论佥认未便签字原件送还请查照由

擬辦：阅呈 五卅

批示：[illegible]

[illegible]

56

70

國立甘肅科學教育館稿

文別	公函
送達機關	中苏文化协会兰州分会
事由	为准甘肃教育会送还必芙守则,准作登字相应函请查照由

館長 行 韓

組主任

會計主任

工程師

幹事

中華民國三十四年

六月十二日擬稿

六月十二日判行

六月十二日下午四時繕寫

六月十二日下午時封發

文字第387號

檢案字第號

送稿第154號

號

附件

案准

甘肃省教育会三十四年五月二十九日公函开

「马扬原函」

等由准此除将送还必芙守则特存外,并将……相应函请

叶培忠（1899—1978 年），原名沈培忠，江苏江阴人。金陵大学森林系毕业。曾参与筹建孙中山陵园植物园。1930 年被派往英国爱丁堡皇家植物园学习植物园设计规划、植物栽培技术。历任南京中山植物园主任、财政部贸易委员会重庆桐油研究所研究员、武汉大学教授。1943 年任农林部天水水土保持试验区技正、主任。1952 年起任华中农学院、南京林学院教授。当选湖北省第一届人民大会代表、中共江苏省第六次代表大会代表。著有《植物繁育》等。本书收录叶培忠手迹 1 件：1945 年致甘肃建设厅厅长张心一，请拨天水水土保持试验区经费的信函。

心一廳長鈞鑒前奉蕪函諒邀
青覽關於小型農田水利施工督導事宜極為
贊同自應派員協助進行惟傅主任依仍未返
本區經費猶未確定且本身工作甚為繁忙
技術人員不敷分配兼以交通阻滯恐事實
未能盡如
尊意辦理茲擬在指定區域內遴擇可能工
作縣份前往督導其所餘縣份請

農林部水土保持實驗區用箋

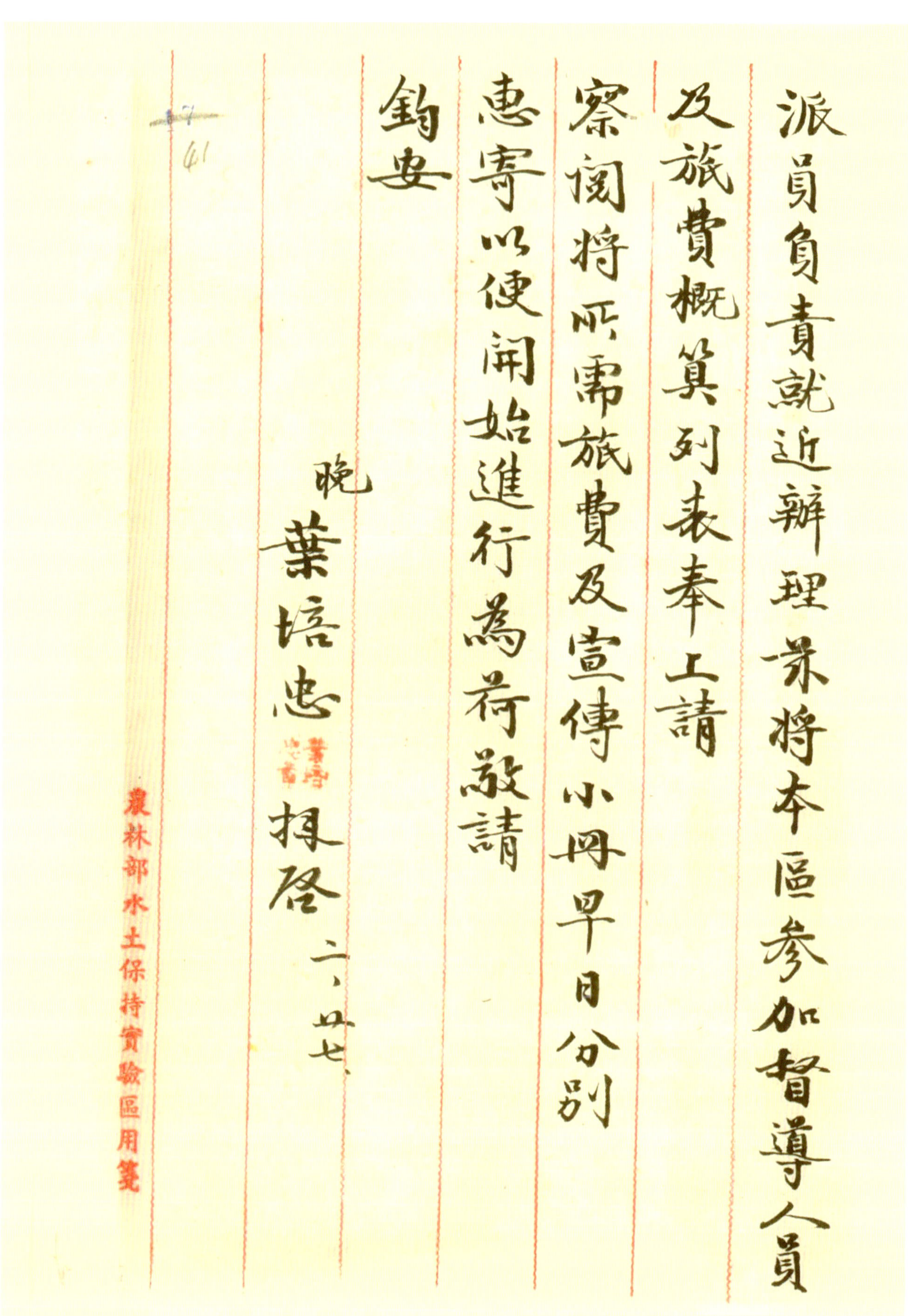

派員負責就近辦理並將本區參加督導人員
及旅費概算列表奉上請
察閱將所需旅費及宣傳小冊早日分別
惠寄以便開始進行為荷敬請
鈞安

晚 葉培忠 拜啓 二、廿七

41

農林部水土保持實驗區用箋

原素欣（1900—197 年），辽宁宽甸人。美国威斯康星大学工科硕士。曾任中央大学水利系教授兼系主任。1941 年任甘肃水利林牧公司副总工程师，次年任水利林牧公司酒泉工作站和鸳鸯池水库工程处主任兼总工程师，后任南京市工务局局长。中华人民共和国成立后，任华东军政委员会农林水利部工务处处长、河南省治淮指挥部工程部副部长、中央水利部技术委员会委员、中央水利部设计局副局长、水利电力部水力发电建设总局副总工程师等职。本书收录原素欣手迹 1 件：1945 年致甘肃水利林牧公司总管理处，关于对调水文观测员张庚尧、魏文玺工作的专函。

30

年　月　日　收文　字第　號

事由：函覆調張庚堯管理物料不致影響臨水河水文站觀測工作

附件

甘肅水利林牧公司肅豐渠工程處函

三四肅豐字第346號

中華民國34年11月11日發

總管理處

奉　三四總字第1974號函以本處擬調張庚堯管理物料是否影響臨水河水文站觀測工作飭具報等因查觀測員張庚堯係與本處僱員魏文奎對調魏員曾任金塔梧桐河及安西疏勒河水文站觀測工作後調本處管理物料茲張魏二員對調當可不致影響臨水河水文站觀測工作理合具覆敬請鑒核

主任　原素欣

1946 年

张治中（1890—1969 年），字文白，安徽巢县人。保定陆军军官学校毕业。历任黄埔军校军官团团长、第五军军长、第九集团军总司令、湖南省主席、军事委员会政治部部长、三青团书记长。1945 年任西北行营主任兼新疆省主席。中华人民共和国成立后，历任西北军政委员会副主席、全国人民代表大会常务委员会副委员长、中华人民共和国国防委员会副主席、政协全国委员会委员、中国国民党革命委员会中央副主席等职。本书收录张治中手迹 1 件：复甘肃省教育厅厅长宋恪同意张士斌等四人赴新疆工作的信函，上有宋恪收件手迹。

甫电
宋组
六、廿六

軍事委員會委員長西北行營用箋

寄之吾弟大鑒：四月卅日来函诵悉。张士斌等四同志，既有志来新服务，自可照办。罗隆懋秘书处署予录用外，特复并颂
时祉

张治中
五月十三日

辛树帜（1894—1977 年），字先济，湖南临澧人。毕业于武昌高等师范学校（武汉大学前身）生物系。自费赴英国、德国学习生物学。历任中山大学、中央大学教授，西北农林专科学校校长、兰州大学校长。1950 年任西北农学院院长，后任全国政协委员等职。著有《我国果树历史的研究》等。本书收录辛树帜手迹 5 件：致甘肃省政府主席谷正伦关于教育部确定设立兰州大学、西北兽医学院事宜的信函；派杨永芳为助教在教务处服务，派张云鹤为历史系助教，致教务长郭维屏的两件手谕；派李静宜为图书馆馆员、聘孔宪武为兼任教授的两件手谕。

事由

存

教育部武漢區教育復員輔導委員會

中華民國三十　年　月　日收文　字　號

字　號

附件

中華民國　年　月　日發

育儀一農

蘭州省府谷主席　勛鑒中樞為促
興西北文物樹立文化重心明令設立蘭州大學
派樹幟出任校長自維才輇任重受於上月
到京即約集專家與教部再三研討現已決定
大學設文理法醫三院又教部決在蘭設立獸醫

学院將來亦劃歸本校、愧擬俟向內地覓洽聘要教授，訂購儀器圖書後即西來。今後一切敬請多予指導協助為感。

辛樹幟 廣

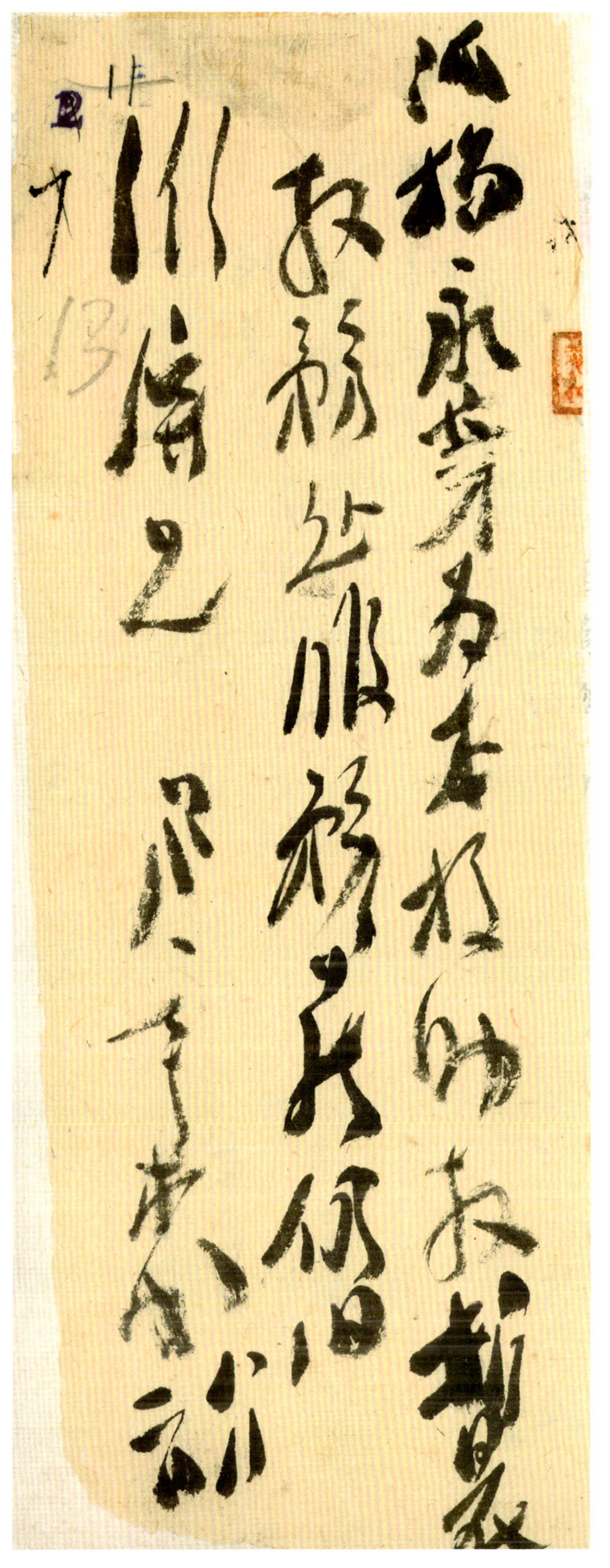

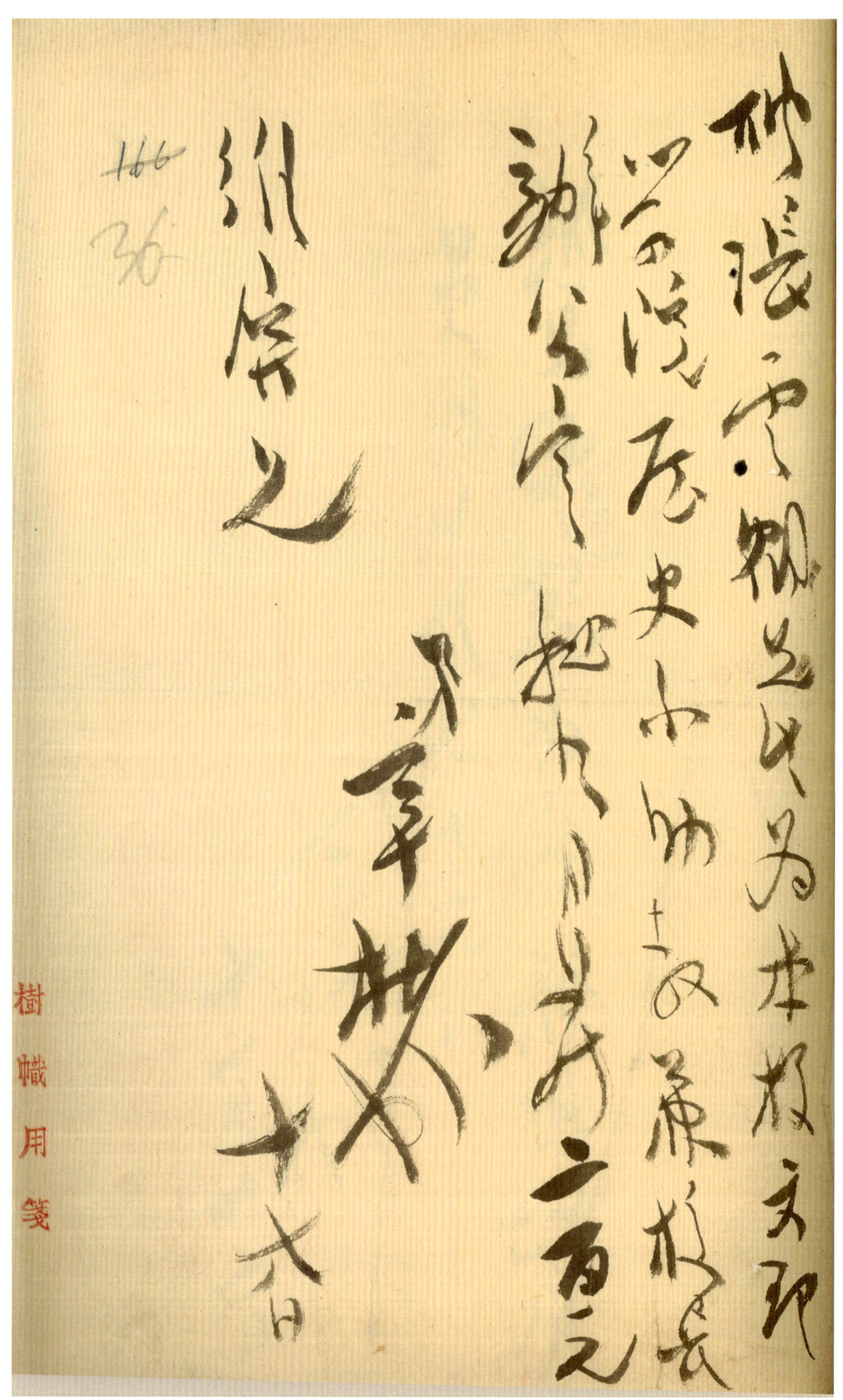

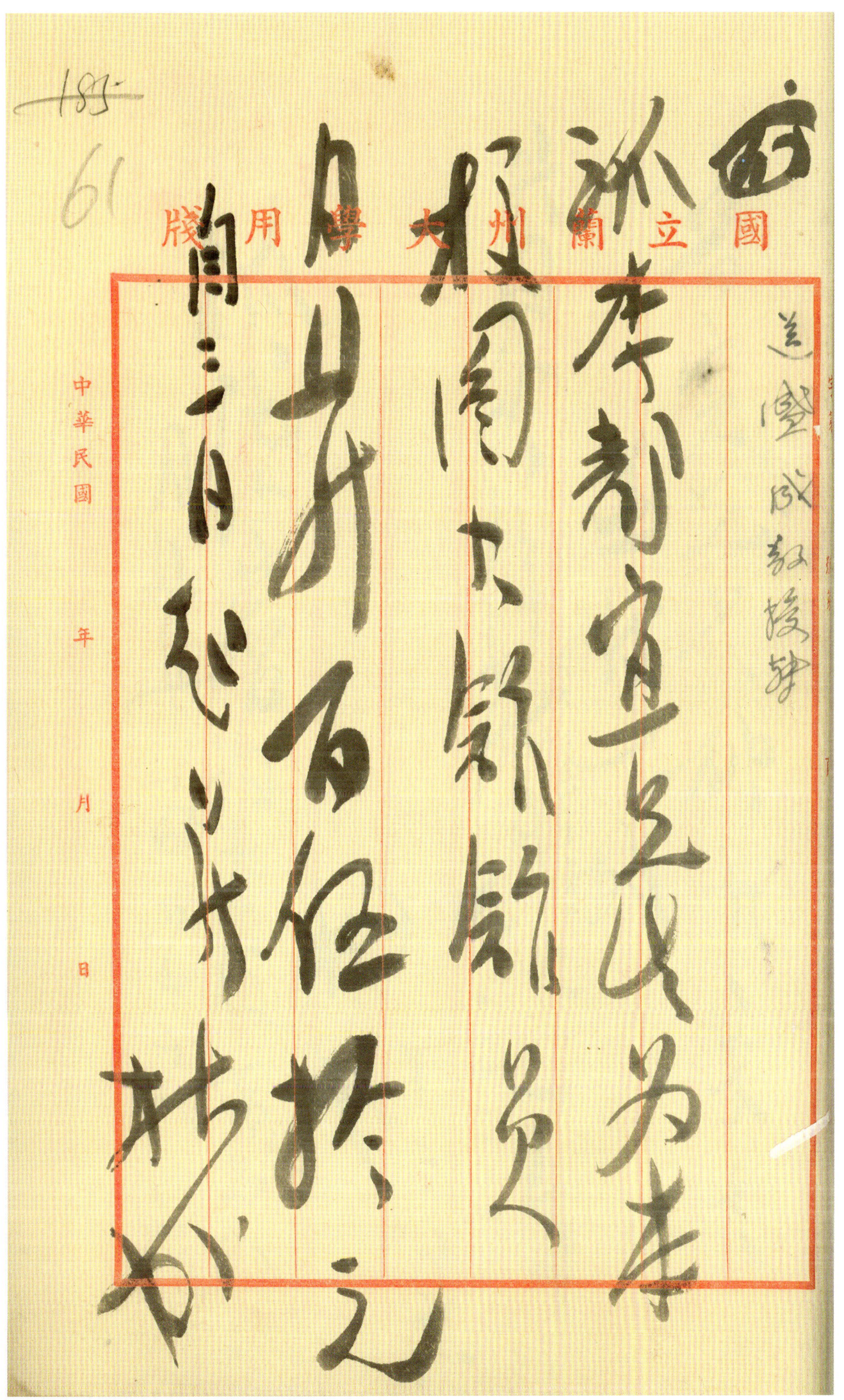

185

61

國立蘭州大學用牋

送盛成教授□

啟

請老考宜足以為本

校圖大觀觀覽之

月卅日百任於之

閒三日起少許林也

中華民國　年　月　日

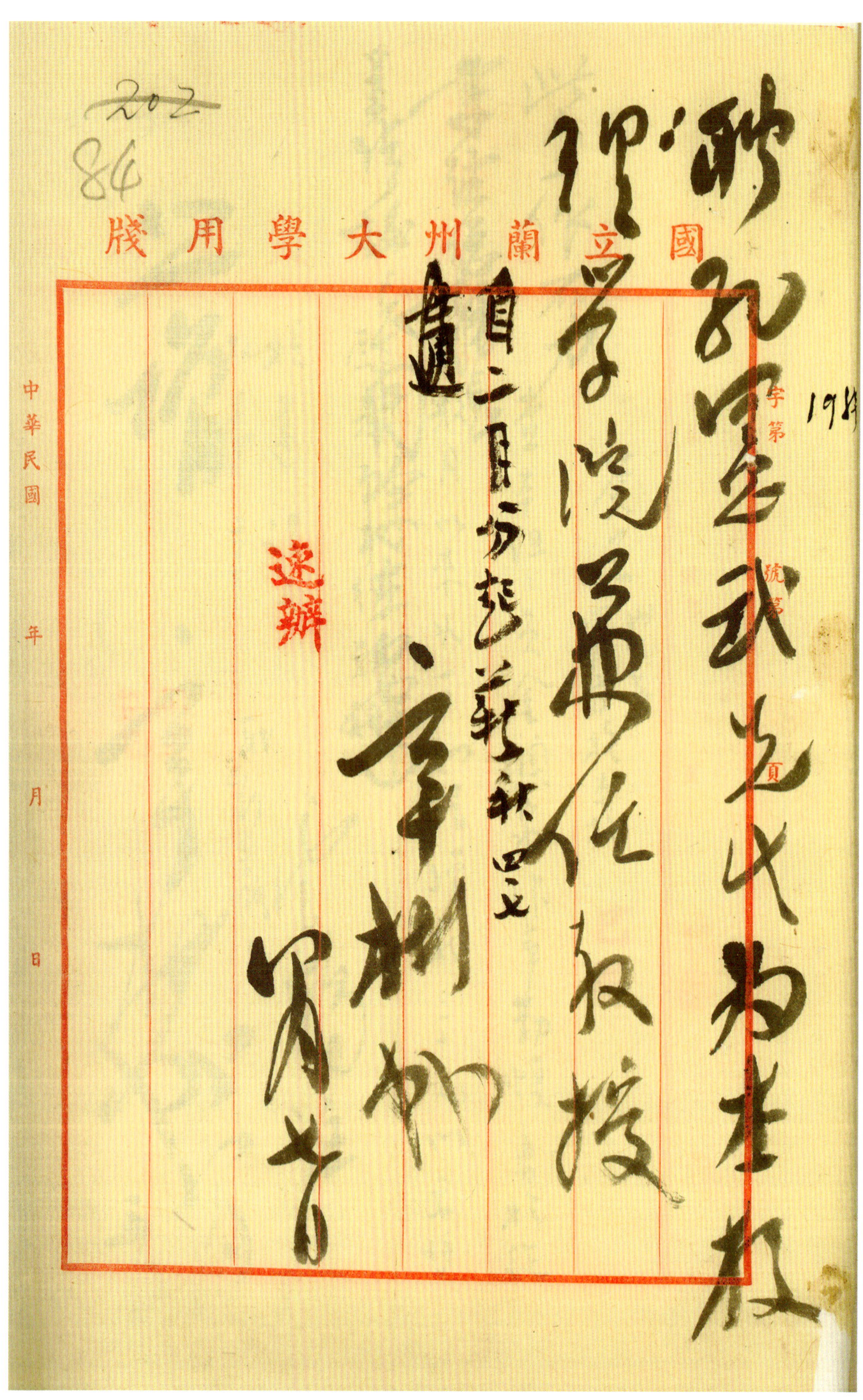

~~202~~
84

國立蘭州大學用牋

字第　號第　頁

聘孔宪武先生为本校

理学院生物系教授

自二月份起薪秩四二〇

遵

辛樹幟

四月七日

逕辦

中華民國　年　月　日

李鹤鼎（1913—1991 年），河南太康人。美国科罗拉多大学教育学硕士。1938 年北平师范大学体育系毕业，任教西北大学。后任教于西北师范学院。1951 年后，历任北京师范大学教授、北京体育学院教授、全国足球协会副主席兼科研委员会主任等职。著有《球类运动理论》等。本书收录李鹤鼎手迹 1 件：呈黎锦熙院长申请赴美留学经费的呈文。

付

敬啟者：敝人經袁志仁先生介紹，獲得美國Colorado State College of Education中國學生研究獎學金，每年五百元美金，可夠膳宿之用，係免費性質，故個人仍須準備旅費。今已獲得該校正式文件，擬於五月中旬起須辦理出國手續，但因個人畢業後即服務部署，抗戰期間，公務員待遇不佳，毫無積蓄，五百元美金之旅費折合法幣百萬，私人實無法籌措，擬請向教育部商酌補助，特請校方備函說明在校服務情況，不無裨益也。

此上

蔡院長核示

李鶴鼎 呈

四月二日

文書組照辦。

[illegible]

叶维熙（1915—1974年），字寓尘，甘肃兰州人。1931年因家贫辍学，在甘肃省政府历任办事员、科员、秘书，并随藏族咨议学习藏文。1946年任甘肃水利林牧公司洮河林场场长。1950年任兰州大学少数民族语文系藏文讲师，次年任西北民族学院讲师。1954年参与全国第一届人民代表大学翻译工作。著有《藏文文法》等。本书收录叶维熙任洮河林场场长时手迹1件：致建设厅厅长张心一汇报运送木材事宜的信函。

叔羣兄閱

示

甘肅水利林牧公司洮河林場用箋

心公總經理鈞鑒前函拜寄之次日即赴大峪海（距卓尼六十里）是日宿卓尼次晨約行五里即抵焦拉海林區此地存材較多惟木材均散棄山或埋置冰雪中一時尚難集中現時拉至卓尼之座口者約廿餘根而卓尼之小河水勢过小且中途復有銀江峽之阻自卓尼至大河尚須十餘里之遠戕山嶂茅國鑫留駐卓尼負責拉運返場休息之

360

甘肅水利林牧公司洮河林場用箋

日復偕陳桐芳君赴卡車溝十五日抵達
子多次日抵郭拉庄由郭扎溝口以迄林
區康路郎約十二三里山路較大峪溝尤為
崎岖林中積雪近尺山石犖确存材一
如前溝而险峻过之牢蕞犖石始抵
半坡木材則随處可見橫至山根巴刷石
易而出林以後牛腳尚有十里始至郭扎庄
口由小河趋至大河又需五里此溝存松約二千

47

甘肅水利林牧公司洮河林場用箋

件根，但亦甚費人力，將俟大峪溝事有頭緒，再抽出人員設法拉運。又卓尼存材約八百件根，目前藉河水情況為好，已囑華宗明偕待先向洮兆集中，連同該材共約一千件根，於蘭市傾銷，或先運銷一部。至大峪卡車兩溝存材，即使拉運順利，估計亦需數月。照舊歷六月以前當不能開始水運，如過去兩次放材均係隨至河口而損失尤復如彼，而

甘肅水利林牧公司洮河林塲用箋

沿途均有人員此次則停林中運出困難尤更衆多鄙君前謂以一人司放運甚覺難能故暫時員工仍維持原有人數因上年工作係滯為有七人今則反減事固實亦覺分配不開又目前硬幣已幾恢復上年千五百之之勢而公司待遇一仍調整無論放運費必須增加即薪給一項亦增加一倍以上原約定之數字已不符合此次預算擬依新

49

甘肃水利林牧公司洮河林场用笺

俾会计处设当再另编呈核帐物价目流而

木材销售为数甚大希望会设应採如何

步骤为感

钧座核示均存于支间已生锈回来均清

擦试放并无恙为仍存肃山拟请

座安

职叶怀熙 卅五 四月十八日

张思温（1913—1996年），字玉如，甘肃临夏人。1930年起，历任甘肃造币厂文牍员、民政厅秘书室主任科员、武威公署第一科科长兼凉州禁烟监运所所长及禁烟所所长、甘肃省建设厅秘书主任、贸易公司协理、水泥公司经理等职。1950年起任甘肃省工业厅秘书、临夏市政协常委、甘肃省文史研究馆副馆长、甘肃省政协委员等。著有《张思温文集》等。本书收录张思温手迹2件：呈省建设厅厅长张心一辞去主任秘书职务的呈文；张思温呈省政府主席郭寄峤辞去主任秘书职务的呈文。另有建设厅长张心一给省政府主席郭寄峤的签呈，上有郭寄峤批文手迹。

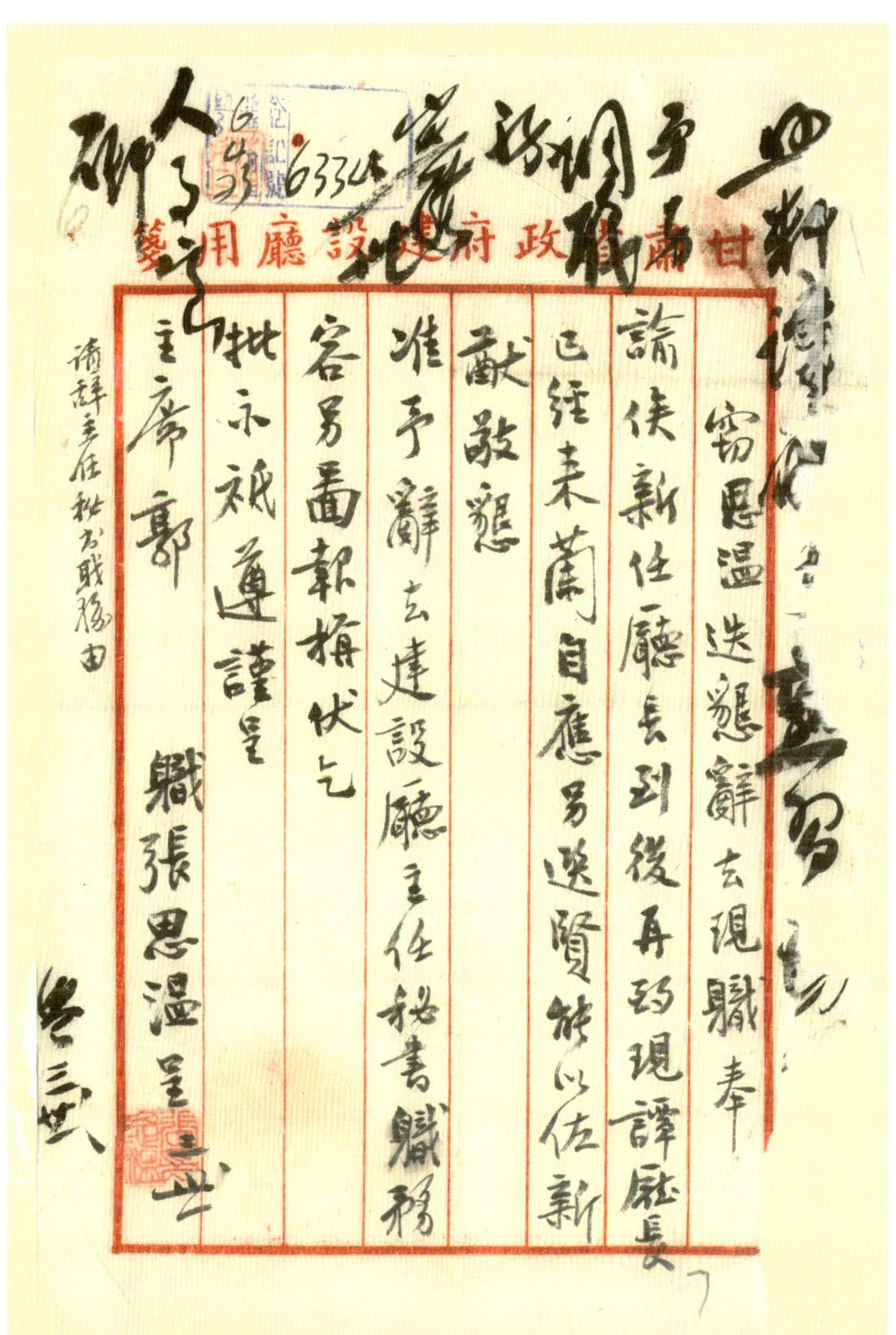

甘肅省政府建設廳用箋

竊思溫迭懇辭去現職奉
諭俟新任廳長到後再予現譚廳長
已經來蘭自應另選賢能以佐新
猷敬懇
准予辭去建設廳主任秘書職務
容另圖報稱伏乞
批示祇遵謹呈
主席郭
職張思溫呈

請辭主任秘書職務由

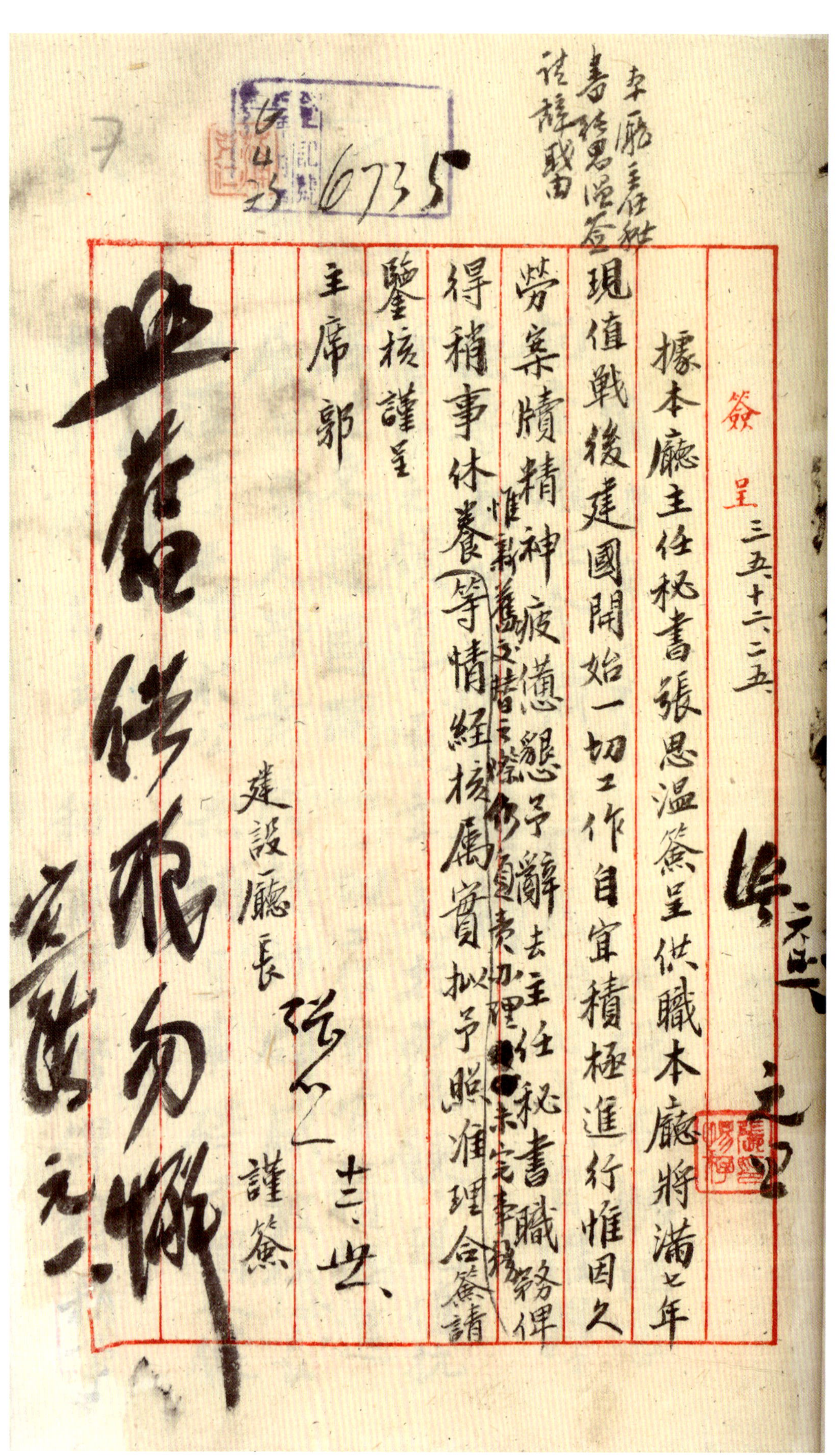

签呈 三五、十二、二五

据本厅主任秘书张思温签呈：供职本厅将满七年，现值战后建国开始，一切工作自宜积极进行，惟因久劳案牍，精神疲惫，恳予辞去主任秘书职务，俾得稍事休养等情。经核属实，拟予照准，理合签请鉴核。谨呈

主席郭

建设厅长 张心一 谨签

簽呈

竊職自二十九年二月初供職本廳，經蒙
鈞座擢任今職，行將屆滿七年。自惟學
無專長，時虞隕越，賴
賢明之領導，遂幸免於覆餗。現值抗
戰結束，建國開始，一切工作自宜積極進
展。思溫久勞案牘，精神頗感疲憊，長
此濫竽，不惟於公無補，且有礙于個人健
康。伏懇
准予辭去主任秘書職務，俾得稍事

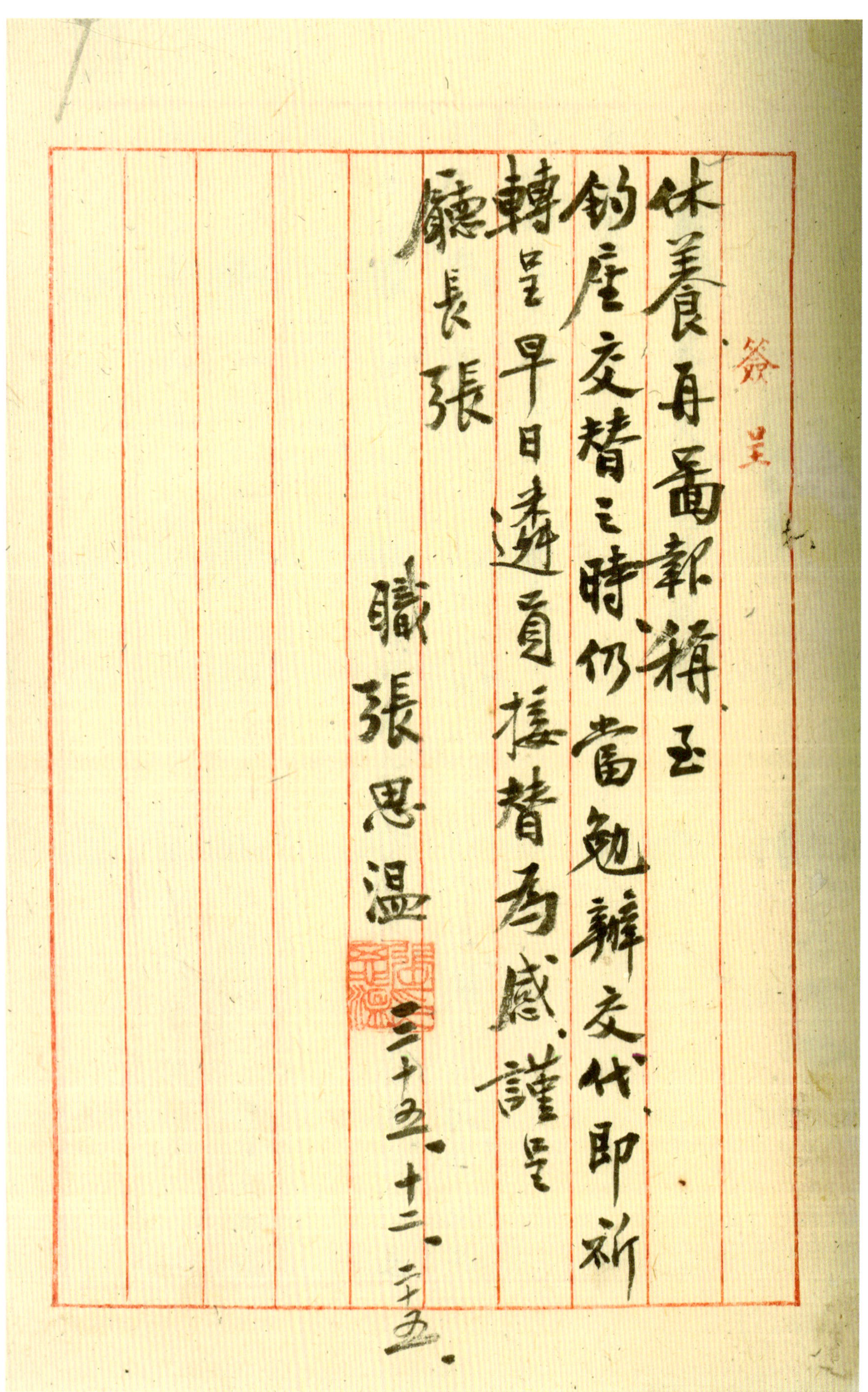

休養再啚郭籍玉
釣座交替之時仍當勉辦交代即祈
轉呈早日遴員接替為感謹呈
廳長張

簽呈

職張思温

二十五、十二、二十五。

1947 年

黎锦熙（1890—1978 年），字劭西，湖南湘潭人。湖南优级师范学堂史地部毕业。受聘教育部教科书特约编审员，组建中华国语研究会，倡导白话文、推行注音字母。历任北京大学、北京女子师范大学、燕京大学等校教授。任中国大辞典编纂处总主任。1939 年任西北师范学院教务主任兼国文系主任，1945 年任西北师院院长。1950 年任北京师范大学中文系主任。1955 年被聘为中国科学院哲学社会科学学部委员。历任全国政协委员、全国人大代表、九三学社中央常委等。著有《新著国语文法》等。本书收录黎锦熙手迹 2 件：1947 年中国大辞典编纂处总主任黎锦熙致西北师范学院，因担任大辞典撰稿工作辞去院长职务的信函；召开出版委员会会议的通知。

58

案准發文二〇字第0028號公函，開：「案奉 教育部三十五年十二月二十四日訓令開：『查教育工作關係重大為人師表者務須專心一志身無旁騖如一身數役勢必顧此失彼坐致竭蹶匪徒有虧職守抑且有違國家設教育才之本旨公私立各級學校主管人不得兼任其他職務政府曾三令五申嚴飭遵行迭經部令轉知在案茲查兼職情形尚未能盡免特再重前令凡現任各級學校校院長其有兼職者務必將兼任職務立即辭去以專責成而維功令除分令外合行令仰切實遵照為要此令」等因，奉此，相應錄令轉達，敬希查照為荷！」等因，准此。查本人自三十五年九月起，至三十六年三月止，請假一學期辦理北平中國大辭典編纂處復員工事宜，除三十五年八月私函陳部奉准外，並於本年十一月函院促煩正式補呈在案。現屆第一學期終了，應即銷假到院；但以大辭典處復員工事宜，尚未辦理完竣，一時無法離平赴蘭。

中華民國　　年　　月　　日

中国大辞典编纂处用笺

第三页

而院务重要，不便延长假期。应烦即备呈文，辞去本职，以便完成大辞典处复员复工等工作。除另以私函呈部外，盼即速查照办理为荷。此致

西北师范学院。

黎锦熙启

卅六年六月四日

中华民国　年　月　日

定於星期三（十月廿二日）下午三时开书记处会，请按照通知各委员。此致

文书组。

秘书处启

十月廿[illegible]

薛笃弼（1890—1973 年），字子良，山西运城人。山西法政学堂毕业。历任冯玉祥第十六混成旅秘书长兼军法处处长、陕西省财政厅厅长、司法部次长、京兆尹等职。1925 任甘肃省省长。1946 年任水利委员会委员长（后改水利部部长）。中华人民共和国成立后，任全国政协委员、上海市政协常委、民革上海市委员会副主委等职。本书收录薛笃弼手迹 1 件：1947 年致甘肃省水利局局长黄万里，关于编制河西水利计划的信函。

存卷 萬里 十一、六

萬里吾兄勛鑒：頃奉

環章，敬悉一是。編印甘肅農田水利小冊，

既須以整個河西水利計畫為其縮影，自

可俟該計畫擬就之後再行編送。山丹等

縣地下水堪資利用，需費復甚低廉，至

盼妥擬計畫，以期早日實現，為民造福也。

專此布復，順頌

勛祺

弟薛篤弼敬啟 十月廿五日

水利部部長室用箋

喜饶嘉措（1884—1968 年），藏族，青海循化人。为第十三世达赖经典侍讲（承学）。历任北京大学、清华大学、中山大学、武汉大学西藏文化讲座讲师，国民参政会参政员、蒙藏委员会副委员长等职。中华人民共和国成立后，历任青海省人民政府副主席和文教委员会主任、全国人民代表大会代表、全国政协委员、中国佛教协会会长等职。著有《喜饶嘉措佛学论文集》。本书收录喜饶嘉措手迹 1 件：致甘肃省政府秘书长丁宜中请省署协助函令甘肃蒙藏各寺诵经祈祷和平的信函。

62

宜中秘書長鈞鑒茲為祈禱勝利世界
和平與國運昌隆民生安樂計擬請
省府（協助）函令所屬蒙藏各寺本自利利他之旨迅
速啟誦四皈依「二十一禮度母頌」「大白傘蓋陀羅尼」
「大力陀羅尼」「金剛爪陀羅尼」倘蒙
允可喜饒另印藏文啟白一則併附
省令分送是否可行祈速復示專此敬托順頌
鈞綏

弟喜饒嘉措敬叩 八.二十一

蒙藏委員會用箋

盛　成（1899—1996 年），字成中，江苏仪征人。意大利蒙彼利埃大学高等理学硕士。1931 年以来，任教北京大学、广西大学、中山大学等。1946 年任兰州大学法律系教授。1947 年任台湾大学法学院教授。1956 年移居法国。1979 年任北京语言学院教授。著有法文传记《我的母亲》。荣获法国总统骑士勋章。本书收录盛成 1947 年手迹 1 件：致辛树帜校长的信函。

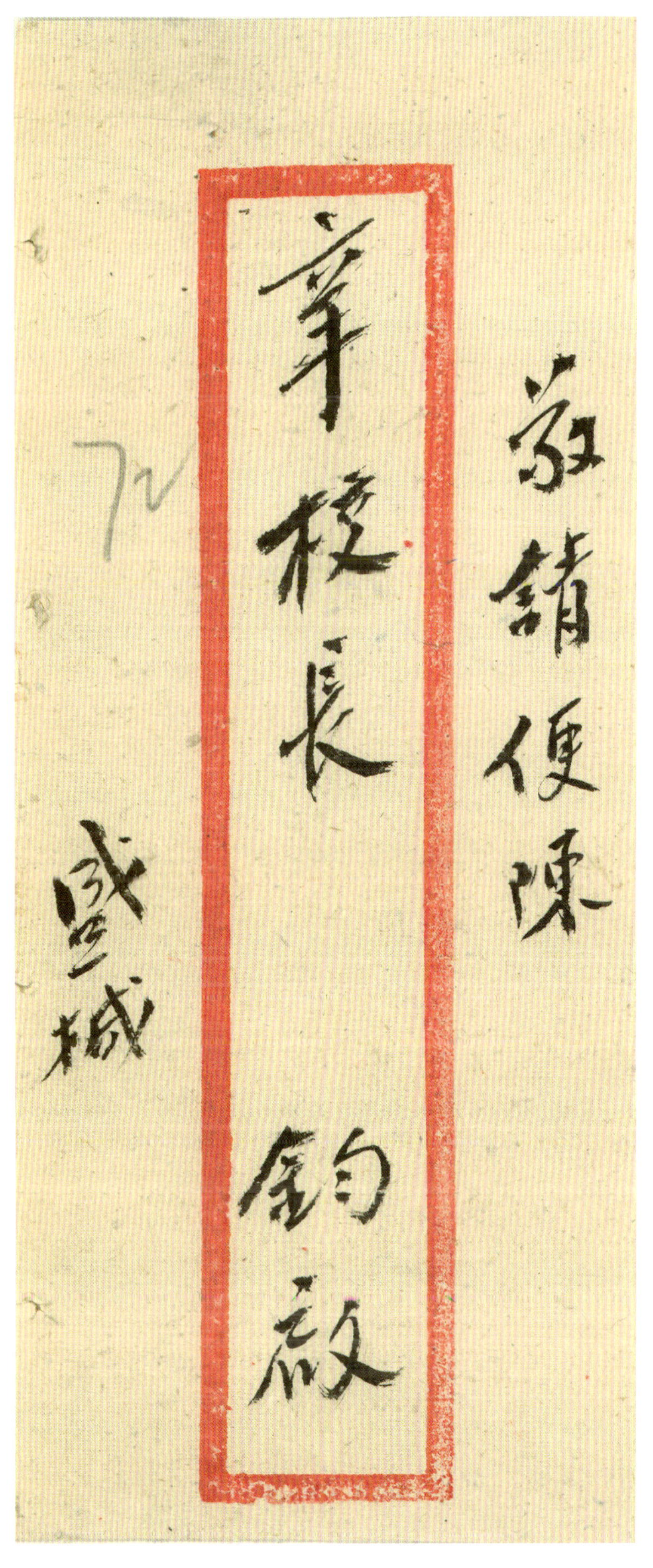

敬請便陳

韋校長　鈞啟

72

盛緘

文

[illegible]

樹幟校長吾兄大鑒：敬啟者，閱六月七日蘭州市警察局來函云，三月四日校內發生白日盜案之嫌疑犯[redacted]、[redacted]已送法院，而偵緝隊楊組長來余稱，竊匪主犯贓物尚未破獲，此案現將四月，至今猶為懸案，茲即再函警察局切實嚴查，破案若有[illegible]。專此，敬請

公安

弟 [illegible]成 敬啟

月二十八日

收文[illegible]字0003號

第一張

函請陶副主任紀 岷鑫
部主席
令飭警局
務緝早日
破案
崇五

失單

金鐲乙對
金梗乙隻
金絲乙隻 金龟子
翠鍊鐲乙隻 翠石九粒
金鍊乙付 文明鍊上有翠兩粒小鑽乙粒
水晶鍊乙条 水晶兩塊
金錢鍊乙条 金鎊乙个 金錢乙个
金掛件乙个
金戒指乙个
金戒指乙个 心式戒中
金戒指乙个
金戒指乙對（一九三二年一月十九日）
心狀金戒指乙个

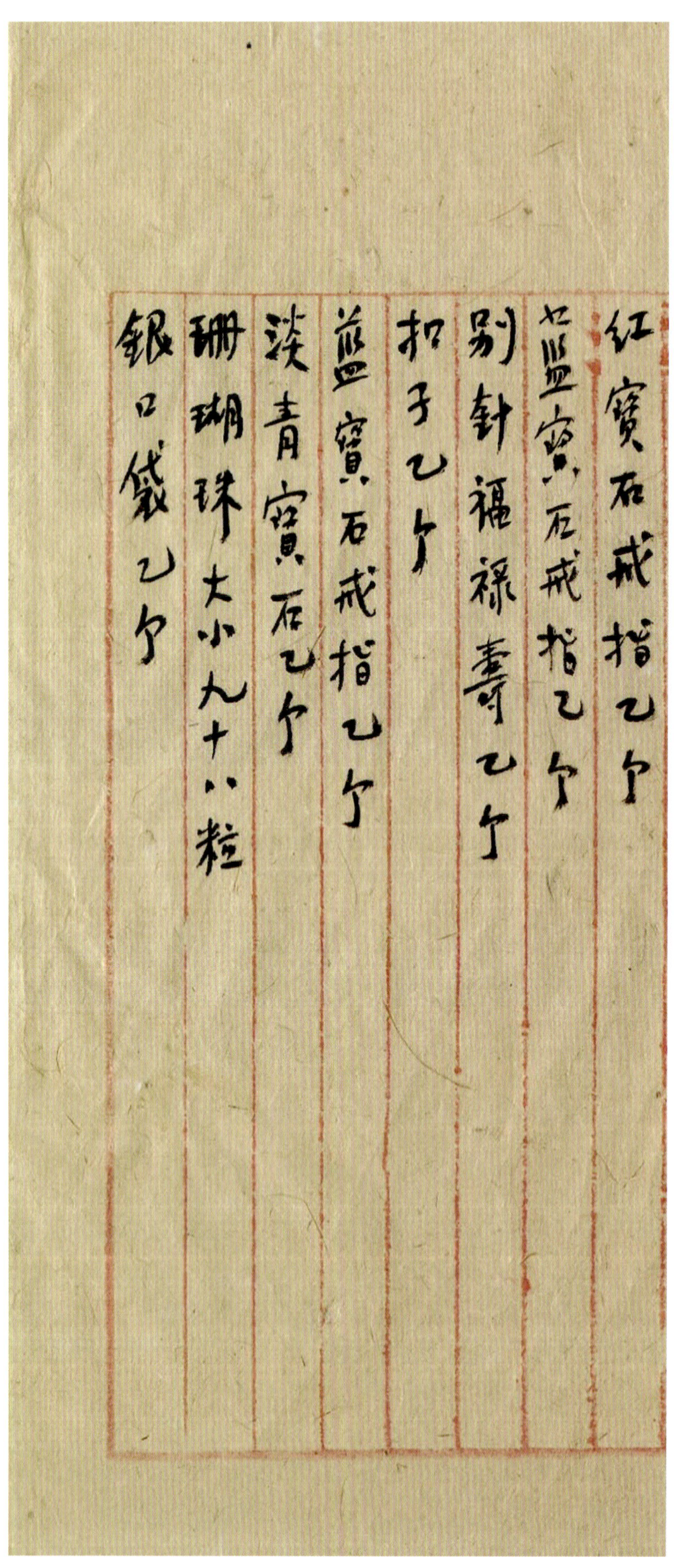

红寶石戒指乙个
七藍寶石戒指乙个
别針福禄壽乙个
扣子乙个
藍寶石戒指乙个
淡青寶石乙个
珊瑚珠大小九十八粒
銀口袋乙个

第二張

手錶 值元一隻

現洋式拾肆个 内有袁世凱開國紀念幣及孫總統開國紀念幣

衣料 綢黑底紅白花捌尺

漂白洋布乙丈式尺

陰丹士林半疋 尺陰丹士林乙丈柒尺

印度綢半疋

DO3.50 香烟乙条

白汗衫女裝乙件

藕荷色綢小被面乙床

番刀乙把

其他尚在清查中

盛成

五月四日下午

八时五十五分鐘

段子美（1898—1997 年），名士良，字子美，河南偃师人。毕业于武昌师范大学数学系，留学法国巴黎大学。历任重庆大学、西北大学、西北工学院教授。1946 年任兰州大学数学系教授、训导长、总务长、代理校长等职。中华人民共和国成立后，历任中国数学会第一届理事，甘肃数学会第一届理事会理事长，甘肃工业大学、甘肃教育学院教授、系主任等职。著有《高等数学简明教程》等。本书收录段子美手迹 1 件：致辛树帜校长的请假信函。

批：准予通知各单位（校长官名义）

文書組

主稿呈

判

敬啓者：子美因事返籍請假一月，在離校期間，由訓導處處務各組分別負責，所屬事務（兩由[illegible]長從主任主任從[illegible]其成）遇有各組不能解決事項，提請學校處理。此奉達，即祈備照為感。此上

校長辛

段子美上

五月三日

蘭州國立各院校館教職員聯合會用箋

地址：蘭州國立蘭州圖書館

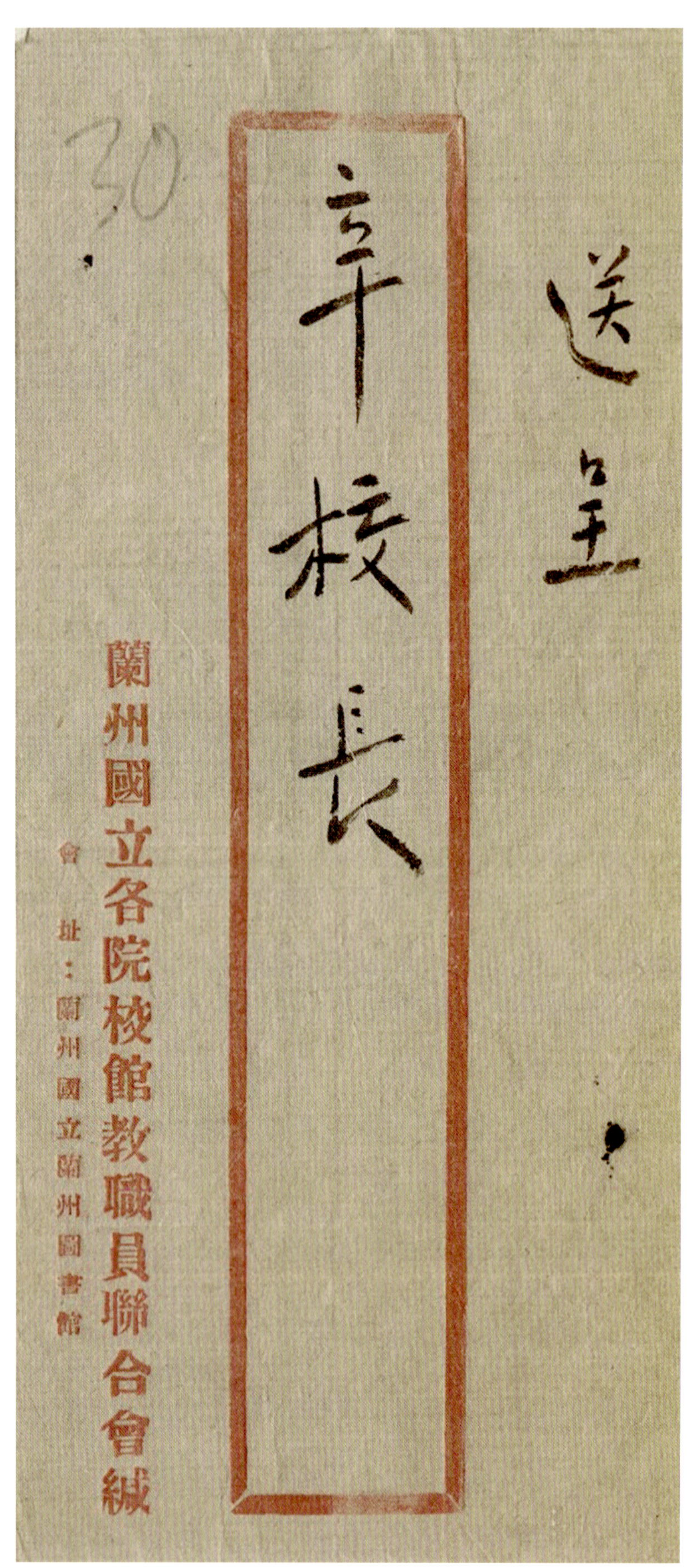
30
辛校長
送呈
蘭州國立各院校館教職員聯合會緘
會址：蘭州國立蘭州圖書館

董爽秋（1896—1980年），原名桂阳，安徽贵池人。德国柏林大学植物学博士。历任安徽大学、广州大学、西南联大教授等。1946年任兰州大学文理学院院长。20世纪50年代任湖南大学生物学教授兼系主任等职。本书收录董爽秋手迹2件：面试录取蒋碧波为教务处英文录事致辛树帜校长请照派的呈文；聘徐褐夫为俄文教授的聘请书，上有辛树帜校长批示手迹。

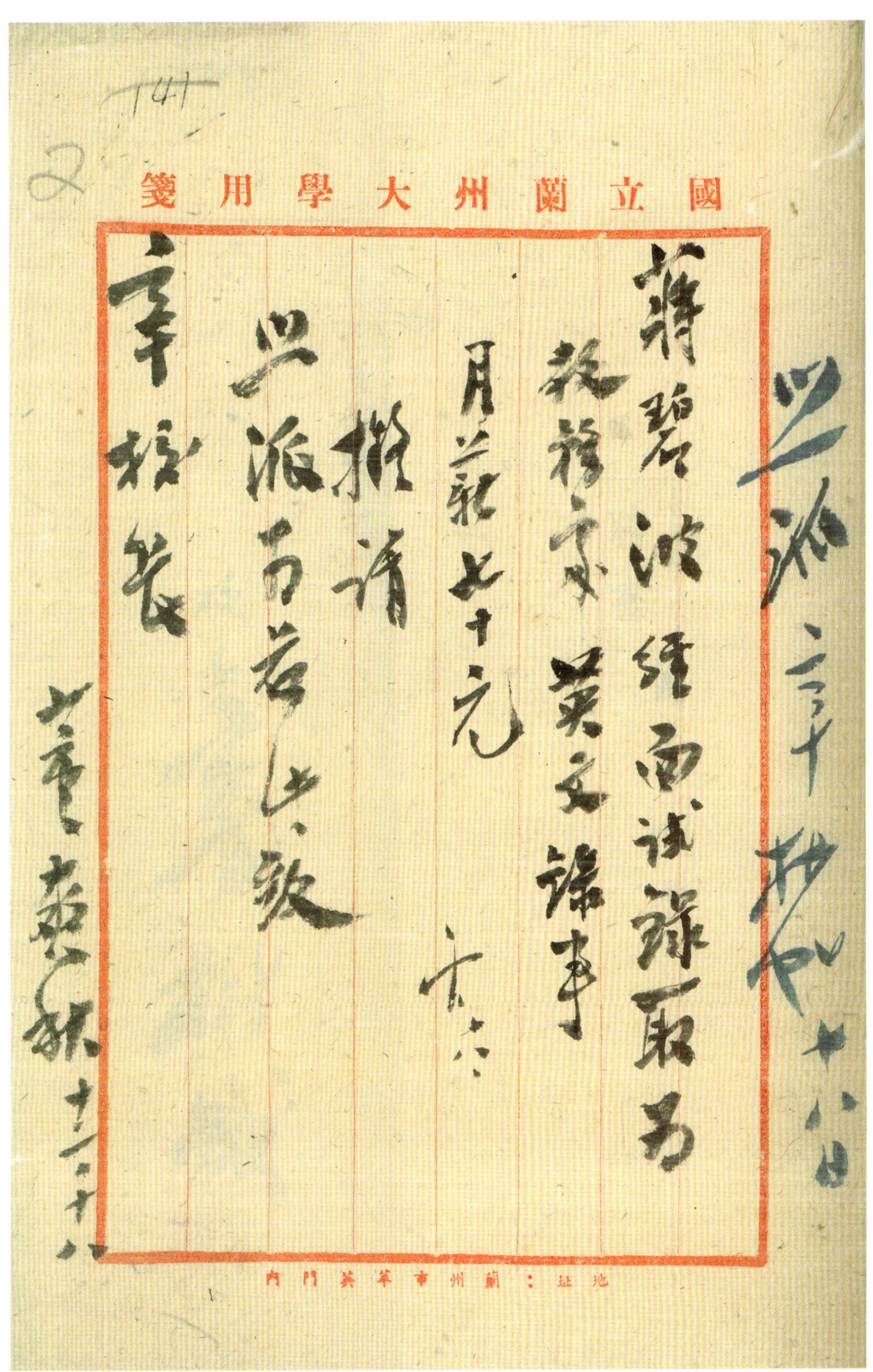

國立蘭州大學用箋

蔣碧波經面試錄取為
教務處英文錄事
月薪七十元
擬請
照派為荷此致
辛校長

[illegible] 六

地址：蘭州市萃英門內

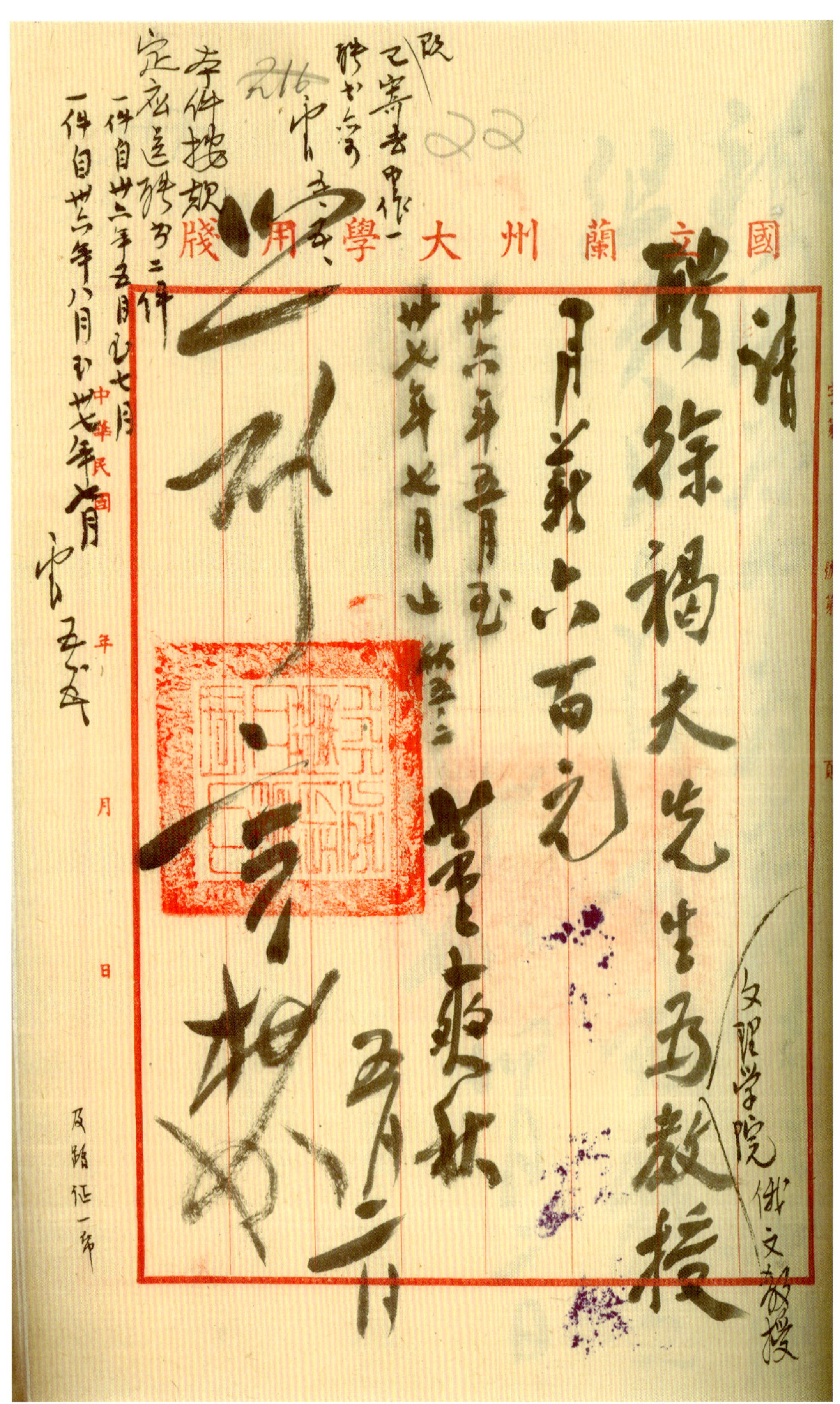

國立蘭州大學用牋

請

聘徐褐夫先生為教授

月薪六百元

卅六年五月至

卅七年七月止（約三十二）

董爽秋

五月二十日

文理學院俄文教授

本件據報定應送聘書二件

一件自卅六年五月至七月

一件自卅六年八月至卅七年七月

五、廿五

已寄去中字一號聘書、二號聘書

及路征一部

郭维屏（1902—1981 年），字子藩，甘肃武山人。北京师范大学教育研究科毕业。历任暨南大学、同济大学教授，皋兰县县长，甘肃学院教育系主任兼教授。1946 年任兰州大学教授、总务长、秘书长、教务长，甘肃省参议会副议长、国民党甘肃省党部执行委员。中华人民共和国成立后，在甘肃省博物馆工作，被聘为甘肃省文史研究馆馆员。著有《西北传薪》等。本书收录郭维屏手迹 1 件：聘任张维、骆力学为兰大畜牧兽医研究基金保管委员会委员的手谕。

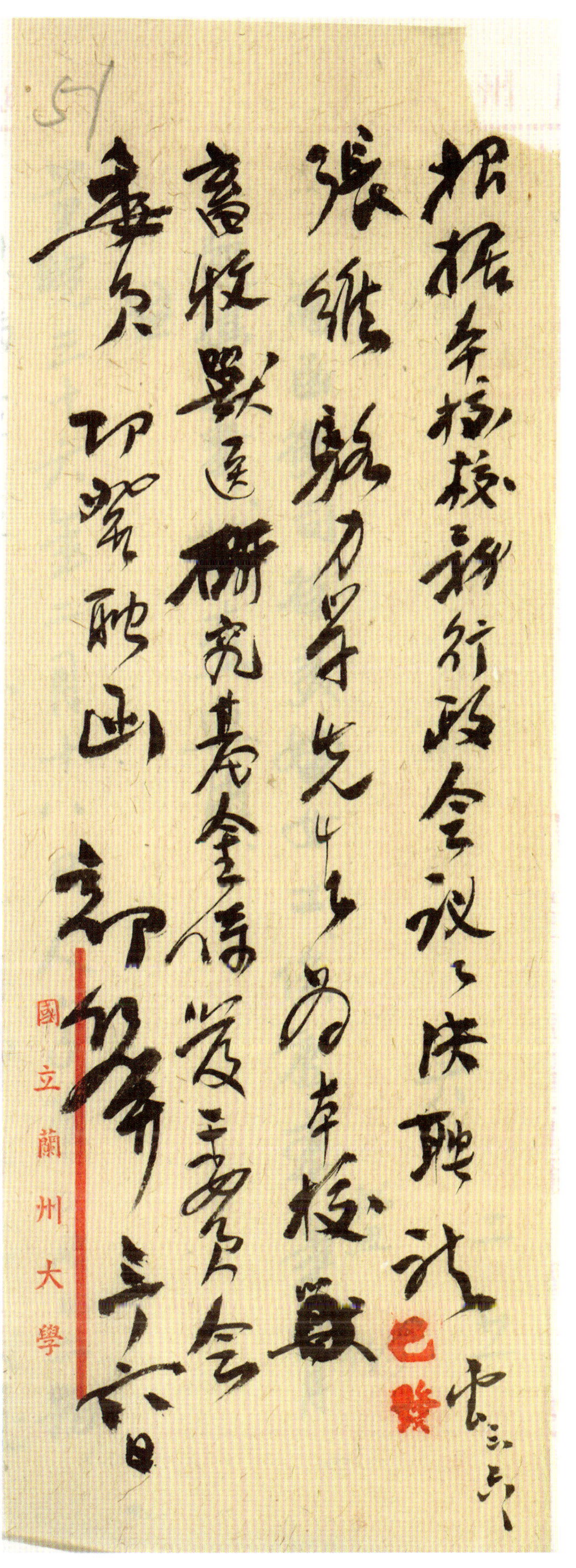

據本校行政會議議決聘請
張維驊力舉先生為本校
畜牧獸醫研究基金保管委員會
委員，即繕聘函。
辛樹幟 三月六日

已發

柯与参（1903—1978 年），甘肃宁县人。甘肃省立第一师范学校毕业。后任陇右学校校长、新编第十三师军医、甘肃省图书馆主任、省国医馆馆长，发起创办甘肃中医学术刊物《国医月刊》。中华人民共和国成立后，任甘肃省卫生厅副厅长、甘肃省中医学会理事长、甘肃中医学院筹备领导小组组长、政协甘肃省届委员会常委、民盟甘肃省委委员等职。著有《柯与参医疗经验荟萃》等。本书收录柯与参手迹 1 件：呈甘肃省政府主席郭寄峤，放弃甘肃省监察委员会候选人资格的信函。

謹啓者與參承名參議員不棄簽提為監察委員候選人欣值行憲敢不効忠第以名額有限而參加此項競選者或為地方先進或屬平生至交民意有託我勞可休況與參德薄學淺理應讓賢讓能所有業經簽提監察委員候選人懇祈於投票前宣告放棄至感德便此上

甘肅監察委員選舉監督郭

柯與參謹啓 十二月廿三日

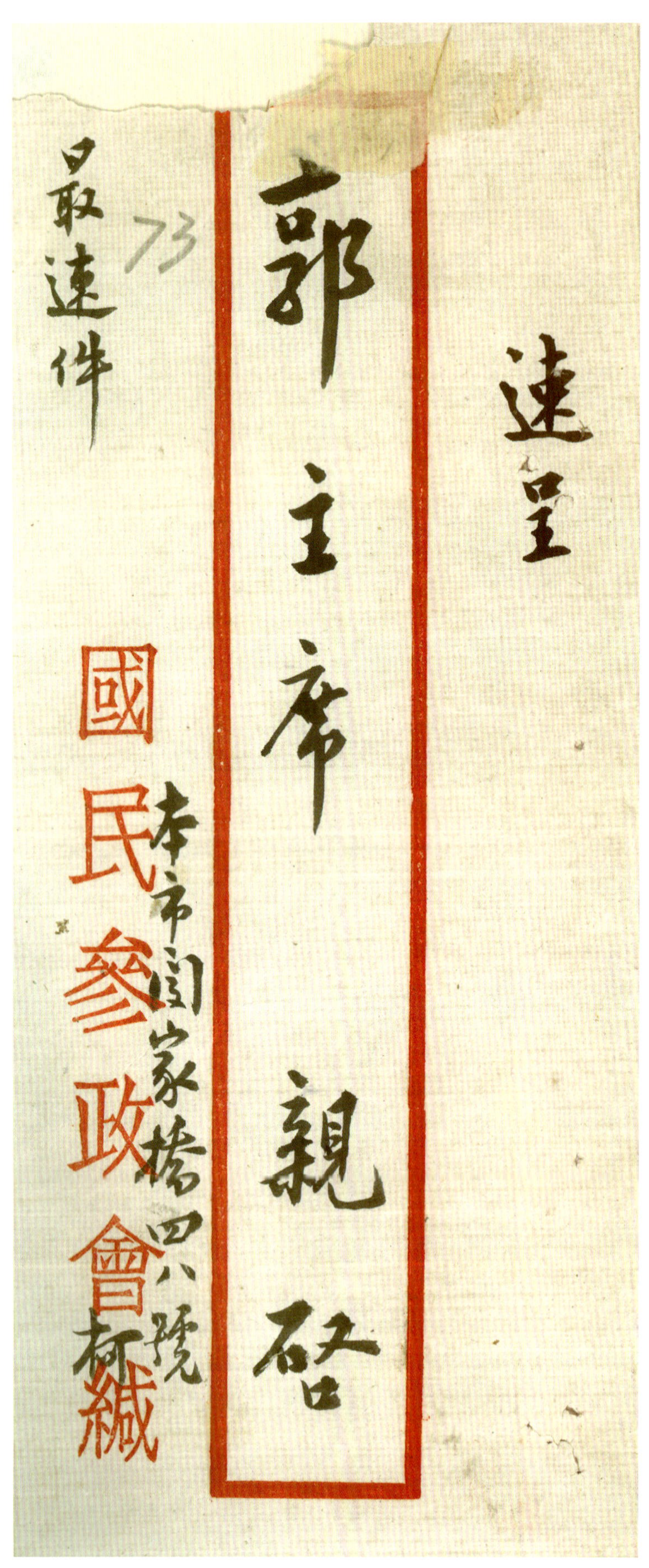
速呈
郭主席親啓
本市閻家橋四八號
國民參政會柯緘
最速件
73

1948年

萨本栋（1902—1949年），字亚栋，蒙古族，福建闽侯人。美国伍斯特理工院理学博士。历任清华大学教授、厦门大学校长、中央研究院院士。著有《并矢线路分析》等。本书收录萨本栋手迹1件：致兰州大学校长辛树帜，关于探测积石山所需经费的信函。信函为铅印，后附有萨本栋签名手迹。

56

樹幟先生道右：頃奉

貴校一七五八號大函附送蘭州各學術團體爲促進積石山探測工作第三次談話會記錄暨建議書等件敬悉

諸先生熱心討論擘劃周詳至爲欽佩查探測工作所需經費前據熟習此中情形之專家發表評論認爲由國人完成該項工作所費甚省因而遂有熱心人士慨允出面募集唯募集之確數須視實際需要之數目爲定今承

貴處同仁談話結果於經費一項列爲五萬銀元可見由國人工作需費尚省（唯折合法幣已超過本院全年度事業費之總數）昨經就商於熱心人士告以此數

57

承允進行籌募、唯結果如何、俟再函陳、至於工作人員由本院延聘一節、於事實上
不無困難、一因京滬各位研究人員此刻均在進行其預定之研究項目、似於一二
年內、恐難中輟而旁騖其他、再者由各地邀集專家前往西北、不免糜費鉅額、非必
要之往返川資、二者於探測工作、均非所宜、鄙意可就西北學術團體組成一主體、
專司其事、並就地延攬專才、先從部份較為重要而有把握之項目、着手探測、將計
劃暫行緊縮、組織簡化、俾人力財力均易於應付、而工作項目亦易於完成也、凡此
諸點、並已商得前途同意、但未稔
諸先生意見如何、便乞轉洽、一是為禱、耑復敬頌

國立中央研究院用箋

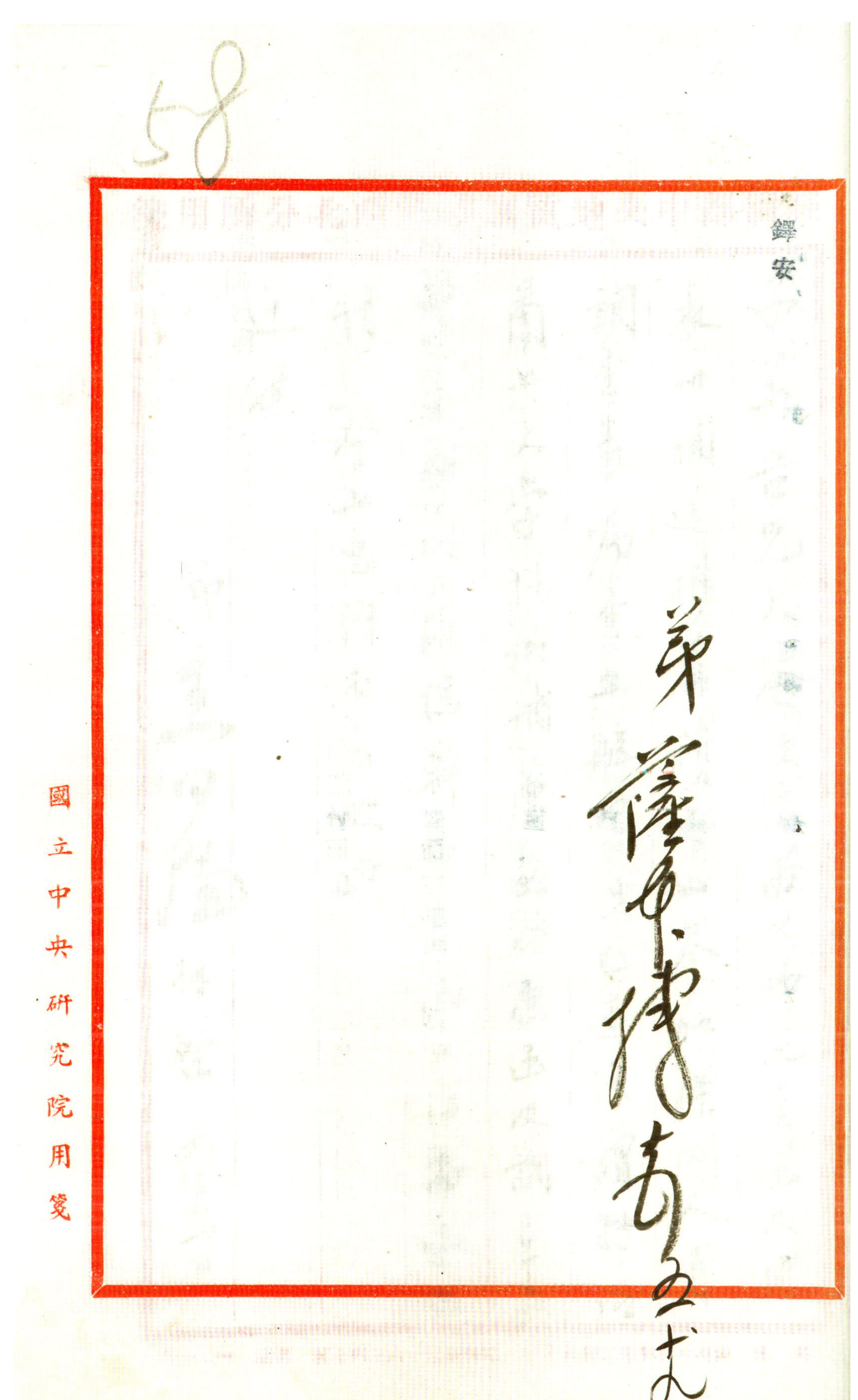
58

鐸安

弟蔡元培 十五．十九

國立中央研究院用箋

黄万里（1911—2001 年），江苏川沙人。美国伊利诺斯大学博士。历任涪江航道工程处处长、长城工程公司经理等职。1947 年至 1949 年任甘肃省水利局局长兼总工程师。1950 年任东北水利总局总顾问，唐山交通大学、清华大学水利系教授。著有《论治理黄河方略》。本书收录黄万里手迹 4 件：训令各水利勘察队细心勘察水利资料编制《河西整个水利开放计划》的手谕；向上司说明地方不愿出工致水利工程停工，以及如何处理余款和材料的报告；呈省主席郭寄峤，关于永乐渠工款不敷甚巨，请令县政府征工，以便继续施工的呈文；致省政府秘书长丁宜中，关于缮印赵水利专员函件的汇报信函。

令各渠：本縣為編製河西整个水利開發計劃，耗費工資、水利設施十余項之大型工作，仰各渠務須依照頒發及河西水利治理要旨、中應辦各項、及迭令各項、細心搜集各種資料，備齊全、並編寫說明材料一章、從速自行檢查，如有未周，應不惜重行勘查、俾便返蘭以資彙報，再由各渠長於嚴令同重大野地勘查，決不脫漏。切切。

華了

九、十二

22

連日未曾報告，並請

諒悉地方不願出工頗難，

該工經已商定於八月底停工。

所有借款由修竣及新修材料內扣

還農民以，並請行方劃給此工程

款萬元

九.六

甘肅省水利局簽呈　　收文第　　號

事由	發文者
簽報永樂渠工款不敷甚鉅擬請令縣商議征工辦法以便繼續工作否則停工請鑒核由	主席郭

發文	
附件	
日期	民國三十七年八月十日
字號	水一字第2868號
駐地	

一、查永樂渠續修工程費在三十六年十二月份預算尚須一百八十億元，當即申請增貸，迨本年二月間始准四聯總處核定准貸二百三十億元，比五月貸款撥到，物價已漲五六倍，爰就事實需要，復請增貸七百七十八億元，此項雖如數照貸，但為時僅二月，而物價又已高漲六七倍矣。值茲財政困難之際，實已無法再事申請增貸，顧該渠工程實屬浩大，現僅將總幹渠及西幹渠全部完成，而東幹渠建築物僅完成至七公里之高家前溝，並已備齊高家大溝及鹽溝全部木料及鐵件，復查該渠現有粮款，如除去木料等應付價款外，僅敷高家大溝及鹽溝兩大溝之高架渡槽架設之費。

擬令五區專員速即召集永靖縣長、永樂渠工程處長及該地方有關人士會議

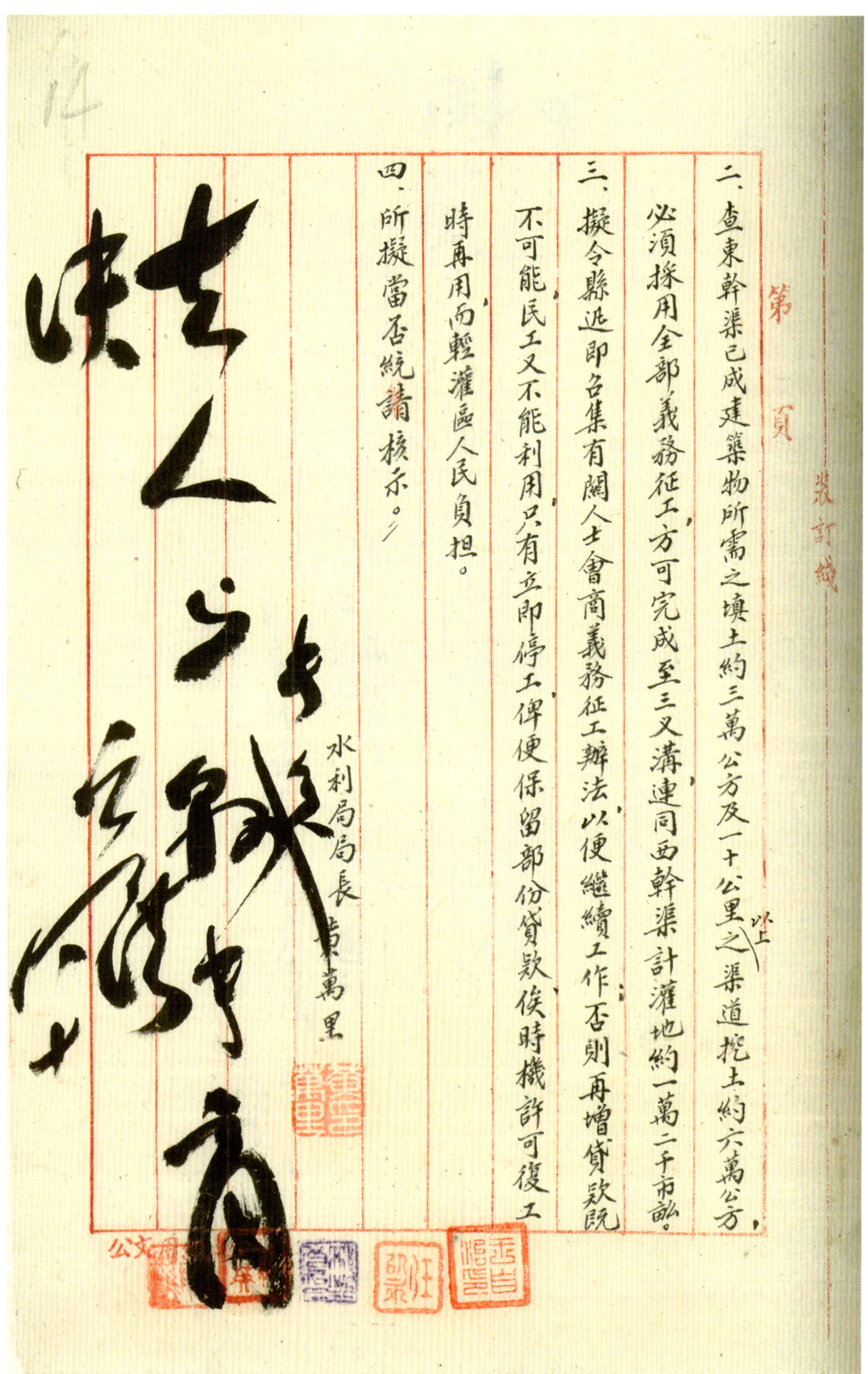

二、查東幹渠已成建築物所需之填土約三萬公方及一十公里以上之渠道挖土約六萬公方，必須採用全部義務征工方可完成至三叉溝連同西幹渠計灌地約一萬二千市畝。

三、擬令縣逕即召集有關人士會商義務征工辦法以便繼續工作否則再增貸款既不可能民工又不能利用只有立即停工俾便保留部份貸款俟時機許可復工時再用而輕灌區人民負担。

四、所擬當否統請核示。

水利局局長　黄萬里

23 稿　甘肃省水利局　速

送达机关	主席府
事由	答报永乐渠土方工程因代方无力出工且工收不佳于八月二日停工，刷收耕时还由农行补发小型大代工程请核示由
文别	签呈
附件	
承办单位	
会章	

局长 （签）

副局长 九七

秘书	技术主任	技正	课长	会计主任
九七	九七		九七	

技士	课员	办事员

拟稿	缮写	校印	封发	收文	发文	档案
卅年九月九日	年月日	年月日	卅年九月八日	字第3047号	字第号	字第号

签呈

甘肃省主席府

一、查永乐渠工程浩大，当收不佳，及东线渠土方须标用征工

3047

查建水利专员函以七月八日移局已抄转令饬

将正在送印中之涵东

查询并速同答稿一併送请

台览此致

秘书长丁

水利局

甘肃省水利局便笺

七·廿六

朱允明（1906—1960年），甘肃会宁人。中央政治学校毕业，进修于南京紫金山天文台气象研究所。创建甘肃省立兰州气象测候所、兰州水文站，分别任所长、站长。任教西北农业专科学校、西北师范学院。著有《世界与中国气象事业之概观》等。本书收录朱允明手迹1件：为求职致兰大校长辛树帜请求面见聆教。

校長鈞鑒：近次進謁，未獲晤出，校悵悵也。茲奉上湖大理校長函一件，請收閱。并希約定時間得便前來恭聆教言是盼。專此敬請
教安
後學 朱光明 拜啓 十、廿六 上午六時

竺可桢（1890—1974 年），字藕舫，浙江上虞人。美国哈佛大学博士。历任中国气象学会会长、浙江大学校长、中央研究院院士等职。中华人民共和国成立后，任中国科学院副院长、中国科学院学部委员。著有《东南季风与中国之雨量》等。本书收录竺可桢手迹 1 件：致兰州大学校长辛树帜，推荐朱允明任教的信函。

58

国立浙江大学用笺

树慨先生大鉴：久疏书候，至颂
清嘉。旧门弟朱允明君曩年在气象研究所肄习
久，主西安测候事宜，近任教农专，为副教授，颇见成
绩。兹闻
贵校正需干才，谨为介荐，乞
赐面洽为感。此颂
大安

弟竺可桢 〔印〕
十、十八

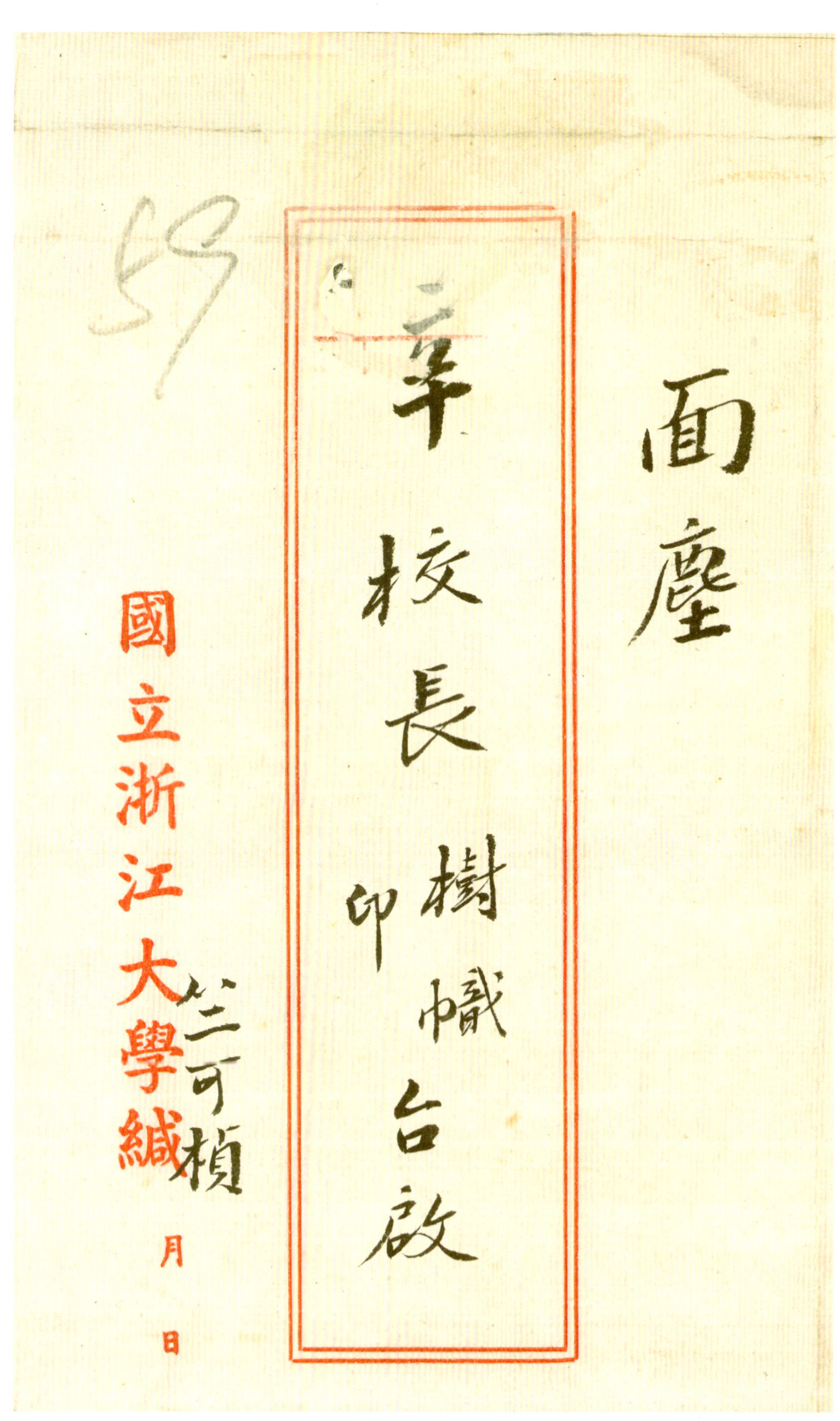
面塵
竺校長樹幟台啟
印
國立浙江大學緘 竺可楨
月 日

汪剑平（1890—1951 年），名青，祖籍浙江归安，生于甘肃天水。民国初年主编《大河报》《边声报》。后任樊钟秀部财政处处长。中华人民共和国成立后，任甘肃民盟分部主任、甘肃省政协委员。著有《海螺轩诗文存稿》等。本书收录汪剑平手迹 1 件：致函请毅斋敕令小陇山林业管理处负责人办理房屋承租手续，因该处占住炳兴公司在甘泉寺的房产。

62

甘肅省天水縣商會用箋

毅齋吾兄賜鑒：昨奉
台旌過里，以時間匆促，未獲
多領教益，至歉於懷。前晨
赴勝利社專送 行旌，而郵車
早發，尤為悵悵。炳興公司在甘
泉寺有唯棧舖存一廠，去
年冬間被小隴山林木管理

二十六年　月　日

第　頁

甘肅省天水縣商會用箋

處所住原係暫時借用及時往
半年既未遷移復令院內原
住人搬出并將鋪面不許理論
擬請令飭該處負責人據以
前手續承租訂立契約免滋糾紛
係為禱此頌
籌安

弟汪劍平拜啓 五 廿六

張石父

汪劍平

三十六年 月 日

杨永年（1901—1987年），字松亭，辽宁凤城人。日本东京庆应大学医学博士。历任南京中央卫生试验所所长、中央生物化学制药实验处处长等职。1938年任西北防疫处处长等职。中华人民共和国成立后，任中南生物制品所所长、河南医学院副院长等职。本书收录杨永年手迹1件：致兰州大学校长辛树帜，推荐马如邻任教的信函。

衛生部中央生物化學製藥實驗處用箋

樹幟吾兄校長賜鑒：别久疏箋候，每念高風，敬維道履綏和，式符肊頌。茲有艱者友好馬出群君，係寧夏馬主席少雲先生之親族，曾任隴東師範學校及寧夏省立中學校長多年，對於心理教育及中英文學等學科造詣均優，近在蘭州服務

本校無教育系及外國文學系，僅有極少心理外文等課程，已有人教，俟有機會再行聘用。五，廿三

上海市辦事處 上海[illegible]路[illegible]八號[illegible]樓 電話 一八三〇六 一八四九〇
上海生物學製品實驗廠 上海虹口路三八七號 電話 五〇七一八 五二四四九
上海衛生用具實驗廠 上海天通庵路二二三號 電話（〇二）六二 五七一一四
上海河間路六一〇號 電話 五二二二〇 五二二二九
西北生物學製品實驗廠 蘭州小西湖一號
東北製藥實驗廠 瀋陽和平區太原街十三號
東北生物學製品實驗處 長春興安大路
天津製藥實驗廠 天津第一區歸綏道香園里五號
本處地址：上海林森中路一二三〇號
電話：七七七八四 電報掛號：九九三八 或 "NIBCP"

73

衛生部中央生物化學製藥實驗處用箋

上海市區辦事處　上海江西路一三八號三樓　電話一八三〇六　一八四九〇
上海製藥實驗廠　上海商邱路三八七號　電話五〇七一八　五二四四九
上海生物學製品實驗廠　上海天通庵路二二二號　電話（〇二）六二　五五七一│四
上海衛生用具實驗廠　上海河間路六一〇號　電話五二二二〇　五二二二九

貴校規模宏偉設備周全頗思在我
兄藎籌之下擔任上項學科之教讀
此奉介敬祈
惠賜玉成同深感荷并乞
見復以禱專此敬頌
勛安

弟　楊永年　拜上
五月廿日

西北生物學製品實驗廠　蘭州小西湖一號
東北製藥實驗廠　瀋陽和平區太原街十三號
東北生物學製品實驗處　長春興安大路
天津製藥實驗廠　天津第一區歸綏道香園里五號

本處地址：上海林森中路一二三〇號
電話：七七七八四　電報掛號：九九三八 或 "NIBCP"

20世纪40年代末，兰州大学发生学潮，甘肃省参议会提出公平解决以顺舆情的动议。本书收录范沁、朱建吾、刘世英、韩定山、高荣、段复兴、吴希圣、万晋儒、贾从城、田维大、郭孔厚、王学泰、崔崇桂、牛登甲、缪至德、吴锦洲、郭永禄、王桂中、赵西岩、王焕荣、安海泉21名参议员集体签名手迹。

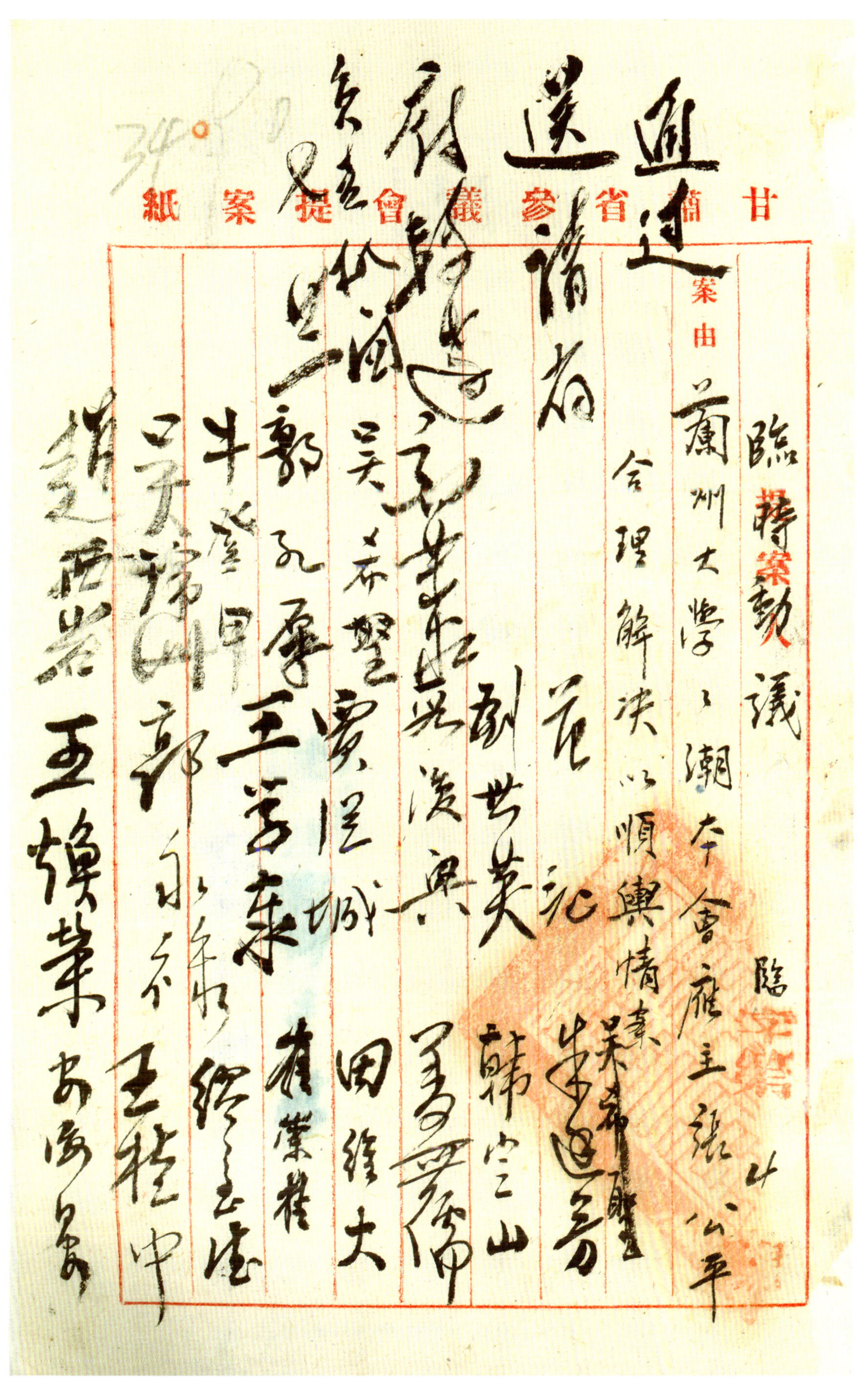

甘肅省參議會提案紙

臨時動議　　臨字第廿號

案由　蘭州大學之潮本會應主張公平合理解決以順輿情案

吳希庸

范沁　朱迪芳

劉世英　韓定山

葛曙儒

吳希聖　賈纘城　田維大

郭孔序　王芳棣　崔某某

牛載甲

王天錫　郭永采　王植中

趙西岩　王煥業　安海泉

通過　送請省府轉飭負責於一週內

34

21 名签署人集体签名手迹及钤印件：王兆德、和保萃、强镇英、吴锦洲、董伟、孟劭曾、吴治平、刘应辅、段复兴、赵西岩、李文丞、马全仁、韩定山、胡溯瑗（无印）、刘世英、盖世儒、翟凤岐、缪至德、高升宗、贾从城、郭孔厚、牛登甲、王桂中、郭永禄、宋森、马致祥、张维、马国琛、朱廷芳、马绍武、鲁玲。

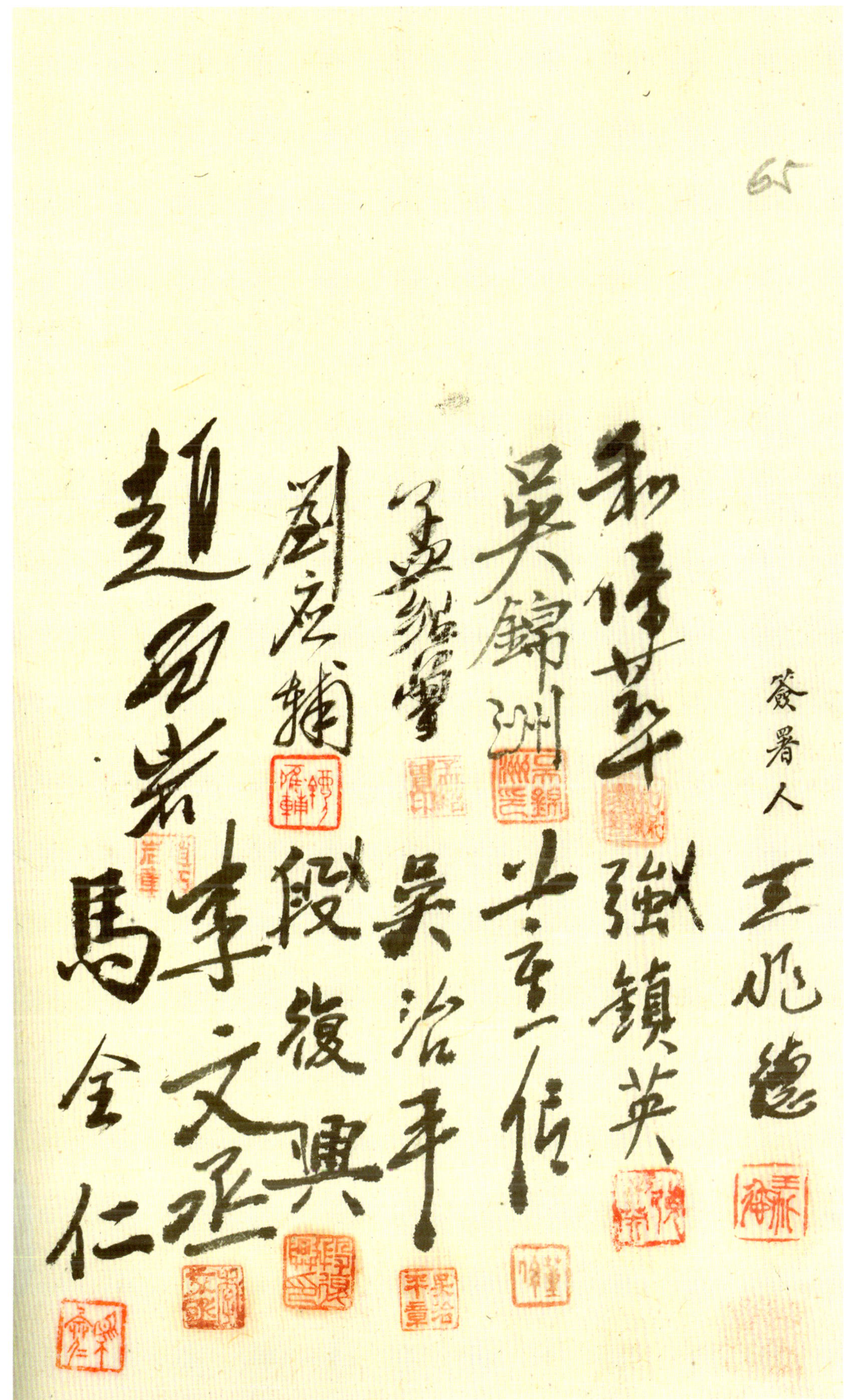

66

韓定山

胡潤瑗

劉世英

姜世儒

瞿鳳岐

鍾生德

康世泰

賈從城

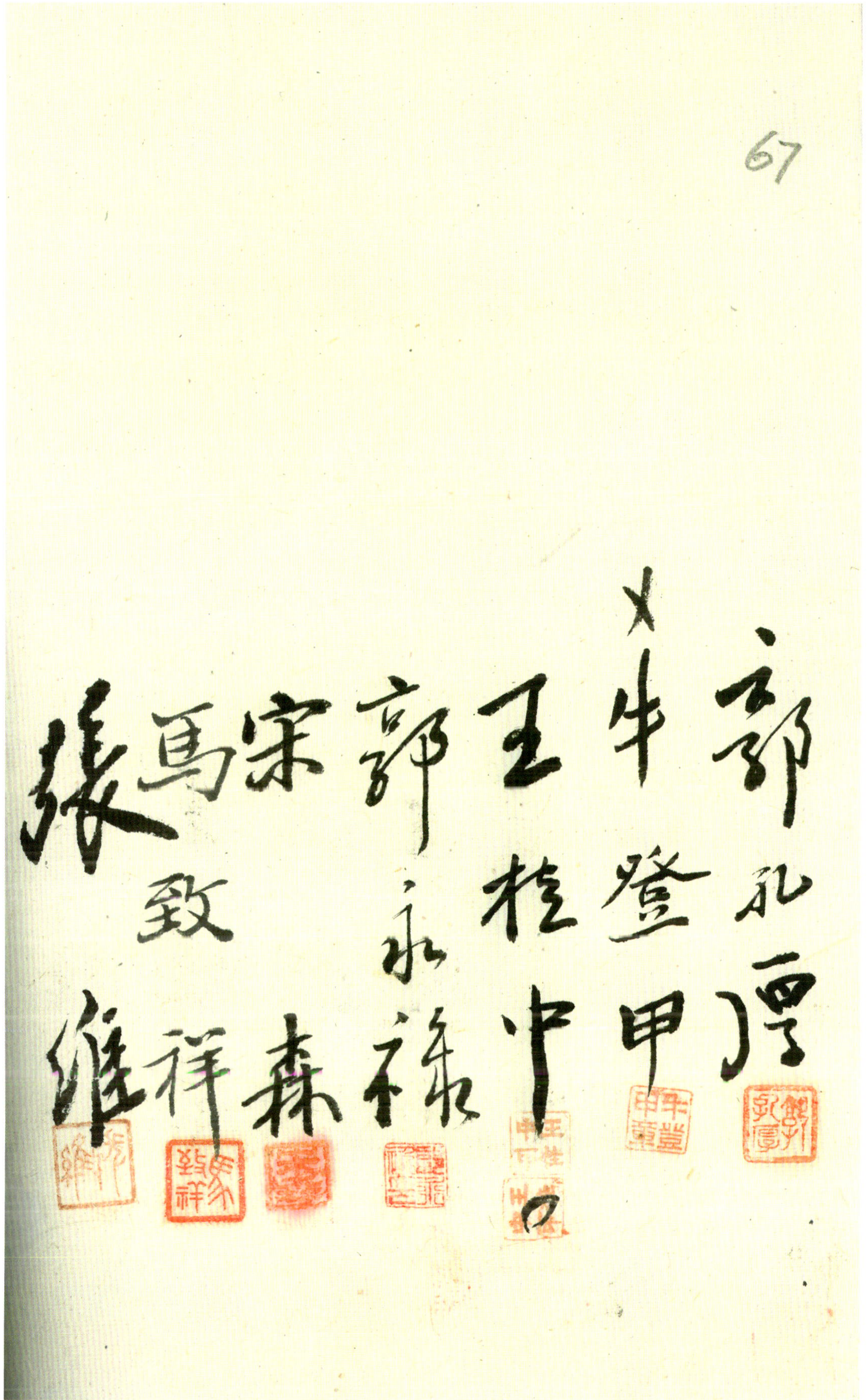
67
郭孔厚
牛登甲
王桂中
郭永禄
宋森
馬致祥
張維

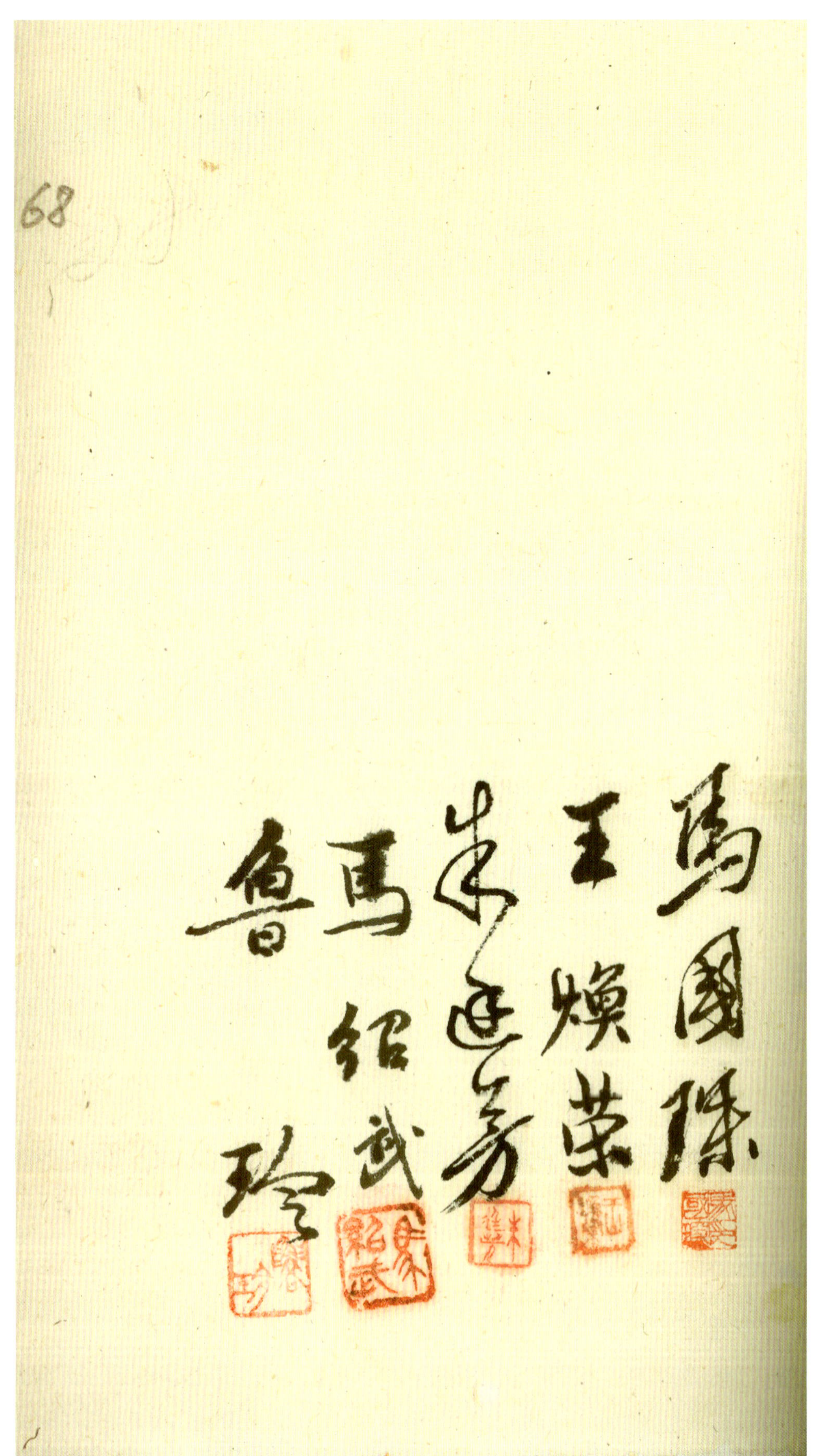

蔡景文（1920—2015年），字公度，甘肃秦安人。兰州大学毕业，任华亭县法院法官。中华人民共和国成立后，任秦安中学教员、天水市政协委员、中华诗词学会会员等职。著有《辛味书屋吟稿》等。本书收录蔡景文手迹1件：致兰大校长辛树帜求职的信函。

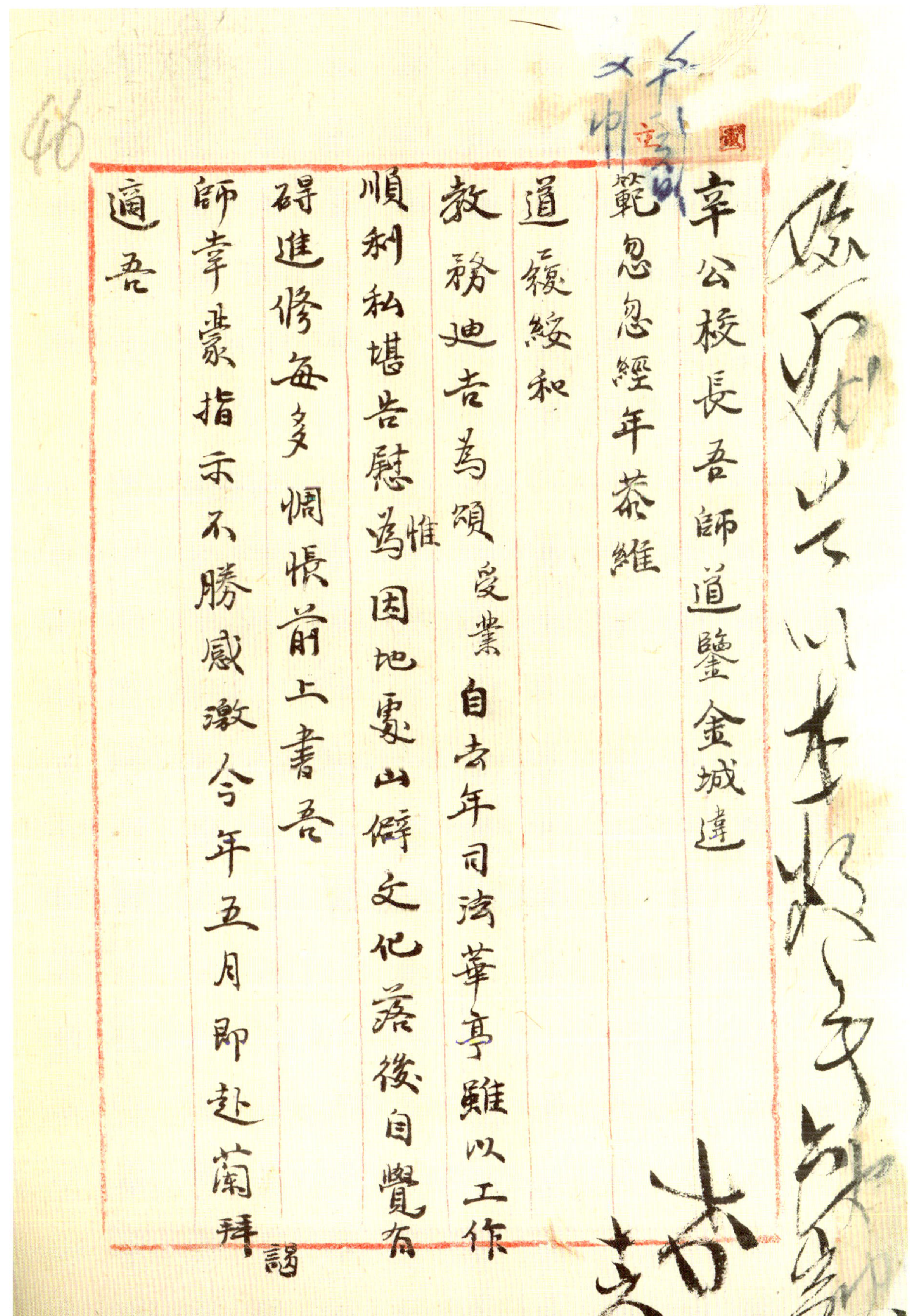

韋公校長吾師道鑒：金城違
範，忽忽經年，恭維
道履綏和，
教務迪吉為頌。受業自去年司法華亭，雖以工作
順利，私堪告慰，惟為困地處山僻，文化落後，自覺有
碍進修，每多惆悵。前上書吾
師，辜蒙指示，不勝感激。今年五月即赴蘭拜謁，
適吾

師因公晉京不得已乃復返華懇祈吾
師容納不才得復列
孔氏门牆朝夕聽
道則幸甚幸甚無論助教職員均在所
盼吾
師教在天下或不至有所見卻也臨書不
勝仰望之至專肅恭請
道安

受業蔡景文拜肅

十月八日

乔树民（1913—1989年），江苏盐城人。美国哥伦比亚大学公共卫生学硕士。抗战时，从事川、黔、湘、陕、甘等地传染病流行的防治工作。1948年任兰州大学医学院院长兼教授。中华人民共和国成立后，任西北人民政府卫生部教育处处长，大连医学院教授、副院长，辽宁省政协常委，民盟中央科技委员会委员，世界卫生组织专家咨询团中国籍专家等职。著有《公共卫生学》（上）等。本书收录乔树民手迹1件：致校长、教务长，请派陈增辛为生理科药理科技术员的信函。

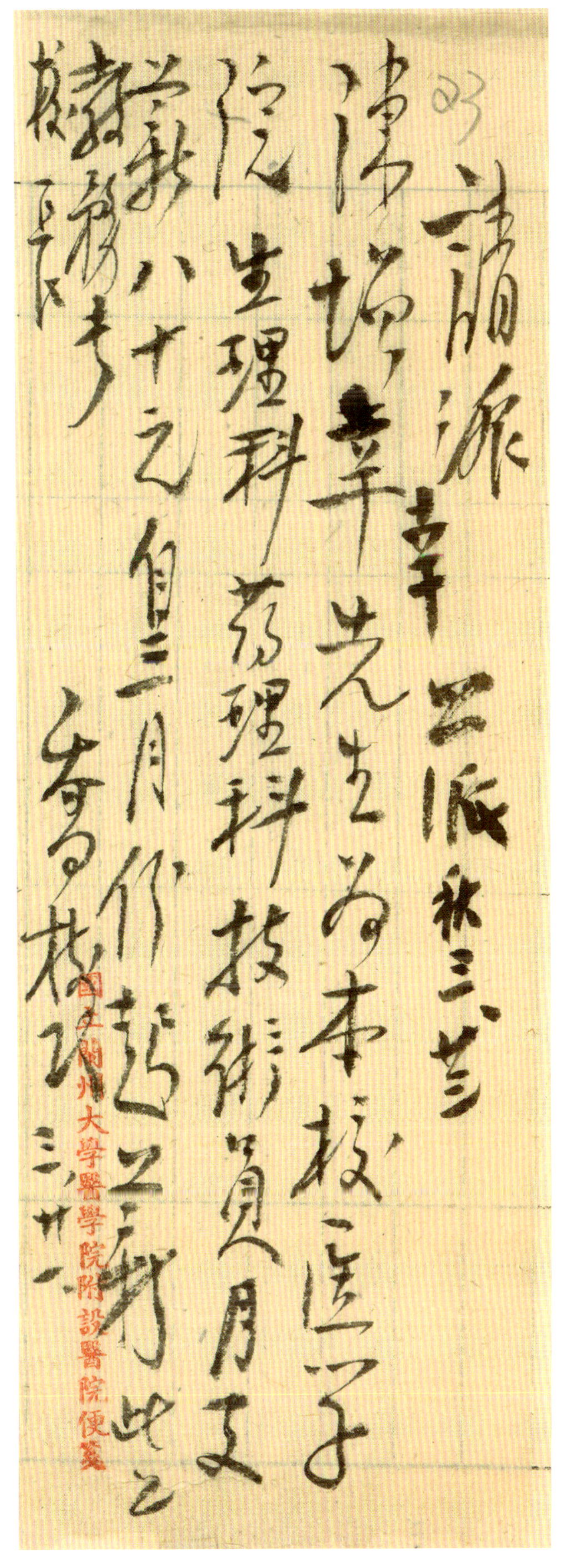

03

請派 辛 照派 秋三、廿三

陳協辛先生為本校醫

院生理科藥理科技術員月支

薪八十元自三月份起照支此上

總務長

校長 [illegible]

樂森璕 三、廿一

國立蘭州大學醫學院附設醫院便箋

后 记

长期以来，甘肃省档案馆致力于开发利用馆藏档案资源，以服务于社会大众，推进文化建设工作。这部《甘肃省档案馆藏名人手迹》的选编工作早在数年前就已启动，开发利用（编研）处原处长陈乐道主持制定了名人手迹的入选标准，并与张琼、张晓燕、梁鹰等工作人员对馆藏名人手迹做了查阅、精选、扫描、辨识工作，由陈乐道处长撰写了名人简介初稿。但其后发生的新冠疫情，对这项工作的持续进展有一定影响。

2024 年初，馆领导再度推动这项工作，请甘肃省文史研究馆邓明馆员修改润色名人简介，并专门召开专家座谈会，请兰州大学历史学院原院长王希隆教授审阅书稿，提出编选指导意见。为完善书稿，王希隆教授与邓明、陈乐道等专家及馆开发利用（编研）处工作人员尽心尽力，多次交换意见，统一认识。王希隆教授并应邀为此书作序，对选编内容与意义进行了论述。甘肃文化出版社为此书的出版做了大量的工作。

谨对以上参与这部《甘肃省档案馆藏名人手迹》选编出版工作的学者、专家及编辑人员表示谢意与敬意！

编　者

2024 年 9 月